Un Triathlon dont Vous êtes le Héros

Valtrés

Crédits photo : Stéphane Daniélou.

ISBN-13 : 978-1548988616
Dépôt légal : août 2017
Valtres.triathlon@gmail.com

Cher lecteur, en vous lançant dans la lecture de ce livre dont vous êtes le héros, vous prenez part à votre propre triathlon : un Ironman (3.8km de natation, 180km de vélo, 42.195km de course à pied).
A la fin de chaque chapitre, vous aurez le choix entre plusieurs possibilités représentant des actions que vous feriez dans la réalité. Ces choix vous mèneront à de nouveaux chapitres et vous ouvriront une histoire unique qui sera la vôtre.
Que vous terminiez votre course ou que vous échouiez, repartez du début pour essayer de toujours faire mieux et de découvrir la trentaine de fins différentes en évitant les pièges des abandons et disqualifications.
A la fin de ce livre, vous trouverez un tableau afin de noter les classements de vos différentes lectures.
Bonne course !

Ce livre dont vous êtes le héros relate des histoires fictives dont les choix que vous ferez ne reflètent pas systématiquement la conduite à tenir lors d'une compétition de triathlon.
Ce livre ne pousse ni à la triche ni au non-respect du règlement de la FFTRI.

1

Ce matin, vous vous êtes levé tôt, très tôt après une nuit où vous n'avez pas réussi à trouver le sommeil. Quand vous arrivez sur le parking, les faibles rayons du soleil ne sont pas encore suffisants pour éclairer la zone de transition. Vous entrez dans le parc à vélo en montrant le bracelet, reçu la veille, au vigile. Avec ça, vous avez accès à ce que le commun des mortels ne peut pas connaître. Tel un carré VIP dans une boîte de nuit, vous entrez dans le sanctuaire du triathlon. Mais au lieu de retrouver une bouteille de champagne à votre emplacement, vous posez vos dernières affaires à côté de votre vélo qui a passé la nuit dehors, sous une bâche. Vous mettez en place les bidons, les chaussures de vélo et de course à pied. Vous discutez avec vos voisins qui paraissent détendus. Vous enfilez votre trifonction et le bas de votre combinaison de natation. Vous sentez l'effervescence monter dans le parc à vélo. La pression monte progressivement avec le jour qui arrive. La course n'a pas encore commencé qu'il fait déjà chaud et vous redoutez la course à pied sous le cagnard, mais encore faut-il arriver jusqu'au marathon vous dites-vous.

Un Ironman est truffé d'embûches et vous le savez. Vous repensez à tous les conseils que vous avez lus ou qu'on a pu vous distiller, à tous ces mois d'entraînements qui vous ont amené jusqu'ici. Mais là, devant cette montagne à gravir, vous n'êtes plus aussi confiant. Vous doutez.

Et le doute apporte le stress, vous le sentez se diffuser jusqu'à vos intestins. Vous restez devant votre vélo à vérifier que vous n'avez rien oublié mais vous savez qu'il va falloir quitter votre emplacement pour vous soulager. Vous attendez encore quelques instants en espérant vous sentir mieux, que cette envie disparaisse. Au bout de quelques minutes, vous vous ressaisissez et comprenez que cela va être compliqué de prendre part à cette course avec ce poids dans le ventre.

Vous jetez un coup d'œil vers les toilettes mais elles sont occupées et pour un bon moment vu la file d'attente.

Il faut que vous preniez rapidement une décision.

Si vous décidez de ne pas aller aux toilettes, rendez-vous au chapitre **447**.

Si vous voulez attendre que les toilettes se libèrent, rendez-vous au chapitre **409**.

Si vous préférez sortir du parc à vélo pour trouver un coin tranquille, rendez-vous au chapitre **113**.

2

Vous revenez progressivement à votre rythme de croisière, acceptant de vous faire doubler par les concurrents que vous avez dépassés précédemment.
Vous vous sentez bien, vous avez trouvé la vitesse à laquelle vous avez roulé des centaines de kilomètres pour vous entraîner. Mais à force d'être dans votre zone de confort, vous baissez encore un peu votre vitesse sans vous en rendre compte.
Vous arrivez au 90e km, à mi-course, rendez-vous au chapitre **169** pour la suite de votre parcours vélo.

3

Vous partez prudemment pour laisser le temps à votre corps de récupérer de la natation. Cela vous permet de profiter des premiers kilomètres et d'apprécier de participer à ce type d'épreuve.
Mais le soleil chauffe de plus en plus et vous sentez le besoin de vous hydrater très régulièrement. Au bout de plusieurs dizaines de kilomètres, votre boisson isotonique dans votre bidon est chaude. Vous avalez malgré tout une gorgée, mais elle ne vous donne pas envie de continuer à boire. Vous reposez ce bidon et saisissez le deuxième, rempli d'eau, mais il est vide.
Si vous décidez tout de même de boire votre boisson isotonique pour vous hydrater, rendez-vous au chapitre **348**.
Si vous préférez jeter votre boisson pour ne pas transporter de poids inutile, rendez-vous au chapitre **215**.
Si vous choisissez de garder votre boisson mais d'attendre le prochain ravitaillement en espérant trouver quelque chose à votre goût, rendez-vous au chapitre **432**.

4

Vous déboitez immédiatement pour ne pas avoir à freiner et vous vous retrouvez sur la voie de gauche. Alors que vous commencez à doubler les derniers coureurs du groupe, une voiture surgit dans le sens inverse. La peur vous tétanise, vous ne pouvez plus bouger,

incapable de prendre une décision. L'impact semble inéluctable. Vous devez réagir vite, vous n'avez plus le choix. Vous sortez alors de votre torpeur.
Si vous décidez de serrer à droite, vous rapprochant des autres triathlètes, rendez-vous au chapitre **18**.
Si vous préférez serrer à gauche pour passer entre le bas-côté et la voiture, rendez-vous au chapitre **378**.

5

Au fil des kilomètres, le groupe s'agrandit progressivement, grossissant au fur et à mesure des triathlètes que vous rattrapez. Vous roulez au même rythme que lors de votre effort solitaire sauf que votre ressenti n'est pas le même : dans les roues de vos concurrents, vous avez l'impression d'être en récupération, votre rythme cardiaque est lent et vos muscles n'ont pas l'air de souffrir des minutes qui passent. Vous vous cachez suffisamment dans le groupe pour ne pas prendre de relais et ainsi ne pas vous exposer au vent.
Mais comme vous le savez sans doute, le drafting est interdit sur ce type d'épreuve et l'arbitre qui monte à votre hauteur est là pour vous le rappeler. Il vous tend un carton bleu, synonyme de boucle de pénalité en course à pied. Tout le groupe se disloque en quelques secondes et vous vous retrouvez seul. Le vent vient freiner vos ardeurs et vous rappelle l'effort à consentir pour garder votre rythme élevé. Malgré tout, vous souhaitez maintenir la vitesse que vous aviez jusque-là pour réaliser une bonne partie vélo.
Au bout de plusieurs kilomètres, vous arrivez au 90e km, rendez-vous au chapitre **524**.

6

Vous mettez un gros braquet et vous envoyez des watts pour ne pas prendre le risque de vous faire rattraper par la voiture balai. Et cela fonctionne, kilomètre après kilomètre vous grignotez du temps sur les barrières horaires prévues par l'organisation.
Vous arrivez sur une côte que vous décidez de passer sur le grand plateau, mais au milieu vous êtes quasiment à l'arrêt, vous n'êtes pas assez puissant pour emmener vos 52 dents. Vous passez alors brutalement sur le petit plateau. Vous croisez les doigts pour que la chaîne bascule sans problème.

Etes-vous sûr d'avoir suffisamment de chance pour que ça se passe bien ? Choisissez un des trois chapitres suivants pour voir le résultat de votre changement brutal de braquet.
Vous choisissez de vous rendre au chapitre **518**.
Vous choisissez de vous rendre au chapitre **121**.
Vous choisissez de vous rendre au chapitre **33**.

7

Vous réduisez votre allure afin d'avoir le sentiment de pouvoir tenir cette vitesse indéfiniment.
Les kilomètres s'enchaînent et la fatigue semble n'avoir aucune prise sur vous. Mais la chaleur est bien présente et vous ressentez le besoin de vous hydrater. Malheureusement, vous venez de passer le ravitaillement et vous n'avez pas eu la clairvoyance de vous y arrêter.
Quelques minutes plus tard, vous apercevez devant vous un spectateur, assis sur une chaise devant sa maison, en train de siroter un verre de sirop bien frais.
Si vous décidez de lui demander une gorgée, rendez-vous au chapitre **542**.
Si vous préférez lui arracher le verre des mains sans lui demander, rendez-vous au chapitre **328**.
Si vous choisissez de continuer votre course sans vous arrêter, rendez-vous au chapitre **224**.

8

En entrant dans le parc à vélo, vous entendez un bénévole qui vous annonce votre classement :
– 374e.
Vous vous rappelez que vous étiez 2000 au départ. Vous êtes satisfait de cette position.
Vous arrivez au milieu de tous ces vélos, rangés les uns à côté des autres. Un doute s'installe dans votre esprit. Où est votre emplacement ? Vous n'êtes plus vraiment sûr.
Si vous décidez de chercher parmi les premières rangées, rendez-vous au chapitre **205**, *(mémorisez le numéro de chapitre actuel :* ***8*** *qui vous sera utile par la suite).*

Si vous préférez commencer à chercher votre vélo dans les rangées du milieu, rendez-vous au chapitre **323**, *(mémorisez le numéro de chapitre actuel : **8** qui vous sera utile par la suite).*
Si vous choisissez de partir dans les dernières rangées pour trouver votre emplacement, rendez-vous au chapitre **341**, *(mémorisez le numéro de chapitre actuel : **8** qui vous sera utile par la suite).*

9

Même si vous avez un peu de retard, vous préférez continuer à cette même allure que vous semblez bien maitriser. Vous vous hydratez régulièrement et les sensations sont plutôt bonnes. Votre allure vous permet de stabiliser votre place : vous doublez peu de concurrents et peu de triathlètes vous dépassent.
Sans même vous rendre compte que vous avez déjà roulé trente kilomètres, vous arrivez à la mi-course, rendez-vous au chapitre **31**.

10

Vous vous arrêtez et vous vous retournez vers l'homme qui fond sur vous. S'il faut en venir aux mains pour pouvoir repartir, vous le ferez. Vous êtes prêt à combattre. Vous devez être celui qui donne le premier coup. Vous vous préparez à envoyer un direct du droit mais l'homme s'arrête à deux mètres de vous, hors de portée de votre frappe. Il met sa main dans sa poche. Comment faire s'il a une arme ? Vous dites-vous. Il en ressort une petite bouteille d'eau et vous la tend.
– Vous la voulez ? Elle vous servira plus qu'à moi.
Vous restez planté là, au milieu de la route, honteux d'avoir pensé à frapper cet homme.
– C'est pour ça que vous me couriez après ?
– Eh bien, oui, pour quelle raison j'aurais pu vouloir vous rattraper ?
Vous préférez ne pas répondre à sa question. Vous acceptez sa bouteille et repartez à votre rythme en buvant régulièrement.
Vous vous sentez bien et doublez un grand nombre de concurrents.
Au bout de plusieurs kilomètres, vous arrivez au semi-marathon, rendez-vous au chapitre **85**.

11

Malgré la douleur musculaire, la disparition de toute parcelle d'énergie dans votre corps et le risque que vous puissiez vous évanouir d'une seconde à l'autre, vous êtes poussé par la clameur des spectateurs, attiré comme un aimant par la ligne d'arrivée.
Cette dernière ligne droite est du pur bonheur ! Vous ne ressentez plus aucune fatigue, vous êtes euphorique. Les larmes aux yeux, vous vous rapprochez de cette ligne qui symbolise la fin de votre Ironman, de ces mois de préparation, de ce projet que vous pensiez irréalisable, mais vous y êtes et malgré ces heures à douter, vous comprenez pourquoi vous êtes là. Pour ces quelques secondes éphémères, futiles qui vous marqueront à vie.
Vous passez la ligne, vous recevez la médaille tant convoitée de finisher et soudain toutes les douleurs musculaires reviennent brutalement. Vous vous asseyez, le dos contre une barrière.
Vous songez à la femme du ravitaillement que vous espérez retrouver. Vous souriez.
Vous avez terminé 614e sur 2000, félicitations !

Prenez le temps de récupérer de votre course et relancez-vous dans une nouvelle lecture pour tenter de faire mieux !

12

Vous vous lancez dans le deuxième semi-marathon et vous êtes maintenant confiant. Vous contrôlez votre allure et vous pensez être capable de tenir ce rythme jusqu'à la fin.
Les kilomètres s'enchaînent, mais le marathon comporte huit tours de cinq kilomètres et après de nombreux kilomètres et plusieurs tours, vous ne savez plus où vous en êtes. Vous regardez votre montre pour avoir un repère chronométrique mais celle-ci s'est arrêtée sans savoir depuis combien de temps. Bref, vous êtes perdu.
Si vous vous dites qu'il ne reste plus qu'un tour, rendez-vous au chapitre **282**.
Si vous pensez qu'il vous reste deux tours, rendez-vous au chapitre **535**.
Si vous préférez demander à un concurrent combien de tours il a parcouru, rendez-vous au chapitre **290**.

13

Sans vous soucier des concurrents qui continuent de vous doubler, vous gardez cette même allure dans laquelle vous vous sentez bien. Vous pouvez ainsi profiter de votre triathlon sans être à l'agonie et c'est bien là votre philosophie de course.

De temps en temps, vous jetez un œil à votre chrono. Vous flirtez avec la barrière horaire mais vous semblez être encore dans les temps. Vous arrivez au semi-marathon, rendez-vous au chapitre **128**.

14

Si vous êtes allé aux toilettes avant ou pendant le triathlon, rendez-vous au chapitre **392** pour le début du marathon.

Si vous n'êtes pas encore allé aux toilettes, au moment de quitter le parc à vélo, vous sentez vos intestins hurler brusquement. Vous vous mettez à marcher, plié en deux. Vous savez qu'il vous sera impossible de partir sur la course à pied dans cet état.

Vous faites demi-tour et vous vous dirigez jusqu'aux toilettes installées dans le parc à vélo. Il y a quelques personnes qui attendent devant, vous n'avez pas d'autres choix que de prendre votre mal en patience. Quelques minutes plus tard, vous vous retrouvez enfin assis pour vous libérer de ce poids. Une fois cette tâche réalisée, vous vous sentez plus léger et vous pouvez quitter l'aire de transition pour attaquer votre marathon, rendez-vous au chapitre **92**.

15

Vous accélérez ne quittant pas des yeux le dos de votre ami qui est maintenant devenu votre cible. L'écart diminue et cela vous conforte dans votre stratégie.

Quelques minutes plus tard, vous parvenez à revenir à sa hauteur.

– Ça va ? Lui demandez-vous, faussement inquiet.

– Pas super, j'ai le bide retourné et je n'ai plus de jus.

Vous souriez intérieurement, c'est peut être votre chance pour réussir à enfin le battre sur une course.

– Ah mince, essaie de marcher un peu pour récupérer.

Sur ce conseil, vous accélérez légèrement comme s'il s'agissait de votre allure habituelle. Vous le dépassez puis n'entendez plus sa foulée. En vous retournant, vous comprenez qu'il a écouté vos conseils ; il marche, le regard vers le sol.

Vous vous sentez un peu honteux de ressentir de la fierté d'être devant lui. Dans cette fin de course, c'est votre orgueil qui a pris les commandes.
Vous terminez moins rapidement, accusant le coup de votre accélération.
Vous arrivez dans la dernière ligne droite, rendez-vous au chapitre **511**.

16

Vous arrivez dans l'aire de transition. Vous posez pied à terre avant la ligne signalant l'entrée du parc à vélo.
Le même bénévole qu'à la sortie de l'eau vous crie votre classement :
– 874e !
Vous savez qu'il faut rester lucide lors de cette transition pour ne pas perdre de temps ni faire d'erreur. Mais la fatigue est bien présente et parfois on ne parvient pas à tout contrôler.
Choisissez un des chapitres suivants pour savoir comment va se dérouler votre transition :
Rendez-vous au chapitre **29** *(mémorisez le numéro de chapitre actuel :* ***16*** *qui vous sera utile par la suite).*
Rendez-vous au chapitre **254** *(mémorisez le numéro de chapitre actuel :* ***16*** *qui vous sera utile par la suite).*
Rendez-vous au chapitre **48** *(mémorisez le numéro de chapitre actuel :* ***16*** *qui vous sera utile par la suite).*
Rendez-vous au chapitre **477** *(mémorisez le numéro de chapitre actuel :* ***16*** *qui vous sera utile par la suite).*

17

Vous profitez des quelques instants où vous ralentissez pour récupérer. Vos muscles vous en remercient, vous relâchez le haut de votre corps que vous sentez crispé. Votre respiration et votre rythme cardiaque ralentissent.
Quelques instants plus tard, vous entendez votre ami vous encourager. Vous vous retournez et accélérez progressivement pour réussir à vous coller à sa foulée.
Vous courez les derniers kilomètres à un bon rythme, boosté par cette présence rassurante. Vous discutez peu, mais vous communiez

surtout dans la souffrance. Vous savez que vous partagez les mêmes sensations et aucun mot ne peut les définir.
Vous arrivez enfin dans la dernière ligne droite, rendez-vous au chapitre **230**.

18

Dans un sursaut, vous vous jetez sur la droite et collez à l'un des concurrents. Vos deux coudes se frottent, vous n'arrivez plus à contrôler votre guidon qui bouge dangereusement. Alors que vous pensez chuter avant même que la voiture ne passe, le concurrent se décale légèrement sur sa droite et vous permet de garder votre équilibre. La voiture ralentit et passe sur le bas-côté à gauche de vous. Vous tremblez sur votre vélo, choqué par ce qui vient de se passer. Vous êtes sain et sauf alors que vous vous voyiez au sol quelques secondes plus tôt.
Dans votre élan, vous avez passé le groupe. Vous vous remettez progressivement de vos émotions quand un arbitre arrive à vos côtés. Il ne semble pas avoir vu toute l'action, mais il a pu observer que vous avez coupé la ligne blanche pour passer sur la voie de gauche. Il vous sanctionne d'un carton bleu, vous devrez donc effectuer une boucle de pénalité à pied.
Vous reprenez le rythme que vous aviez avant la descente. Vous en profitez pour vous alimenter et vous hydrater.
Vous arrivez au 90e km, rendez-vous au chapitre **190**.

19

La route est longue et vous savez que vous ne pourrez pas faire dix kilomètres de plus en marchant avec des cales au pied et en poussant votre vélo. Cela fait maintenant trois kilomètres que vous avancez depuis que vous avez croisé l'arbitre. Vous vous dites qu'il avait sans doute raison et que vous devez vous résigner à abandonner.
Vous vous arrêtez et posez votre vélo par terre. Vous vous asseyez sur le bord de la route pour attendre la voiture balai. Alors que vous regardez autour de vous, votre regard s'arrête sur une forme noire, inhabituelle au milieu de l'herbe. Vous vous relevez pour vous rapprocher. Vous prenez en main une sacoche de vélo. A l'intérieur, vous y trouvez tout le nécessaire pour réparer un pneu.
Vous n'en croyez pas vos yeux, vous êtes euphorique !

Vous vous empressez de changer votre chambre à air, de la gonfler grâce à la bombe qui était dans la sacoche et vous repartez.
Quel bonheur de pouvoir pédaler de nouveau.
Vous avez perdu énormément de temps, mais l'essentiel n'est pas là, vous pouvez encore terminer votre course et c'est le plus important à vos yeux maintenant.
Quelques kilomètres plus loin, vous arrivez au 90e km, rendez-vous au chapitre **462**.

20

Une fois que ce coureur vous a dépassé, vous accélérez pour vous caler dans sa foulée, les yeux rivés sur ses chaussures. Pendant quelques secondes, cela vous demande un réel effort mais progressivement vous vous adaptez à ce nouveau rythme. Vous restez néanmoins concentré pour rester avec ce concurrent et ne pas lâcher.
Les kilomètres s'enchaînent et vous doublez progressivement des triathlètes.
Juste avant la mi-parcours, vous laissez partir votre lièvre qui semble inépuisable. Vous arrivez au semi-marathon, rendez-vous au chapitre **209**.

21

Vous mettez votre premier coup de pédale pour vous lancer dans les 180km de route qui s'ouvrent devant vous. Vous êtes heureux d'avoir terminé la partie natation mais vous savez que le chemin est encore long avant la ligne d'arrivée.
Vous êtes dans le premier quart du classement mais votre ambition ne s'arrête sans doute pas là !
Quelle va être votre stratégie pour ce début de parcours cycliste ?
Si vous choisissez de partir vite pour remonter progressivement des concurrents et ne pas vous faire doubler, rendez-vous au chapitre **53**.
Si vous préférez gérer votre effort quitte à perdre des places, rendez-vous au chapitre **298**.

22

Vous partez pour le deuxième semi-marathon plus léger et rapide que jamais. Vous attrapez les ravitaillements sans même ralentir. Vous ne

vous êtes jamais senti aussi bien, vous n'avez pas l'impression d'avoir roulé 180km juste avant.
Vous doublez énormément de monde. Les kilomètres s'enchaînent sans même vous en rendre compte. Maintenant, vous en êtes sûr, il s'agit de la course de votre vie ! Porté par la volonté de ne rien regretter, vous parvenez encore à accélérer, vous êtes plus rapide que dans vos rêves les plus fous.
Vous arrivez déjà dans la dernière ligne droite, rendez-vous au chapitre **181**.

23

Vous vous sentez mal, la tête tourne, des étoiles apparaissent dans votre champ de vision et vous avez toujours envie de vomir.
A cause de votre manque de vigilance, vous ne distinguez pas un trou dans la chaussée, votre roue avant bute dedans et vous effectuez un beau soleil au-dessus de votre vélo. Avec la chute, vous n'avez pas pu vous retenir et vous vous êtes soulagé dans votre trifonction. Vous perdez connaissance.
Quand vous ouvrez de nouveau les yeux, vous êtes dans une ambulance, allongé dans une civière, avec deux secouristes à vos côtés.
Votre triathlon s'arrête là.

24

Au ravitaillement, vous attrapez cette fois deux gobelets d'eau que vous renversez sur votre tête. Vous repartez la nuque rafraîchie, revigoré.
Mais vous n'apprenez pas de vos erreurs ? Quelques minutes seulement après le ravitaillement, le soleil a déjà fait évaporer toute l'humidité de votre peau et la chaleur est de nouveau étouffante, telle une chape de plomb sur votre tête. Vous ne parvenez plus à courir et vous vous mettez à marcher. Malgré votre envie d'aller le plus rapidement à l'arrivée, votre rythme de marche ralentit inexorablement. Vous luttez pour ne pas vous arrêter.
Mais au loin, la voix du speaker vous insuffle de l'énergie, la fin n'est plus très loin maintenant.
Vous arrivez enfin dans la dernière ligne droite, rendez-vous au chapitre **344**.

25

Vous ouvrez le gel sans envie, vous préfériez manger un aliment solide plutôt que cette substance collante. En le mettant dans votre bouche, vous retrouvez le goût familier de ce produit que vous avez déjà testé. En l'avalant, vous sentez qu'il s'agissait de ce que votre corps vous réclamait, vous en aviez besoin. L'effet est quasiment immédiat, vous sentez le sucre se diffuser et vous avez la sensation d'être plus lucide et pleinement concentré sur votre course.
Vous réussissez à doubler quelques concurrents en peine, vous vous sentez bien.
Si vous décidez d'accélérer pour utiliser un maximum cet état de bien-être avant qu'il ne s'épuise, rendez-vous au chapitre **115**.
Si vous préférez ralentir en alternant la marche et la course pour économiser cette énergie le plus longtemps possible, rendez-vous au chapitre **433**.

26

Vous laissez le groupe prendre quelques dizaines de mètres d'avance puis vous vous calez à leur allure en les gardant en point de mire.
Après quelques kilomètres, vous entendez une moto arbitre revenir sur vous puis vous doubler. Vous êtes satisfait de voir le groupe être pénalisé d'un carton. Vous vous dites que c'est la meilleure décision que vous ayez prise depuis le début du vélo. Le groupe se disperse et vous en profitez pour doubler ces tricheurs un à un.
Vous vous reconcentrez sur votre course et arrivez au 90e km, rendez-vous au chapitre **31**.

27

Vous calculez rapidement le temps que vous perdriez à vous arrêter, cela fait trop pour vous. En plus de ces précieuses secondes, vous vous dites que cet arrêt vous ferait sortir de votre course. Vous préférez rester concentré sur votre rythme.
Les kilomètres défilent et vous continuez de remonter les concurrents, vous sentez qu'aujourd'hui rien ni personne ne pourra vous résister.
Malheureusement, sans vous en rendre compte la chaleur vous déshydrate et vous n'avez plus une goutte d'eau pour étancher votre soif. Vous avez la bouche sèche et la langue pâteuse. Vous avez bien

un gel et une barre énergétique que vous pourriez déguster mais cela ne ferait qu'empirer cette sensation désagréable.
Alors que vous doublez un nouveau concurrent, vous remarquez deux bidons sur son cadre.
Si vous décidez de lui demander de l'eau, rendez-vous au chapitre **125**.
Si vous préférez le doubler sans lui adresser la parole rendez-vous au chapitre **186**.

28

Face à ce groupe intimidant, vous préférez rester une dizaine de mètres derrière pour ne pas vous faire sanctionner par un éventuel arbitre. Le rythme est légèrement inférieur au vôtre précédemment mais vous vous dites que l'avantage est que cela vous permet de garder vos forces pour la suite de l'épreuve. Les kilomètres s'enchaînent avec toujours la même configuration, le groupe ne bouge pas, il grossit au fur et à mesure que d'autres triathlètes vous rattrapent.
Ce n'est que quelques kilomètres avant la mi-course que les choses vont changer. Vous voyez une moto vous dépasser et vous vous délectez du spectacle : tous les membres du groupe sont sanctionnés d'un carton bleu. Les triathlètes se dispersent alors rapidement et vous laissent la voie libre pour les dépasser. Mais cet épisode vous a fait perdre beaucoup de places et de temps.
Vous arrivez au 90e km, rendez-vous au chapitre **169**.

29

Dans le parc à vélo, vous courez à côté de votre monture. Vous localisez rapidement votre emplacement et ne perdez pas une seconde pour le rejoindre.
Vous posez votre vélo, enlevez votre casque, enfilez vos chaussures de course et mettez une casquette. Avant de repartir, vous prenez deux gels énergétiques dans vos poches.
Alors que vous êtes sur le point de sortir d'une transition éclair, l'arbitre vous demande de tourner votre ceinture porte-dossard afin que celui-ci soit devant. Vous vous exécutez et vous êtes prêt à sortir du parc à vélo.
Tout s'est très vite enchaîné sans problème.

Si vous venez du chapitre **501**, rendez-vous au chapitre **124**.
Si vous venez du chapitre **105**, rendez-vous au chapitre **237**.
Si vous venez du chapitre **45**, rendez-vous au chapitre **255**.
Si vous venez du chapitre **36**, rendez-vous au chapitre **62**.
Si vous venez du chapitre **87**, rendez-vous au chapitre **547**.
Si vous venez du chapitre **16**, rendez-vous au chapitre **64**.
Si vous venez du chapitre **482**, rendez-vous au chapitre **14**.
Si vous venez du chapitre **232**, rendez-vous au chapitre **78**.
Si vous venez du chapitre **52**, rendez-vous au chapitre **317**.
Si vous venez du chapitre **373**, rendez-vous au chapitre **108**.
Si vous venez du chapitre **446**, rendez-vous au chapitre **198**.
Si vous venez du chapitre **122**, rendez-vous au chapitre **506**.

30

Vous prenez à droite. Vous courez en accélérant pour atteindre rapidement la personne qui semble être un bénévole. Vous vous rapprochez de lui, mais plus la distance diminue entre vous, plus le doute s'installe dans votre esprit.

Arrivé à sa hauteur, vous vous rendez compte qu'il s'agit simplement d'un promeneur avec son chien. A cet instant, vous haïssez cet homme sans le connaître.

Vous faites demi-tour en l'insultant intérieurement même si ce pauvre homme n'y est pour rien. Vous arrivez à la bifurcation et prenez le chemin de gauche. Au bout de quelques minutes, vous retrouvez une route et un panneau kilométrique. Vous êtes soulagé, vous ne pensiez pas qu'un simple panneau pourrait vous apporter tant de bonheur.

Plusieurs kilomètres plus tard, vous arrivez au semi-marathon, rendez-vous au chapitre **12**.

31

Après plusieurs kilomètres, vous arrivez au ravitaillement du 120e km, vous devez faire le plein en liquide et en solide pour la suite de la course car vous n'aviez pas prévu suffisamment pour être en autonomie sur les 180km de vélo.

Vous vous arrêtez et prenez quelques secondes pour évaluer ce que les bénévoles vous proposent.

Plusieurs produits vous attirent : les bananes, l'eau mais aussi leur boisson isotonique et des barres énergétiques que vous ne connaissez pas.
Si vous décidez de prendre des bananes et de remplir vos bidons d'eau avant de repartir, rendez-vous au chapitre **421**.
Si vous préférez choisir leur boisson isotonique et leurs barres énergétiques qui vont donneront plus d'énergie, rendez-vous au chapitre **374**.

32

Vous dépassez le spectateur qui vous tend la bouteille et cherchez du regard un point d'eau qui vous permettrait de remplir vos bidons. Il ne vous faut que quelques secondes pour trouver ce qu'il vous faut : au centre du village où passe la route, vous voyez une fontaine au milieu de la place.
Vous posez votre vélo et vous vous dirigez vers un panneau où vous pouvez lire : « eau potable ». Vous remplissez vos deux bidons et repartez en buvant.
Après avoir fini quasiment tout un bidon, vous vous sentez mieux.
Les derniers kilomètres passent vite, vous pensez être en forme pour le marathon qui va suivre.
Vous arrivez au parc à vélo, rendez-vous au chapitre **501**.

33

Vous regardez vos plateaux et voyez votre chaîne basculer parfaitement sur le petit plateau. Vous vous sentez plus à l'aise avec cette cadence de pédalage et vous terminez cette difficulté sans vous mettre dans le rouge.
Quelques kilomètres plus tard, vous arrivez au point de passage suivant. Vous regardez sur votre fiche scotchée à votre cadre : vous avez repris du temps sur la barrière horaire et vous êtes maintenant un peu à l'abri de l'élimination.
Si vous décidez de garder cette allure soutenue pour continuer à prendre de l'avance et à doubler des concurrents, rendez-vous au chapitre **402**.
Si vous préférez ralentir pour garder vos forces pour la suite de l'épreuve quitte à ne pas augmenter votre avance sur la voiture balai, rendez-vous au chapitre **2**.

34

Il y a énormément de nageurs autour de vous. Vous les observez pour mieux choisir votre proie. Au bout de quelques secondes, vous trouvez un concurrent qui respire systématiquement à l'opposé de vous. C'est la cible idéale : avec le monde, il ne verra pas qui les lui a pris !

Vous vous mettez à sa hauteur, vous frayant un chemin parmi la cohue. Vous guettez le moment opportun tel un tigre. Au moment où il tourne sa tête pour inspirer, vous lancez votre main et arrachez violemment les lunettes de ce pauvre homme. Immédiatement, vous plongez dans l'eau et laissez passer quelques nageurs au-dessus de vous. Vous en profitez pour enfiler les lunettes et ressortez incognito en nageant comme si de rien de n'était.

Vous passez à côté de votre victime complètement désemparé. Il est maintenant redressé et cherche à droite et à gauche son voleur. Vous le distancez.

Le stress redescend. Vous vous sentez mieux et vous nagez normalement. Vous pouvez maintenant vous concentrer sur votre course.

Au bout d'une centaine de mètres, un bateau arrive à votre hauteur. Vous tournez la tête et voyez un arbitre avec un carton rouge tendu vers vous. Vous ne comprenez pas. Vous vous redressez.

– Qu'est-ce qu'il se passe ? Qu'est-ce que j'ai fait ?

– Vous êtes disqualifié monsieur ! Je vous ai vu prendre les lunettes d'un concurrent.

– Mais ce n'était pas moi.

Vous vous retournez et, dans la panique, montrez un autre triathlète.

– C'est lui, là, je l'ai vu !

– Arrêtez, je vous ai repéré. Montez sur le bateau.

Vous abandonnez votre plaidoyer et vous rejoignez l'arbitre sur le bateau.

Votre triathlon s'arrête là, honteux de ce que vous avez fait.

35

Les kilomètres défilent et vous avez déjà oublié cet appel il y a quelques minutes. Apparemment rien de grave, sinon vous vous en seriez rendu compte…enfin, c'est ce que vous vous dites pour vous rassurer.

Vos sensations sont toujours aussi excellentes et vous ne comptez plus le nombre de concurrents que vous avez doublé depuis le début de la partie vélo.
Vous arrivez déjà au 90e km, rendez-vous au chapitre **155**.

36

Vous arrivez dans l'aire de transition. Vous posez pied à terre avant la ligne signalant l'entrée du parc à vélo.
Le même bénévole qu'à la sortie de l'eau vous crie votre classement :
– 349e !
Vous savez qu'il faut rester lucide lors de cette transition pour ne pas perdre de temps ni faire d'erreur. Mais la fatigue est bien présente et parfois on ne parvient pas à tout contrôler.
Choisissez un des chapitres suivants pour savoir comment va se dérouler votre transition :
Rendez-vous au chapitre **29** *(mémorisez le numéro de chapitre actuel :* ***36*** *qui vous sera utile par la suite).*
Rendez-vous au chapitre **254** *(mémorisez le numéro de chapitre actuel :* ***36*** *qui vous sera utile par la suite).*
Rendez-vous au chapitre **48** *(mémorisez le numéro de chapitre actuel :* ***36*** *qui vous sera utile par la suite).*
Rendez-vous au chapitre **477** *(mémorisez le numéro de chapitre actuel :* ***36*** *qui vous sera utile par la suite).*

37

Sans aucune information, vous préférez assurer et ne pas compromettre la suite de votre course. Vous rajoutez une dent pour faire tourner les jambes et avoir moins l'impression d'appuyer sur les pédales. Vous acceptez alors de voir quelques concurrents vous doubler même si pour la plupart vous parvenez à maintenir leur rythme sans avoir trop la sensation de forcer.
Même si vous tentez d'oublier votre compteur, vos vieilles habitudes reviennent et vous aimeriez bien connaître au moins votre chrono depuis le début du parcours vélo. Vous appuyez sur le bouton power de votre compteur et, miracle, il se rallume. Vous ne comprenez pas pourquoi mais vous vous en fichez, votre gadget fonctionne de nouveau et c'est le principal !

Quelques kilomètres plus tard, vous arrivez au 90e km, rendez-vous au chapitre **190**.

38

Jusque-là vous entendiez le bruit des nageurs. Mais là, plus rien. Plus un bruit autour de vous. Vous avez l'impression d'être seul dans la pénombre. Vous avez le sentiment de nager dans la nuit silencieuse.
Vous continuez plusieurs minutes, mais la panique vous gagne progressivement. Vous vous dites que, finalement, vous préfériez être au milieu de l'essoreuse que de nager tout seul les yeux fermés.
Si vous décidez de vous redresser pour prendre le temps de vous repérer, rendez-vous au chapitre **467**.
Si vous voulez continuer de nager les yeux fermés pour ne pas perdre de temps rendez-vous au chapitre **312**.

39

Vous vous arrêtez à ses côtés. Vous le soutenez quelques instants physiquement pour l'aider à marcher. Vous cherchez dans vos poches et trouvez un gel énergétique qu'il avale goulument.
Vous observez son visage cerné par la fatigue. Ses traits sont tirés, vous pouvez voir ses os sous sa peau. Son teint est pâle, ses lèvres sèchent. Il semble avoir pris dix ans en quelques heures. Vous vous demandez si vous aussi vous ressemblez à ça. Sans doute. Pourquoi la course n'aurait pas eu le même impact sur vous ?
Au fil des minutes, il retrouve quelques couleurs et vous parvenez à alterner marche et course sur les derniers kilomètres. Vous perdez beaucoup de temps et un grand nombre de concurrents en profitent pour vous doubler mais là n'est plus l'essentiel.
Vous arrivez enfin dans la dernière ligne droite, rendez-vous au chapitre **414**.

40

Vous faites demi-tour et commencez à pédaler en sens inverse. Au bout de quelques mètres, vous vous retournez et apercevez la moto de l'arbitre s'éloigner. Vous attendez quelques secondes pour ne plus l'avoir dans votre champ de vision et reprenez la bonne direction de votre course. Vous êtes fier de votre malice et reprenez votre allure.

Deux cents mètres plus loin, la moto sort d'un chemin sur votre gauche. Votre sang se glace.
– Vous avez eu le temps d'aller chercher vos déchets ? Vous demande l'arbitre d'un ton suspicieux.
– Oui, bien sûr… répondez-vous sans parvenir à cacher votre nervosité.
– Vous pouvez me les montrer ?
– Pardon ?
– Montrez-moi vos déchets.
Vous feignez de les chercher dans vos poches.
– Ils ont dû tomber en roulant.
Vous n'êtes alors pas du tout crédible. L'arbitre sort de sa poche un carton rouge. Votre triathlon s'arrête là.

41

Vous faites demi-tour sur la route. Vous vous rendez compte alors que la pente est vraiment raide et cela vous demande un réel effort pour parvenir à vos lunettes. Les triathlètes qui passent devant vous ne comprennent pas ce que vous êtes en train de faire. Vous arrivez enfin à vos lunettes gisantes au sol. Vous les ramassez et repartez dans la bonne direction. Vous avez perdu un peu de temps mais vous appréciez avoir les yeux protégés du vent et du soleil.
Les kilomètres suivants s'enchaînent sans embûche, vous vous sentez à l'aise dans une allure que vous maitrisez. Vous arrivez au 90e km, rendez-vous au chapitre **31**.

42

Vous ralentissez et retrouvez un rythme modéré dans lequel vous semblez être à l'aise. Vous sentez vos muscles vous remercier par ce changement d'allure et votre rythme cardiaque ralentir. Maintenant que vous avez adopté cette vitesse, vous vous dites qu'il aurait été impossible de continuer avec un rythme trop élevé.
Malgré ce ralentissement volontaire, vous continuez de doubler des concurrents même si cette remontée est plus lente que précédemment.
Vous arrivez au semi-marathon, rendez-vous au chapitre **490**.

43

Vous prenez à gauche. Vous continuez de rouler toujours au même rythme mais en gardant en tête qu'il va peut-être falloir faire demi-tour si vous vous êtes trompé de chemin.
Cela fait plusieurs minutes que vous avez suivi ce chemin et vous ne voyez toujours personne. Vous vous dites qu'il s'agit forcément de la mauvaise route et commencez à ralentir pour faire demi-tour.
Alors que vous réalisez un 180 degrés sur la route, vous entendez quelqu'un crier :
– Qu'est-ce que vous faites ?
Vous vous arrêtez pour vous retourner. Vous apercevez à une centaine de mètres de vous un bénévole vous appeler. Vous repartez pour venir à sa hauteur.
– Pourquoi vous faites demi-tour ? vous demande-t-il.
– Ça fait plusieurs kilomètres que je ne vois plus personne, je pensais m'être trompé de chemin.
– Non, c'est bien par là.
Vous remerciez ce bénévole et repartez le cœur plus léger.
Vous vous reconcentrez sur votre course.
Quelques kilomètres plus tard, vous arrivez au 90e km, rendez-vous au chapitre **155**.

44

Vous faites finalement demi-tour et retrouvez cinq kilomètres plus tard la route par laquelle vous êtes arrivé. Le temps de parcourir les cinq kilomètres suivants qui vous séparent du rond-point où vous vous êtes trompé de chemin, vous pestez contre vous-même et contre le manque de signalétique sur le parcours. Vous ne comprenez pas comment vous avez pu être le seul à vous égarer.
Vous retrouvez finalement le rond-point et prenez, cette fois, la bonne direction. Un bénévole vous regarde étonné, vous lui jetez un regard de colère. Pourquoi n'était-il pas là tout à l'heure ?
Enervé, vous savez que vous avez parcouru vingt kilomètres de trop. C'est du temps que vous n'arriverez jamais à rattraper.
Kilomètre après kilomètre, vous essayez d'utiliser cette rage pour aller plus vite. Vous passez ce fameux point intermédiaire au 70e km et entendez votre puce biper. Ce son pour lequel vous avez perdu tant de temps.

Vous passez ensuite le panneau du 80e km et vous vous dites qu'il y a plus d'une heure vous étiez au même endroit…
Quelques minutes plus tard, vous arrivez enfin au 90e km, rendez-vous au chapitre **161**.

45

Vous arrivez dans l'aire de transition. Vous posez pied à terre avant la ligne signalant l'entrée du parc à vélo.
Le même bénévole qu'à la sortie de l'eau vous crie votre classement :
– 426e !
Vous savez qu'il faut rester lucide lors de cette transition pour ne pas perdre de temps ni faire d'erreur. Mais la fatigue est bien présente et parfois on ne parvient pas à tout contrôler.
Choisissez un des chapitres suivants pour savoir comment va se dérouler votre transition :
Rendez-vous au chapitre **29** *(mémorisez le numéro de chapitre actuel :* ***45*** *qui vous sera utile par la suite).*
Rendez-vous au chapitre **254** *(mémorisez le numéro de chapitre actuel :* ***45*** *qui vous sera utile par la suite).*
Rendez-vous au chapitre **48** *(mémorisez le numéro de chapitre actuel :* ***45*** *qui vous sera utile par la suite).*
Rendez-vous au chapitre **477** *(mémorisez le numéro de chapitre actuel :* ***45*** *qui vous sera utile par la suite).*

46

Vous continuez de rouler mais de kilomètre en kilomètre, le bruit s'intensifie. Vous luttez de plus en plus pour conserver votre rythme habituel mais vous semblez manquer de lucidité et ne faites pas le rapprochement avec le freinage continue que crée le frottement du patin sur votre jante. Vous vitesse diminue progressivement.
Vous arrivez dans une côte et même avec votre plus petit braquet vous êtes debout sur les pédales à donner toute la puissance que vous avez. Le bruit du frottement devient strident. Alors que les pourcentages de la difficulté augmentent, vous n'arrivez plus à faire tourner les pédales et vous chutez lourdement sur le côté, à l'arrêt.
Vous vous relevez lentement, heureux de n'avoir aucune douleur gênante. Vous regardez votre vélo qui ne semble ne rien avoir non plus. Vous décalez enfin votre patin de frein et remontez sur votre

monture. La côte se termine beaucoup mieux qu'elle avait commencé.
Malheureusement, vous avez perdu beaucoup de temps et nombre de concurrents en ont profité pour vous doubler.
Vous arrivez au 90e km, rendez-vous au chapitre **169**.

47

En vous glissant dans les pieds du nageur devant vous, vous vous êtes placé entre deux concurrents mais l'un d'eux ne vous voit pas (ou fait semblant de ne pas vous voir) et vous appuie sur le dos. Vous ne paniquez pas et remontez calmement à la surface de l'eau. Mais au moment de prendre votre respiration, le deuxième nageur vous appuie sur la tête. Vous manquez de vous étouffer en avalant l'eau. Vous vous redressez pour reprendre votre souffle et repartez. Vous tentez de vous calmer malgré l'afflux d'adrénaline dans votre corps. Vous vous placez dans les pieds du nageur mais vous êtes trop près et ses battements font voler vos lunettes de natation. Heureusement, vous parvenez à les récupérer avant qu'elles ne coulent.
Cela commence à faire beaucoup en peu de temps.
Si vous décidez de quitter le groupe pour nager seul, rendez-vous au chapitre **293**.
Si vous préférez persévérer et rester dans le groupe, rendez-vous au chapitre **543**.

48

Vous courez à côté de votre vélo. Vous regardez vos chaussures que vous avez laissées attachées à vos cales pour vérifier qu'elles ne se décrochent pas en frappant le sol. Quand vous relevez la tête, vous avez l'impression que vous êtes allé trop loin et que vous avez raté votre emplacement. Vous revenez sur vos pas et traversez plusieurs rangées avant de trouver la vôtre.
Vous posez votre vélo et commencez à enfiler vos chaussures de course. En vous penchant, vous sentez des crampes monter au niveau de vos cuisses. Vous prenez quelques minutes pour vous étirer les muscles que vous sentez raides…c'est-à-dire tous vos muscles. Une fois ces mouvements réalisés, vous finissez de boire votre bidon d'eau.

Vous commencez à sortir du parc à vélo en marchant. Vous vous dites que vous avez encore tout un marathon pour courir.
Alors que vous êtes sur le point de sortir de l'aire de transition, un arbitre vous tend un carton jaune. Vous êtes stupéfait et ne comprenez pas ce que vous avez fait de mal.
– Vous devez quitter votre casque monsieur, vous explique l'arbitre.
Vous touchez votre tête mais ce n'est pas votre crâne que vous sentez. Effectivement, vous avez oublié d'enlever votre casque.
Vous repartez tranquillement jusqu'à votre emplacement pour enfin vous diriger tête nue vers la sortie du parc à vélo.
Si vous venez du chapitre **501**, rendez-vous au chapitre **255**.
Si vous venez du chapitre **105**, rendez-vous au chapitre **62**.
Si vous venez du chapitre **45**, rendez-vous au chapitre **547**.
Si vous venez du chapitre **36**, rendez-vous au chapitre **64**.
Si vous venez du chapitre **87**, rendez-vous au chapitre **14**.
Si vous venez du chapitre **16**, rendez-vous au chapitre **78**.
Si vous venez du chapitre **482**, rendez-vous au chapitre **14**.
Si vous venez du chapitre **232**, rendez-vous au chapitre **78**.
Si vous venez du chapitre **52**, rendez-vous au chapitre **317**.
Si vous venez du chapitre **373**, rendez-vous au chapitre **108**.
Si vous venez du chapitre **446**, rendez-vous au chapitre **198**.
Si vous venez du chapitre **122**, rendez-vous au chapitre **506**.

49

On ne change pas une stratégie gagnante et même si vous vous sentez bien, vous avez décidé de continuer d'alterner la marche et la course avec la même régularité. Et cette stratégie est payante : vous continuez de doubler régulièrement des concurrents qui, eux, ont décidé de ne faire que marcher.
Vous arrivez au semi-marathon, rendez-vous au chapitre **209**.

50

Les kilomètres continuent de s'enchaîner et vos jambes sont toujours aussi efficaces.
Néanmoins, la chaleur de la journée est de plus en plus présente et vous ressentez le besoin de boire régulièrement. Alors que vous prenez votre bidon pour étancher votre soif, vous passez dans un nid de poule vous faisant lâcher votre boisson. Vous vous retournez et

observez impuissant votre bidon rouler au sol. Vous regardez sur votre cadre, il s'agissait de votre dernier bidon plein.
Si vous décidez de vous arrêter et faire demi-tour pour aller récupérer votre boisson, rendez-vous au chapitre **381**.
Si vous préférez continuer en vous disant que vous en récupérerez un au prochain ravitaillement, rendez-vous au chapitre **27**.

51

Votre réaction est brutale. Vous êtes pris de haut le cœur avant de devoir vous arrêter sur le bord de la route pour vomir. Mais comment peut-on boire quelque chose d'aussi infecte ?
Après vous être vidé l'estomac, vous ne vous sentez pas de courir et préférez marcher. De nombreux concurrents en profitent pour vous doubler.
Vous avez toujours ce goût ignoble dans la bouche lorsque vous arrivez toujours en marchant, quelques dizaines de minutes plus tard, au ravitaillement suivant.
Vous vous lavez la bouche et le palais avec de nombreux verres d'eau et avalez des verres de jus d'orange pour garder un autre goût dans la gorge.
Après plusieurs minutes à vous remettre de cette boisson, vous vous sentez mieux et pouvez repartir en trottinant.
Quelques kilomètres plus loin, vous arrivez au semi-marathon, rendez-vous au chapitre **209**.

52

Vous arrivez dans l'aire de transition. Vous posez pied à terre avant la ligne signalant l'entrée du parc à vélo.
Le même bénévole qu'à la sortie de l'eau vous crie votre classement :
– 1812e !
Vous savez qu'il faut rester lucide lors de cette transition pour ne pas perdre de temps ni faire d'erreur. Mais la fatigue est bien présente et parfois on ne parvient pas à tout contrôler.
Choisissez un des chapitres suivants pour savoir comment va se dérouler votre transition :
Rendez-vous au chapitre **29** *(mémorisez le numéro de chapitre actuel :* ***52*** *qui vous sera utile par la suite).*

Rendez-vous au chapitre **254** *(mémorisez le numéro de chapitre actuel :* ***52*** *qui vous sera utile par la suite).*
Rendez-vous au chapitre **48** *(mémorisez le numéro de chapitre actuel :* ***52*** *qui vous sera utile par la suite).*
Rendez-vous au chapitre **477** *(mémorisez le numéro de chapitre actuel :* ***52*** *qui vous sera utile par la suite).*

53

Vous partez tout de suite dans un bon rythme. Vous savez que c'est sur le vélo que vous pouvez gagner du temps alors il n'est pas question de lambiner à regarder le paysage.
Au fil des kilomètres, vous vous rendez compte que l'effort paie. Vous êtes en avance sur vos objectifs et vous avez déjà doublé un bon nombre de concurrents.
A l'approche d'un dos d'âne, vous ne ralentissez pas pour passer un triathlète mais avec la secousse, vous entendez quelque chose qui vient de tomber de votre vélo. Vous vous retournez et vous voyez un bidon au sol, roulant vers le trottoir. Vous vérifiez sur votre cadre, c'est bien le vôtre, et pas n'importe lequel, il s'agit de celui dans lequel vous avez mis tout le nécessaire pour réparer en cas de crevaison.
Si vous décidez de vous arrêter pour aller le chercher quitte à perdre quelques dizaines de secondes et de vous couper dans votre effort, rendez-vous au chapitre **337**.
Si vous préférez continuer à rouler sans vous soucier de votre bidon, rendez-vous au chapitre **488**.

54

Même si cela ne vous plait guère de mettre la peau de banane dans votre poche ainsi que le papier vide de votre barre, vous le faites tout de même.
Vous enchaînez les kilomètres sans encombre, maitrisant bien votre allure. Vous parvenez à doubler quelques concurrents, vous permettant de ne pas tomber dans un faux rythme.
Au ravitaillement suivant, vous jetez vos déchets dans la zone de propreté.
Il ne vous reste plus que quelques kilomètres, vous en profitez pour bien vous alimenter et vous hydrater avant le marathon.
Vous arrivez enfin au parc à vélo, rendez-vous au chapitre **87**.

55

Vous faites tomber une dent et appuyez avec douceur sur les pédales pour être à l'écoute de vos mollets. Jusque-là, tout va bien. Vous augmentez progressivement votre cadence et la vitesse qui apparaît sur votre compteur vous réjouit.
Les kilomètres s'enchaînent, parfois vous levez un peu le pied dès que votre mollet vous envoie des signaux négatifs mais globalement vous sentez que cela va mieux. Le moral aussi est au beau fixe, vous remontez régulièrement des concurrents. Vous vous dites que vous êtes peut-être dans un bon jour.
Arrivée au 90e km, vos mauvaises sensations au mollet ont complètement disparu, rendez-vous au chapitre **31**.

56

Cela fait maintenant quasiment deux heures que vous marchez à un bon rythme. De nombreux coureurs sont passés devant vous et vous n'avez pas encore réagi. Vous perdez de nombreuses minutes et vous vous rapprochez dangereusement de la barrière horaire située à la mi-course.
Vous vous sentez bien et décidez de profiter de vos bonnes sensations pour alterner marche et course sur plusieurs kilomètres. Vos jambes semblent bien réagir à cette stratégie.
Vous arrivez enfin au semi-marathon, rendez-vous au chapitre **128**.

57

Vous tournez votre tête et tombez instantanément sous le charme de cette triathlète. Mais vous n'avez pas le temps de l'encourager qu'elle vous crie « Attention ! ». Vous tournez votre regard vers la route devant vous, mais il est déjà trop tard. Un gros molosse vient de traverser et reste planté devant vous, sans bouger, tel le minotaure. Comme si son seul désir était de vous bloquer le chemin.
Vous n'avez que très peu de temps pour réagir.
Si vous décidez de tourner brutalement votre guidon pour finir votre course dans le fossé qui borde la route, rendez-vous au chapitre **354**.
Si vous préférez freiner de toutes vos forces en espérant vous arrêter avant de heurter le chien, rendez-vous au chapitre **526**.

58

Vous prenez réellement du plaisir à nager seul, à votre rythme. Vous vous sentez bien et vous vous dites que la journée va être sportive et belle.

Les minutes s'enchaînent et maintenant vous semblez percevoir le sol au fond de l'eau. Vous relevez la tête et vous vous rendez compte que vous êtes revenu sur la plage de départ.

Vous auriez déjà fait un tour ? Vous vous retournez et voyez venir le premier de la course qui, lui, finit son deuxième tour.

Vous entendez le public qui s'égosille, vous regardez les spectateurs… Ils pensent que vous êtes premier !

Si vous décidez de donner raison aux spectateurs et de faire croire que vous êtes premier, rendez-vous au chapitre **397**.

Si vous préférez repartir pour votre parcours natation avec une allure soutenue pour rattraper votre retard, rendez-vous au chapitre **234**.

Si vous choisissez de repartir pour votre parcours natation à une allure moyenne car vous pensez déjà à la suite de votre compétition, rendez-vous au chapitre **250**.

59

Vous arrivez en courant sur la plage de départ. Evidemment, il n'y a plus aucun triathlète, tous sont déjà dans l'eau quelques mètres plus loin. Vous êtes vexé de cette mésaventure mais tout n'est pas encore perdu.

Si vous décidez de partir vite en natation pour rapidement rattraper un groupe de nageurs, rendez-vous au chapitre **82**.

Si vous préférez partir à votre rythme car vous vous dites que la course est encore longue et que vous aurez le temps de rattraper votre retard plus tard, rendez-vous au chapitre **73**.

60

Vous jetez un œil au carton que vous brandit l'arbitre et vous baissez la tête comme un môme qui sait qu'il a fait une bêtise. La moto accélère et vous laisse seul sur la route.

Vous bougonnez contre vous-même pour avoir fait cette erreur ridicule qui va vous valoir un tour de pénalité en course pied. Vous n'avez pas besoin de ça pour débuter votre marathon !

Vous tentez de vous reconcentrer sur votre course et sur les quelques kilomètres qu'il vous reste à parcourir avant la deuxième transition.

Les jambes commencent à devenir lourdes mais rien d'étonnant après 180km de vélo.
Vous arrivez enfin au parc à vélo, il va falloir courir maintenant, rendez-vous au chapitre **105**.

61

Vous accélérez en faisant tomber une dent. Vous dépassez le groupe et maintenez votre effort pour ne pas qu'ils puissent prendre votre roue. Vous vérifiez régulièrement par-dessus votre épaule qu'ils restent à distance réglementaire. Au bout de quelques kilomètres, vous sentez poindre votre raideur au mollet, vous lancez un dernier regard au groupe derrière vous, résigné à les laisser passer sous peine de crampes. Mais ce que vous voyez vous ravie : une moto d'arbitre est arrivée à leur hauteur et les sanctionne d'un carton bleu. Le groupe se disperse rapidement.
Vous reprenez votre rythme normal faisant disparaître votre douleur au mollet.
Quelques minutes plus tard, vous arrivez au 90e km, rendez-vous au chapitre **31**.

62

Si vous êtes allé aux toilettes avant ou pendant le triathlon, rendez-vous au chapitre **463** pour le début du marathon.
Si vous n'êtes pas encore allé aux toilettes, au moment de quitter le parc à vélo, vous sentez vos intestins hurler brusquement. Vous vous mettez à marcher, plié en deux. Vous savez qu'il vous sera impossible de partir sur la course à pied dans cet état.
Vous faites demi-tour et vous vous dirigez jusqu'aux toilettes installées dans le parc à vélo. Il y a quelques personnes qui attendent devant, vous n'avez pas d'autres choix que de prendre votre mal en patience. Quelques minutes plus tard, vous vous retrouvez enfin assis pour vous libérer de ce poids. Une fois cette tâche réalisée, vous vous sentez plus léger et vous pouvez quitter l'aire de transition pour attaquer votre marathon, rendez-vous au chapitre **220**.

63

Vous pensez à la suite de la course et mettez une dent supplémentaire pour tourner un peu plus les jambes. Malgré tout, le rythme reste

encore bon et cela vous permet de doubler régulièrement des concurrents. Cela vous grise et vous ne sentez plus la fatigue, vous vous concentrez seulement sur le prochain triathlète à rattraper. Vous n'avez pas revu les participants qui vous avaient pris la roue et cela vous réconforte sur votre allure.
Vous arrivez au 90e km, rendez-vous au chapitre **31**.

64

Si vous êtes allé aux toilettes avant ou pendant le triathlon, rendez-vous au chapitre **220** pour le début du marathon.
Si vous n'êtes pas encore allé aux toilettes, au moment de quitter le parc à vélo, vous sentez vos intestins hurler brusquement. Vous vous mettez à marcher, plié en deux. Vous savez qu'il vous sera impossible de partir sur la course à pied dans cet état.
Vous faites demi-tour et vous vous dirigez jusqu'aux toilettes installées dans le parc à vélo. Il y a quelques personnes qui attendent devant, vous n'avez pas d'autres choix que de prendre votre mal en patience. Quelques minutes plus tard, vous vous retrouvez enfin assis pour vous libérer de ce poids. Une fois cette tâche réalisée, vous vous sentez plus léger et vous pouvez quitter l'aire de transition pour attaquer votre marathon, rendez-vous au chapitre **505**.

65

Vous faites le choix de ne pas vous arrêter et de continuer au même rythme, celui dans lequel vous vous sentez si bien.
Kilomètre après kilomètre, vous êtes sur un nuage, vos jambes avancent toutes seules sans que vous ayez à leur hurler dessus.
Mais alors que vous passez dans un coin ombragé, vous commencez à avoir mal à la tête. Vous continuez de courir mais votre vision se trouble, vous voyez des étoiles.
Si vous décidez de continuer de courir et même d'accélérer pour atteindre le prochain ravitaillement le plus rapidement possible, rendez-vous au chapitre **347**.
Si vous préférez marcher jusqu'au prochain ravitaillement, rendez-vous au chapitre **244**.

66

Vous ne vous arrêtez pas au ravitaillement et vous êtes heureux de constater que vous gagnez facilement quelques places au classement en suivant cette stratégie.

Mais au bout de seulement quelques kilomètres, ce point positif ne va pas durer longtemps. Les coureurs que vous avez dépassés alors qu'ils prenaient le temps de se nourrir et de s'hydrater reviennent déjà sur vous. Vous vous rendez alors compte que même si vous courez toujours, votre rythme est lent, très lent. Votre moral s'effondre et vous vous mettez à marcher. Vous n'êtes plus concentré sur la course et encore moins sur la ligne d'arrivée, vos douleurs musculaires et votre fatigue sont à leur paroxysme comme si elles se réveillaient alors que votre mental est en berne.

Vous vous asseyez vous demandant ce que vous faites là, le sens de tout ça. Pourquoi s'infliger cette souffrance ? Ce que vous avez à gagner une fois la course terminée. Vous n'avez aucune réponse positive à ces questions.

Vous voyez un arbitre plus loin. Vous vous relevez et lui donnez votre dossard.

Votre triathlon s'arrête là.

67

Malgré la douleur musculaire, la disparition de toute parcelle d'énergie dans votre corps et le risque que vous puissiez vous évanouir d'une seconde à l'autre, vous êtes poussé par la clameur des spectateurs, attiré comme un aimant par la ligne d'arrivée.

Cette dernière ligne droite est du pur bonheur ! Vous ne ressentez plus aucune fatigue, vous êtes euphorique. Les larmes aux yeux, vous vous rapprochez de cette ligne qui symbolise la fin de votre Ironman, de ces mois de préparation, de ce projet que vous pensiez irréalisable, mais vous y êtes et malgré ces heures à douter, vous comprenez pourquoi vous êtes là. Pour ces quelques secondes éphémères, futiles qui vous marqueront à vie.

Vous passez la ligne, vous recevez la médaille tant convoitée de finisher et soudain toutes les douleurs musculaires reviennent brutalement. Vous vous asseyez, le dos contre une barrière.

Vous souriez.

Vous avez terminé 1956e sur 2000, félicitations !

Prenez le temps de récupérer de votre course et relancez-vous dans une nouvelle lecture pour tenter de faire mieux !

68

Cela vous fait mal au cœur de devoir le laisser derrière vous mais c'est la dure réalité de la compétition et il faut l'accepter...et sincèrement, ça fait toujours un concurrent en moins.
Mais vous avez des difficultés à arrêter de penser à cette histoire. Et s'il s'agissait de vous, vous auriez aimé que quelqu'un vous vienne en aide. Vous espérez qu'un autre concurrent lui a donné de quoi réparer. Alors que toutes ces pensées vous occupent l'esprit, vous passez un nouveau ravitaillement sans même le voir. Quand vous vous rendez compte que vos bidons sont vides, il est déjà trop tard.
Au fur et à mesure des kilomètres, votre soif s'accentue. La bouche et la gorge sèches, vous hésitez sur la conduite à tenir.
Si vous décidez de demander à un concurrent près de vous pour lui emprunter son bidon, rendez-vous à chapitre **278**.
Si vous préférez ne pas demander et finir les derniers kilomètres de vélo sans vous hydrater, rendez-vous au chapitre **72**.

69

Vous lancez vos papiers par terre.
Malheureusement, il est interdit de jeter des déchets en dehors de la zone autorisée que vous avez dépassée de quelques dizaines de mètres. Un arbitre arrive à votre hauteur.
– Vous avez jeté vos déchets en dehors de la zone de propreté, vous devez vous remettre en conformité, vous dit-il.
– Je vous promets que je visais la zone mais je l'ai ratée ! Lui dites-vous en tentant de vous défendre.
– Faites demi-tour pour les récupérer.
Vous réfléchissez quelques secondes. Vos papiers sont maintenant loin derrière et cela vous ferait perdre pas mal de temps.
Si vous décidez de ne pas aller les chercher, rendez-vous au chapitre **274**.
Si vous préférez ne pas avoir de problème et aller récupérer vos papiers, rendez-vous au chapitre **112**.

70

Vous les laissez partir préférant vous concentrer sur la récupération de vos mollets. Vous les observez s'éloigner progressivement jusqu'à ce qu'ils disparaissent de votre vision. Vous bouillonnez intérieurement à cause de ce type de comportement qui vous paraît inacceptable. Vous en oubliez même vos mollets qui, finalement, vont beaucoup mieux…n'est-ce pas là l'essentiel ?
Vous vous recentrez sur votre course, oubliant les tricheurs qui sont maintenant loin devant vous.
Vous arrivez au 90ᵉ km, rendez-vous au chapitre **161**.

71

Vous continuez de nager comme vous savez le faire. Plus personne autour de vous ne vous dérange. Vous sentez uniquement votre corps glisser sur l'eau sans aucun bruit alentour pour perturber cette osmose.
Si vous décidez de relever la tête pour voir où sont les autres concurrents, rendez-vous au chapitre **221**.
Si vous préférez rester seul dans votre bulle, rendez-vous au chapitre **58**.

72

Vous tentez de garder votre rythme mais votre soif monopolise votre attention. Vous rêvez d'un soda bien frais, d'une citronnade, d'un verre d'eau et vous pensez même l'espace d'une seconde à boire votre urine !
Il vous reste encore trente kilomètres avant d'arriver à la deuxième transition et cela vous paraît interminable. Vous sentez les crampes commencer à monter dans vos mollets. Vous êtes obligé de changer de braquet et de ralentir si vous voulez encore espérer courir sur le marathon.
Vous acceptez avec dépit de vous faire doubler par des concurrents, sans réagir.
Après de longues minutes de calvaire, vous êtes étonné de tomber sur une fontaine à eau dans un village, quelques kilomètres avant la fin du parcours cycliste. Vous vous arrêtez et buvez abondamment directement au robinet. Vous avez l'impression de revivre. Vous repartez quelques secondes plus tard, rassasié.

Vous arrivez enfin au parc à vélo, rendez-vous au chapitre **232**.

73

Vous posez votre nage comme vous savez le faire. Votre tactique est de ne pas puiser dans vos ressources sur la partie natation pour être en forme pour la suite de la course.
Malheureusement, votre retard se creuse avec le peloton et vous vous retrouvez complétement isolé sans nageur visible devant vous.
Vous êtes sur le retour de la première boucle de la natation quand, de l'autre côté des bouées, vous apercevez les premiers qui entament leur deuxième boucle.
Vous finissez cette longue ligne droite et vous sortez de l'eau pour attaquer le deuxième tour.
Le public est alors en ébullition, il vous encourage comme si vous étiez le premier. Vous regardez derrière votre épaule, vous apercevez le premier de la course à quelques dizaines de mètres de vous.
– Bravo ! scande le public.
– Ne vous retournez pas, vous êtes premier ! crie un groupe.
Les bénévoles vous montrent alors l'accès au parc à vélo.
Ils pensent réellement que vous êtes en tête de la course !
Si vous voulez profiter de cette confusion pour vous diriger directement vers le parc à vélo et entamer la partie cycliste, rendez-vous au chapitre **151**.
Si vous voulez continuer sur votre deuxième boucle de la natation, rendez-vous au chapitre **429**.

74

Vous remettez une dent et augmentez légèrement votre cadence. Vous voyez la vitesse affichée par votre compteur diminuer et vous acceptez de voir d'autres concurrents vous doubler.
Pour vous remonter le moral, vous vous dites que vous les reverrez plus tard, quand eux seront dans le dur et que vous serez encore frais.
Plusieurs kilomètres plus tard, vous arrivez au 90e km, rendez-vous au chapitre **31**.

75

Le deuxième tour est proche de la torture. Vous n'osez même pas penser à la suite de la course tant vous avez l'impression de livrer

toutes vos forces dans ce lac qui semble de plus en plus vous rejeter. Vous avez la sensation de ne plus glisser dans l'eau mais de vous battre contre elle. Vos bras pèsent une tonne. Cela vous demande un réel effort de les sortir de l'eau pour de nouveau faire souffrir vos muscles.
Mais vous tenez et vous vous dites que c'est le plus important…pour l'instant.
Vous apercevez la berge devant vous. Bientôt la fin de cette agonie.
Vous sortez de l'eau, titubant et entrez en marchant dans la zone de transition.
Rendez-vous au chapitre **239** pour la suite de votre course.

76

Vous remontez sur votre vélo et repartez toujours autant frigorifié.
Le vent froid continue de lacérer votre corps. Vous êtes complétement crispé sur votre vélo, les muscles tétanisés. Les kilomètres s'enchaînent lentement…très lentement et vous ne pouvez qu'observer, impuissant, les concurrents, vêtus chaudement, vous doubler un par un. Vous semblez ne plus avoir de force pour appuyer sur les pédales. Vous regrettez de ne pas avoir pris le sac poubelle, vous l'imaginez sur votre dos, à l'abri de la pluie et du froid. Mais vous êtes bras nus à vous insulter intérieurement.
Après de longs kilomètres de calvaire, vous voyez enfin le bout du tunnel : la pluie s'arrête, le soleil apparaît de nouveau et la température augmente. Vous vous réchauffez lentement mais sûrement.
Vous arrivez au 90ᵉ km en ayant retrouvé votre chaleur corporelle habituelle, rendez-vous au chapitre **169**.

77

Vous vous arrêtez sur le bord de la route et vous avez comme premier réflexe de soulever l'avant de votre vélo et de faire tourner votre roue pour vérifier s'il n'y a pas de frottement. Bingo ! Il s'agissait seulement de votre patin de frein qui frottait sur votre jante.
Vous le décalez légèrement afin qu'il reprenne sa position normale et vous remontez sur votre monture.
Vous n'avez perdu que quelques secondes et cela vous soulage de ne plus entendre ce bruit désagréable.

Après plusieurs kilomètres sont encombre, vous arrivez au parc à vélo, rendez-vous au chapitre **45**.

78

Si vous êtes allé aux toilettes avant ou pendant le triathlon, rendez-vous au chapitre **505** pour le début du marathon.
Si vous n'êtes pas encore allé aux toilettes, au moment de quitter le parc à vélo, vous sentez vos intestins hurler brusquement. Vous vous mettez à marcher, plié en deux. Vous savez qu'il vous sera impossible de partir sur la course à pied dans cet état.
Vous faites demi-tour et vous vous dirigez jusqu'aux toilettes installées dans le parc à vélo. Il y a quelques personnes qui attendent devant, vous n'avez pas d'autres choix que de prendre votre mal en patience. Quelques minutes plus tard, vous vous retrouvez enfin assis pour vous libérer de ce poids. Une fois cette tâche réalisée, vous vous sentez plus léger et vous pouvez quitter l'aire de transition pour attaquer votre marathon, rendez-vous au chapitre **415**.

79

Vous vous arrêtez sur le bord de la route et prenez le temps d'enlever vos chaussures. Vous retirez aussi vos chaussettes que vous tordez pour essayer d'en expulser un maximum d'eau. Vos pieds sont dans un sale état et vous vous dites que les derniers kilomètres risquent d'être compliqués Vous les remettez contentieusement pour ne former aucun pli. Après vous être chaussé, vous repartez doucement pour vous concentrer sur vos appuis. Même si vous sentez encore des frottements, ils sont devenus tolérables et vous n'avez maintenant plus qu'une seule chose en tête : finir la course.
Dans les derniers kilomètres, vous doublez des concurrents en difficulté. De votre côté, vous avez réussi à débrancher votre cerveau pour ne plus qu'il vous envoie de signaux de douleur et parvenez à maintenir un bon rythme.
Vous arrivez dans la dernière ligne droite, rendez-vous au chapitre **456**.

80

Vous changez de braquet pour faire tourner les jambes. Vous sentez vos mollets se décontracter progressivement, mais vous savez aussi qu'il ne va pas falloir accélérer pour ne pas que cela revienne.

Vous en profitez pour bien vous hydrater même si vous ragez intérieurement de voir tous ces triathlètes qui vous doublent.
Au bout de quelques kilomètres à vous faire humilier par les concurrents, une voiture vous double. Vous regardez derrière vous, personne.
Si vous décidez de vous caler derrière le coffre de la voiture pour vous mettre à l'abri du vent, rendez-vous au chapitre **438**.
Si vous préférez laisser partir la voiture et continuer à vous faire dépasser lamentablement, rendez-vous au chapitre **441**.

81

Vous tentez de vous glisser entre deux nageurs mais l'un d'eux ne vous voit pas (ou fait semblant de ne pas vous voir) et vous appuie sur le dos. Vous ne paniquez pas et remontez calmement à la surface de l'eau. Mais au moment de prendre votre respiration, le deuxième nageur vous appuie sur la tête. Vous manquez de vous étouffer en avalant l'eau. Vous vous redressez pour reprendre votre souffle et repartez. Vous vous placez dans les pieds du nageur mais vous êtes trop près et ses battements font voler vos lunettes de natation. Heureusement, vous parvenez à les récupérer avant qu'elles ne coulent. Cela commence à faire beaucoup en peu de temps.
Si vous décidez de quitter le groupe pour nager seul, rendez-vous au chapitre **168**.
Si vous préférez persévérer et rester dans le groupe, rendez-vous au chapitre **543**.

82

Dès les premiers coups de bras, vous essayez d'appuyer sur l'eau pour revenir rapidement sur les derniers nageurs. Vous ne pensez pas aux 180km de vélo ni au marathon qui vont suivre, vous êtes concentré pour être efficace et puissant dans votre nage. Votre respiration est forcée.
Vous commencez à doubler des nageurs isolés, mais vous continuez votre effort pour revenir sur un groupe.
Dans la dernière ligne droite avant la deuxième boucle de natation, les prémices d'une fatigue musculaire dans vos bras se fait sentir, mais vous tenez bon et juste avant la sortie à l'australienne, vous revenez sur un groupe d'une vingtaine de nageurs.

Vous vous redressez pour sortir de l'eau, vous perdez légèrement l'équilibre à cause de l'effort consenti mais vous restez concentré pour parcourir les quelques mètres qui vous séparent de l'eau.
Vous replongez pour la deuxième boucle mais au bout de quelques dizaines de mètres, vous vous rendez compte que les concurrents avec lesquels vous êtes en train de nager sont moins rapides que vous.
Si vous décidez de rester dans leurs pieds pour récupérer, rendez-vous au chapitre **540**.
Si vous préférez les doubler en prenant votre rythme de croisière, rendez-vous au chapitre **352**.
Si votre intention est de les doubler en accélérant pour vous placer le mieux possible avant la fin de la natation, rendez-vous au chapitre **263**.

83

Vous avez quasiment terminé. Il ne vous reste plus qu'à gonfler le pneu pour pouvoir repartir quand la moto arbitre s'arrête à votre hauteur.
– Qu'est-ce que vous êtes en train de faire ? vous demande l'arbitre.
– Eh bien, j'aide à réparer une crevaison, répondez-vous surpris par cette question évidente.
– Vous n'avez pas le droit, monsieur, d'aider un concurrent. Il doit se débrouiller tout seul.
– Mais il n'avait rien pour réparer.
Alors que vous ne comprenez pas où est le mal dans votre action, l'arbitre vous tend, à tous les deux, un carton rouge synonyme de disqualification. Vous êtes stupéfait. Vous restez immobile devant la moto qui repart.
Même si cela vous paraît injuste, votre triathlon s'arrête là.

84

Malgré la douleur et la difficulté, vous continuez de courir.
Alors que vous êtes proche de la sortie de la ville et du bois tant convoité, vos intestins se tordent une nouvelle fois, vous faisant pousser un cri de douleur et de désespoir car vous savez que vous n'arriverez pas à vous retenir.
Rendez-vous au chapitre **384**.

85

Vous vous arrêtez quelques secondes au ravitaillement pour avaler un verre de coca. En vous servant, vous voyez arriver un triathlète que vous connaissez.

Vous discutez quelques instants de la course, de vos sensations. Cela vous fait plaisir de le voir et au moment de partir vous vous posez la question de la stratégie à suivre.

Si vous décidez de continuer de courir ensemble car vous pensez qu'à deux, vous serez plus forts, rendez-vous au chapitre **145**.

Si vous préférez continuer en solitaire et vous verrez bien qui arrivera premier, rendez-vous au chapitre **427**.

Si vous choisissez de le laisser partir devant vous car vous savez qu'il est meilleur que vous en course à pied, rendez-vous au chapitre **194**.

86

En entrant dans le parc à vélo, vous entendez un bénévole qui vous annonce votre classement :

– 579e.

Vous vous rappelez que vous étiez 2000 au départ. Vous êtes plutôt satisfait de cette position, d'autant plus que vous vous sentez en forme pour la partie cyclisme.

Vous arrivez au milieu de tous ces vélos, rangés les uns à côté des autres. Un doute s'installe dans votre esprit. Où est votre emplacement ? Vous n'êtes plus vraiment sûr.

Si vous décidez de chercher parmi les premières rangées, rendez-vous au chapitre **323**, *(mémorisez le numéro de chapitre actuel :* ***86*** *qui vous sera utile par la suite).*

Si vous préférez commencer à chercher votre vélo dans les rangées du milieu, rendez-vous au chapitre **341**, *(mémorisez le numéro de chapitre actuel :* ***86*** *qui vous sera utile par la suite).*

Si vous choisissez de partir dans les dernières rangées pour trouver votre emplacement, rendez-vous au chapitre **205**, *(mémorisez le numéro de chapitre actuel :* ***86*** *qui vous sera utile par la suite).*

87

Vous arrivez dans l'aire de transition. Vous posez pied à terre avant la ligne signalant l'entrée du parc à vélo.

Le même bénévole qu'à la sortie de l'eau vous crie votre classement :

– 1054[e] !
Vous savez qu'il faut rester lucide lors de cette transition pour ne pas perdre de temps ni faire d'erreur. Mais la fatigue est bien présente et parfois on ne parvient pas à tout contrôler.
Choisissez un des chapitres suivants pour savoir comment va se dérouler votre transition :
Rendez-vous au chapitre **29** *(mémorisez le numéro de chapitre actuel :* ***87*** *qui vous sera utile par la suite).*
Rendez-vous au chapitre **254** *(mémorisez le numéro de chapitre actuel :* ***87*** *qui vous sera utile par la suite).*
Rendez-vous au chapitre **48** *(mémorisez le numéro de chapitre actuel :* ***87*** *qui vous sera utile par la suite).*
Rendez-vous au chapitre **477** *(mémorisez le numéro de chapitre actuel :* ***87*** *qui vous sera utile par la suite).*

88

Vous laissez partir le groupe et vous vous calez à son rythme une vingtaine de mètres derrière lui. Même si vous n'avez pas le droit d'utiliser l'abri d'un concurrent, vous profitez d'une "aspiration psychologique" en ayant en point de mire ces triathlètes.
Quelques kilomètres plus loin, alors que vous avez réussi à rester dans le sillage du groupe, une moto vous dépasse pour se placer à hauteur des tricheurs. Vous jubilez de les voir se faire sanctionner et d'observer le groupe se disloquer en quelques secondes. Même si cela vous a demandé plus d'efforts de rouler à leur vitesse, au moins vous n'aurez pas de boucle de pénalité à effectuer en course à pied.
Dans les kilomètres suivant, vous passez la majorité des triathlètes pénalisés en vous disant que sans l'aide de l'aspiration finalement ils ne vont pas très vite.
Vous arrivez au 90e km, rendez-vous au chapitre **406**.

89

Vous hésitez et vous vous retournez une dernière fois pour jeter un coup d'œil à votre bidon, échoué sur le bitume, roulant vers le trottoir. Vous vous reconcentrez sur la route. Dans quelques minutes vous pourrez boire, vous espérez seulement ne pas tomber en déshydratation d'ici là.

Les kilomètres s'enchaînent et vous ne faiblissez pas, votre compteur vous indique toujours la même vitesse et vous avez même oublié que vous aviez soif.
Vous arrivez finalement au ravitaillement.
Si vous décidez de prendre quelques secondes pour vous arrêter et faire le plein de boisson et de nourriture, rendez-vous au chapitre **202**.
Si vous préférez essayer d'attraper un bidon en roulant en vous disant que cela suffira, rendez-vous au chapitre **256**.

90

Vous vous arrêtez, prenez rapidement des barres énergétiques et remplissez vos bidons d'eau et de boissons isotoniques. Vous connaissez la marque de ces produits et vous les avez déjà testés à l'entraînement pour ne pas avoir de souci de digestion. Vous remontez rapidement sur votre vélo et repartez. En fouillant dans vos poches, vous sentez les papiers vides de vos anciennes barres.
Si vous décidez de d'abord manger les produits que vous venez de récupérer puis de jeter tous vos papiers en même temps, rendez-vous au chapitre **508**.
Si vous préférez d'abord jeter vos papiers puis manger tranquillement, quitte à garder les emballages dans vos poches, rendez-vous au chapitre **286**.

91

Malgré la douleur musculaire, la disparition de toute parcelle d'énergie dans votre corps et le risque que vous puissiez vous évanouir d'une seconde à l'autre, vous êtes poussé par la clameur des spectateurs, attiré comme un aimant par la ligne d'arrivée.
Cette dernière ligne droite est du pur bonheur ! Vous ne ressentez plus aucune fatigue, vous êtes euphorique. Les larmes aux yeux, vous vous rapprochez de cette ligne qui symbolise la fin de votre Ironman, de ces mois de préparation, de ce projet que vous pensiez irréalisable, mais vous y êtes et malgré ces heures à douter, vous comprenez pourquoi vous êtes là. Pour ces quelques secondes éphémères, futiles qui vous marqueront à vie.

Vous passez la ligne, vous recevez la médaille tant convoitée de finisher et soudain toutes les douleurs musculaires reviennent brutalement. Vous vous asseyez, le dos contre une barrière.
Vous souriez.
Vous avez terminé 1843e sur 2000, félicitations !

Prenez le temps de récupérer de votre course et relancez-vous dans une nouvelle lecture pour tenter de faire mieux !

92

Dès les premières foulées de votre marathon, vous vous posez une question qui vous paraît alors primordiale pour la suite de votre course.
Au vu de votre classement, quelle est votre stratégie pour ce marathon ?
Si vous décidez de juste finir sans souffrir, ou le moins possible en faisant fi du chrono et du classement, rendez-vous au chapitre **243**.
Si vous préférez gagner un maximum de places pour remonter au classement, rendez-vous au chapitre **242**.
Si vous choisissez de donner le meilleur de vous-même sans vous soucier de votre classement, juste pour votre propre satisfaction, rendez-vous au chapitre **159**.

93

Vous restez à bonne distance de lui pour ne pas être pénalisé par un arbitre. Vous vous calez sur son rythme mais sans information sur votre vitesse, vous êtes toujours autant perdu et vous n'arrivez pas à analyser vos sensations. Est-ce que vous aviez ces jambes lourdes déjà avant ? Est-ce que vous n'aviez pas l'impression d'être plus puissant sur vos pédales il y a quelques kilomètres ? Est-ce que vous n'allez pas trop vite ? Etes-vous suffisamment rapide ?
Vous vous sentez très mal à l'aise dans cette situation.
Si vous décidez de monter à la hauteur du concurrent devant vous pour lui demander à quelle vitesse vous roulez, rendez-vous au chapitre **182**.
Si vous préférez rester dans cette même position et lui faire confiance, rendez-vous au chapitre **277**.

94

Vous allez tout droit. Vous continuez de rouler toujours au même rythme mais en gardant en tête qu'il va peut-être falloir faire demi-tour si vous vous êtes trompé de chemin.
Cela fait plusieurs minutes que vous avez suivi ce chemin et vous ne voyez toujours personne.
C'est seulement après cinq kilomètres que vous arrivez sur une intersection. Sur la gauche, vous voyez des triathlètes passer. Vous soufflez, vous êtes, miraculeusement, retombé sur le parcours.
Vous rejoignez les autres concurrents sur le bon chemin et continuez votre course. Mais seulement quelques minutes plus tard, vous passez le panneau : 80e km. Vous regardez votre compteur de vélo qui, lui, n'affiche que soixante kilomètres. Sans le vouloir, vous avez coupé le parcours de vingt kilomètres.
Si vous décidez de continuer sur ce parcours car vous n'avez pas vraiment triché puisque personne n'était présent pour vous indiquer le bon chemin, rendez-vous au chapitre **522**.
Si vous préférez faire demi-tour en prenant le même chemin que vous avez pris depuis le rond-point, pour être en règle avec votre conscience, rendez-vous au chapitre **266**.

95

Vous ne voulez pas vous éparpiller et vous faites juste un signe de la main à vos supporters avant de les dépasser sans même ralentir. Vous savez que vous avez besoin de toute votre énergie pour faire la meilleure performance possible et vous ne voulez pas perdre du temps inutilement pour embrasser des personnes que vous pourrez serrer dans vos bras dans quelques heures, une fois la ligne d'arrivée franchie.
Les kilomètres s'enchaînent et les écarts sont de plus en plus importants avec les concurrents devant et derrière vous. Au point où vous ne voyez plus personne même lorsque la route vous donne une bonne vision sur le chemin à suivre.
Vous arrivez à un rond-point et vous ne voyez aucun bénévole ni aucun fléchage pour vous signaler la route à suivre.
Si vous décidez de continuer tout droit, rendez-vous au chapitre **94**.
Si vous préférez prendre à gauche, rendez-vous au chapitre **43**.

96

Vous vous arrêtez devant un arbitre. Vous attendez quelques secondes qu'il termine sa discussion au talkie-walkie avant de le déranger.
– Excusez-moi, je suis perdu sur le nombre de tours, comment je peux savoir combien il m'en reste à faire ?
– Ne bougez pas, je vais demander au chronométrage.
L'arbitre utilise de nouveau son appareil pour contacter les responsables. Il leur indique votre numéro de dossard. Vous patientez quelques secondes le temps que l'interlocuteur recherche sur son ordinateur. Vous devenez fébrile, comme si la réponse pouvait avoir un impact irrémédiable sur votre course. Le silence se rompt et vous entendez l'homme répondre : « il n'a plus qu'un tour à faire ». Vous avez le sourire jusqu'aux lèvres. Vous remerciez chaleureusement l'arbitre et repartez en courant, léger comme jamais.
Porté par cette euphorie, vous doublez des concurrents en difficulté.
Au bout de cinq kilomètres, vous revenez à votre point de départ. Vous arrivez dans la dernière ligne droite, rendez-vous au chapitre **154**.

97

Vous vous arrêtez sur le bord du chemin. Vous tendez votre jambe et ramenez votre pointe de pied vers vous pour étirer votre mollet mais immédiatement, votre quadriceps se contracte dangereusement. Vous relâchez tout de suite et vous vous redressez pour ne pas créer une crampe.
Vous vous étirez alors votre quadriceps en attrapant votre pied et en l'amenant jusqu'à votre fesse, mais tout aussi rapidement, ce sont vos ischios-jambiers cette fois qui se crispent.
Vous restez debout quelques secondes à réfléchir quels étirements vous pourriez réaliser. Mais vous vous dites que si vous travaillez sur un muscle, son antagoniste risque d'être douloureux.
Sans réponse à cette question, vous vous remettez à marcher. Au bout de quelques minutes, vos sensations musculaires sont meilleures.
Si vous décidez d'essayer de courir, rendez vous au chapitre **189**.
Si vous préférez continuer de marcher, rendez-vous au chapitre **136**.

98

Malgré la douleur musculaire, la disparition de toute parcelle d'énergie dans votre corps et le risque que vous puissiez vous évanouir d'une seconde à l'autre, vous êtes poussé par la clameur des spectateurs, attiré comme un aimant par la ligne d'arrivée.
Cette dernière ligne droite est du pur bonheur ! Vous ne ressentez plus aucune fatigue, vous êtes euphorique. Les larmes aux yeux, vous vous rapprochez de cette ligne qui symbolise la fin de votre Ironman, de ces mois de préparation, de ce projet que vous pensiez irréalisable, mais vous y êtes et malgré ces heures à douter, vous comprenez pourquoi vous êtes là. Pour ces quelques secondes éphémères, futiles qui vous marqueront à vie.
Vous passez la ligne, vous recevez la médaille tant convoitée de finisher et soudain toutes les douleurs musculaires reviennent brutalement. Vous vous asseyez, le dos contre une barrière.
Vous songez à la femme du ravitaillement que vous espérez retrouver. Vous souriez.
Vous avez terminé 1029e sur 2000, félicitations !

Prenez le temps de récupérer de votre course et relancez-vous dans une nouvelle lecture pour tenter de faire mieux !

99

Vous vous mettez en roue libre et avec votre main droite, vous agrippez votre chaîne pour la poser sur votre petit plateau. Vous mettez un coup de pédale pour emmener l'intégralité de la chaîne sur les dents de votre plateau, mais elle glisse et se bloque complétement entre votre pédalier et votre cadre. Enervé, vous mettez un nouveau coup de pédale, espérant voir votre chaîne remonter miraculeusement sur votre plateau. Mais cela empire les choses et votre chaîne paraît être emmêlée.
Vous n'avez plus d'autres choix que de vous arrêter. Une fois les pieds à terre, vous vous rendez compte qu'il n'est pas si simple de débloquer la chaîne. Vous perdez de précieuses minutes, agacé par cette situation. De nombreux triathlètes vous passent sans même vous jeter un coup d'œil ou vous proposer leur aide.
Au bout d'un certain temps qui vous a paru interminable, vous parvenez à remettre votre chaîne sur votre plateau. Vous repartez, excédé par cette perte de temps anormale.

Vous terminez votre parcours vélo sur un bon rythme mais sans jamais pouvoir rattraper le retard perdu.
Vous arrivez au parc à vélo, rendez-vous au chapitre **36**.

100

En entrant dans le parc à vélo, vous entendez un bénévole vous annonçant votre classement :
– 1964[e].
Vous vous rappelez que vous étiez 2000 au départ. Vous n'en revenez pas que cette personne ait pu compter un par un les participants jusqu'à vous ! Vous le remercier en passant.
Vous vous sentez épuisé. Vous n'arrivez pas encore à trottiner, essayant de reprendre votre souffle et de détendre vos muscles. Vous regardez votre montre et comprenez que vous êtes à quelques minutes de la barrière horaire synonyme de disqualification ! Vous vous crispez, vous savez que vous n'avez plus le droit à l'erreur.
Vous arrivez au milieu de toutes ces rangées quasiment vides. Il reste une poignée de vélos, seuls à attendre leurs propriétaires. Malgré le peu de possibilités restantes, vous commencez à chercher le vôtre mais un doute s'installe dans votre esprit. Où est votre emplacement ? Vous n'êtes plus vraiment sûr.
Si vous préférez commencer à chercher votre vélo dans les rangées du milieu, rendez-vous au chapitre **323**, *(mémorisez le numéro de chapitre actuel :* ***100*** *qui vous sera utile par la suite).*
Si vous choisissez de partir dans les dernières rangées pour trouver votre emplacement, rendez-vous au chapitre **205**, *(mémorisez le numéro de chapitre actuel :* ***100*** *qui vous sera utile par la suite).*

101

Vous laissez passer le groupe en leur lançant des regards accusateurs. Une fois les tricheurs une dizaine de mètres devant vous, vous vous mettez à leur rythme. Même si vous n'avez pas l'effet d'aspiration, vous profitez psychologiquement de leur présence, vous gardez toujours la même distance avec ces concurrents, cela permet de ne pas vous endormir et de rester motivé.
Vous arrivez au 90e km, rendez-vous chapitre **462**.

102

Vous repartez seul et vous en voulez même un peu à votre ami de vous avoir dupé avec ce faux rythme qui vous a fait perdre du temps et des places au classement. Vous essayez d'accélérer pour rattraper les coureurs qui vous ont dépassé mais la fatigue de la course se rappelle rapidement à vous et vos muscles ne sont plus capables de se contracter aussi rapidement qu'au début de la course.
Vous parvenez néanmoins à maintenir un bon rythme et restez concentré pour les tout derniers kilomètres.
Vous arrivez dans la dernière ligne droite, rendez-vous au chapitre **147**.

103

Vous relâchez votre effort et basculez dans une allure peu intense. Vous prenez le temps de regarder le paysage, de vous décontracter en vous levant de votre selle en roue libre. Vous êtes passé en mode balade, encourageant les concurrents qui vous doublent un à un. Eux aussi vous poussent à aller plus vite, à ne pas lâcher, mais vous savez ce que vous faites et vous vous dites que vous les redoublerez sur le marathon.
Mais, à cause d'une erreur de calcul ou d'un manque de lucidité, vous perdez trop de temps et vous êtes stoppé au 120e km lorsqu'un commissaire de route vous annonce que vous êtes hors délai. Vous êtes stupéfait, en colère contre vous-même, pourquoi n'avez-vous pas relancé alors que vous en aviez les capacités ? Vous aurez tout le temps de répondre à cette question dans le car qui vous ramène au départ.
Le triathlon est terminé pour vous.

104

Vous ralentissez brutalement. Il vous faut de longues minutes pour retrouver des sensations convenables dans vos bras. Vous prenez votre mal en patience malgré les dizaines de triathlètes qui vous doublent à une allure qu'il vous est impossible de suivre.
Même si vous vous dites que votre départ va sans doute laisser des traces dans la suite de la course, vous ne regrettez pas votre éclat de folie.

A la fin du premier tour, vous avez retrouvé progressivement votre rythme habituel.
A l'entame du deuxième, vous vous retournez et vous observez qu'il y a plus de nageurs derrière vous que devant vous. Cela vous remonte le moral pour cette deuxième partie de la natation.
Vous vous retrouvez maintenant dans un groupe de triathlètes de votre niveau.
Si vous décidez de rester dans les pieds des nageurs pour profiter de leur trace, rendez-vous au chapitre **223**.
Si vous pensez que vous avez eu assez d'émotions pour cette première partie de votre Ironman et que vous préférez vous écarter pour nager seul, rendez-vous au chapitre **253**.

105

Vous arrivez dans l'aire de transition. Vous posez pied à terre avant la ligne signalant l'entrée du parc à vélo.
Le même bénévole qu'à la sortie de l'eau vous crie votre classement :
– 131e !
Vous savez qu'il faut rester lucide lors de cette transition pour ne pas perdre de temps ni faire d'erreur. Mais la fatigue est bien présente et parfois on ne parvient pas à tout contrôler.
Choisissez un des chapitres suivants pour savoir comment va se dérouler votre transition :
Rendez-vous au chapitre **29** *(mémorisez le numéro de chapitre actuel :* ***105*** *qui vous sera utile par la suite).*
Rendez-vous au chapitre **254** *(mémorisez le numéro de chapitre actuel :* ***105*** *qui vous sera utile par la suite).*
Rendez-vous au chapitre **48** *(mémorisez le numéro de chapitre actuel :* ***105*** *qui vous sera utile par la suite).*
Rendez-vous au chapitre **477** *(mémorisez le numéro de chapitre actuel :* ***105*** *qui vous sera utile par la suite).*

106

Ces heures d'entraînement à nager en eau libre avec votre club n'ont pas été vaines. Vous vous placez au milieu du groupe, évitant les coups de pied et les coups de poing. Au bout de quelques secondes, vous avez trouvé la position recherchée : vous êtes à côté d'un nageur

au niveau de ses hanches et en même temps dans les pieds d'un autre concurrent. Vous vous calez au rythme des battements de pied.
Vous sentez que cela vous permet de récupérer. Vous êtes déjà concentré sur la suite du triathlon et vous vous projetez sur la partie cyclisme.
Emporté dans vos pensées, vous vous laissez emmené par ce groupe jusqu'à la fin du parcours. Quand vous relevez la tête, vous apercevez déjà la berge.
Rendez-vous au chapitre **200** pour la suite de votre course.

107

Vous continuez sur votre rythme effréné. Malheureusement, votre second souffle s'évapore aussi vite qu'il est arrivé. Brusquement, vos jambes sont de nouveau lourdes mais cette fois elles ont du mal à vous porter. Vous ralentissez jusqu'à marcher. Votre regard baissé, vous essayez de retrouver de l'énergie sans succès. Vous errez sur la route, ne pouvant réagir face aux concurrents qui vous doublent.
Vous marchez ainsi sur plusieurs kilomètres jusqu'à un ravitaillement. Vous vous y arrêtez quelques minutes faisant le plein de nourriture et de boissons sucrées. Une fois le tout ingurgité, vous repartez tranquillement, d'abord en marchant puis en trottinant. Progressivement, vous retrouvez vos jambes qui daignent courir.
Vous arrivez au semi-marathon, rendez-vous au chapitre **490**.

108

Si vous êtes allé aux toilettes avant ou pendant le triathlon, rendez-vous au chapitre **415** pour le début du marathon.
Si vous n'êtes pas encore allé aux toilettes, au moment de quitter le parc à vélo, vous sentez vos intestins hurler brusquement. Vous vous mettez à marcher, plié en deux. Vous savez qu'il vous sera impossible de partir sur la course à pied dans cet état.
Vous faites demi-tour et vous vous dirigez jusqu'aux toilettes installées dans le parc à vélo. Il n'y a personne et vous ne perdez qu'une poignée de minutes. Vous ressortez plus léger et vous pouvez quitter l'aire de transition pour attaquer votre marathon, rendez-vous au chapitre **415**.

109

Vous adoptez une allure encore plus lente, mais au moins à cette vitesse vos muscles hurlent moins à chaque appui. Le trajet jusqu'au ravitaillement suivant vous semble interminable.
Quand vous y arrivez, vous prenez le temps de vous arrêter quelques minutes pour bien vous hydrater, mais cette fois, il n'y a pas de jolie femme pour vous servir.
Une fois avalé plusieurs gobelets d'eau et en avoir renversé autant sur votre tête, vous vous sentez mieux et prêt à affronter les derniers kilomètres. En repartant, vos sensations sont meilleures. Vous ne savez pas si cela vient du fait que vous avez bu ou que vous avez presque terminé la course mais vous accélérez progressivement.
Vous arrivez dans la dernière ligne droite, rendez-vous au chapitre **98**.

110

Les triathlètes partent très vite devant mais vous ne vous en occupez pas. Vous restez concentré sur vos sensations et vous connaissez très bien l'allure à laquelle vous êtes capable de nager. Les premiers mètres sont un peu compliqués. Malgré votre technique maîtrisée, les autres concurrents n'ont visiblement pas la même stratégie que vous et ils n'hésitent pas à vous doubler, quitte à vous couler au passage.
Si vous voulez changer de tactique de course et accélérer pour accrocher un groupe, rendez-vous au chapitre **532**.
Si vous décidez de garder votre rythme au milieu des autres concurrents, rendez-vous au chapitre **245**.
Si vous préférez vous écarter du peloton et nager sur le côté quitte à effectuer plus de distance, rendez-vous au chapitre **253**.

111

Vous préférez perdre quelques instants à vous arrêter à la table de ravitaillement. Vous buvez un verre d'eau et vous vous rendez compte que, finalement, vous aviez soif. Vous avalez plusieurs gobelets et en renversez un sur votre tête pour vous rafraichir. En partant, vous emportez quelques morceaux de fruits.
Vous repartez sur votre rythme habituel, celui avec lequel vous vous sentez si bien.
Quelques kilomètres plus tard, vous arrivez au semi-marathon, rendez-vous au chapitre **272**.

112

Vous faites demi-tour et parcourez les quelques centaines de mètres qui vous séparent de vos déchets gisant au sol. Vous posez votre vélo et récupérez les papiers qui commencent à s'envoler, emportés par le vent.

Vous repartez, frustré d'avoir perdu quelques minutes.

À un croisement, la même moto arbitre qui vous avait interpellé sort d'un chemin.

– Vous êtes allé récupérer vos déchets ? vous demande-t- il.

Sans répondre, vous sortez les papiers vides de votre poche pour les lui montrer.

Il hoche la tête en signe d'approbation avant de repartir devant vous.

Après plusieurs dizaines de kilomètres, vous arrivez enfin au parc à vélo, rendez-vous au chapitre **482**.

113

Vous récupérez un paquet de mouchoirs dans votre sac avant de sortir du parc à vélo à la recherche d'un coin tranquille pour vous soulager. Vous repérez rapidement des buissons mais des spectateurs se sont placés à côté. Vous vous éloignez progressivement au point de ne plus entendre l'agitation des préparatifs de la course. Une angoisse monte progressivement : et si vous reveniez trop tard pour le départ. Vous paniquez et optez pour l'endroit qui vous paraît le plus exploitable et surtout le plus proche de vous. Vous baissez votre combinaison de natation et votre trifonction à moitié enfilées et vous vous soulagez derrière une voiture. Quelques minutes plus tard, vous vous sentez libéré, même si cette sensation a un petit goût de honte. Vous revenez en trottinant jusqu'au parc à vélo.

Vous n'avez pas le temps de revenir à votre emplacement que vous entendez le speaker annoncer le compte à rebours.

– Une minute avant le départ !

Vous tournez la tête et voyez tous les triathlètes sur la plage, prêts à en découdre.

Si vous décidez de vous dépêcher d'aller sur la ligne de départ, rendez-vous au chapitre **118**.

Si vous préférez perdre un peu de temps et vérifier que vous avez tout votre équipement pour nager, rendez-vous au chapitre **229**.

114

Malgré votre tête qui tourne et le manque d'énergie, vous forcez vos jambes à courir. Elles vous insultent à chaque appui mais vous n'avez pas le choix si vous voulez terminer votre course à temps.
Malheureusement, votre manque de lucidité vous empêche d'éviter la racine d'un arbre sur le chemin. Vous perdez l'équilibre et tombez au sol. Vous n'avez rien de grave, mais votre vision se trouble puis se noircit. Vous vous allongez sur le sol. Vous êtes maintenant incapable de bouger.
Des secouristes arrivent à vos côtés et vous prennent en charge.
Votre triathlon s'arrête là.

115

Vous accélérez et doublez en quelques minutes une vingtaine de concurrents. Vos cuisses vous brûlent et hurlent à chaque appui mais vous avez encore assez d'énergie pour continuer alors vous en profitez. Mais soudain, plus rien. Vos jambes refusent d'avancer, des tâches noires apparaissent dans votre champ de vision, vous avez des pertes d'équilibre. En heurtant une racine au sol, vous ne parvenez pas à éviter la chute. Le choc est brutal, vous perdez connaissance.
Vous vous réveillez dans une ambulance, autour de vous plusieurs secouristes s'affairent pour vous soigner.
Vous n'avez rien de grave mais votre triathlon s'arrête là.

116

Au ravitaillement, vous regardez votre chrono et vous savez que vous êtes à la limite des barrières horaires. Malgré tout, vous prenez le temps de remplir vos bidons et de récupérer de quoi manger.
– Prenez des forces ! Vous avez une belle côte juste après, vous dit un bénévole en souriant.
Vous remontez sur votre vélo et quelques centaines de mètres plus loin, vous arrivez devant un mur. Vous prenez une bonne inspiration et serrez les dents pour attaquer cette difficulté. Vous êtes debout sur votre vélo, appuyant de toutes vos forces sur les pédales. Mais en plus des pourcentages élevés de cette côte, vous entendez votre patin de frein frotter contre votre roue, ce qui ne vous aide pas pour arriver en haut. Une fois revenu sur un terrain plus plat, le frottement est toujours présent même s'il est moins net que lors de la montée.

Si vous décidez de vous arrêter pour essayer de décaler votre patin de frein, rendez-vous au chapitre **343**.
Si vous préférez continuer pour ne pas perdre une seconde, rendez-vous au chapitre **399**.

117

Vous persistez à courir mais votre douleur est de plus en plus gênante.
Alors que votre appui glisse sur un caillou, votre genou se bloque complètement, il vous est maintenant impossible d'enchaîner les foulées, votre jambe reste raide. Vous êtes obligé de marcher, essayant de masser votre rotule pour gagner en souplesse.
Vous perdez beaucoup de temps et de places dans votre combat contre votre corps. Vous avez beau vous ravitailler régulièrement, cela ne change rien.
C'est seulement après plusieurs kilomètres de marche que vous parvenez à trottiner. Votre genou est maintenant moins douloureux et vous ne boitez quasiment plus.
Vous arrivez au semi-marathon, rendez-vous au chapitre **209**.

118

Vous finissez d'enfiler votre combinaison de natation et demandez à un spectateur de remonter la fermeture éclair dans votre dos.
– Dépêchez-vous, je crois qu'il ne vous reste plus qu'une minute, vous dit-il en terminant sa tâche.
– Merci, lui répondez-vous, d'un ton sincère et ironique à la fois.
Vous courez jusqu'à la ligne de départ. Tous les triathlètes sont déjà en place, serrés les uns contre les autres. Vous parvenez à vous glisser parmi eux à coup de “pardon” et “excusez-moi”. Vous vous frayez progressivement un chemin pour vous placer dans le peloton.
Le speaker scande les dernières secondes avant le départ lorsque que vous avez le sentiment d'avoir oublié quelque chose.
Êtes-vous chanceux ?
Choisissez le chapitre **494** ou le chapitre **236** pour vérifier s'il vous manque un élément important pour la natation.

119

Vous gardez le même rythme de course. Cette allure qui vous paraissait facile à tenir jusqu'au bout vous impose progressivement de devoir rester concentré et de forcer vos jambes à continuer d'enchaîner les foulées malgré la douleur.
Alors qu'il ne reste plus qu'un kilomètre, vous êtes à bout de force, vous avez des vertiges et votre corps vous supplie de vous arrêter.
Si vous décidez de marcher jusqu'à l'arrivée, rendez-vous au chapitre **171**.
Si vous préférez vous forcer à courir jusqu'à la ligne, rendez-vous au chapitre **67**.

120

Minute après minute, vous essayez de vous rappeler la dernière fois que vous avez changé une chambre à air. Vous vous trompez plusieurs fois, vous obligeant à tout recommencer.
Cela fait dix minutes que vous vous battez contre votre pneu quand vous terminez enfin. Vous ragez contre vous-même de perdre du temps inutilement et vous jurez de vous entraîner pour la prochaine course.
En repartant, vous regardez votre chrono et vous vous rendez compte que vous avez toujours de l'avance sur votre objectif. Vous vous sentez bien, vos jambes répondent bien à l'effort.
Si vous décidez de continuer à ce rythme, rendez-vous au chapitre **496**.
Si vous préférez ralentir un peu pour garder des forces pour la suite de la course, rendez-vous au chapitre **74**.

121

Vous entendez un bruit inhabituel mais vous appuyez tout de même sur la pédale. Vous sentez que de la résistance, mais vous vous dites qu'en poussant encore plus fort sur votre jambe, ça va se débloquer. Mais, au contraire, la pédale ne veut plus bouger. Vous êtes obligé de vous arrêter et de descendre du vélo. Vous comprenez que votre chaîne est complètement bloquée. Avec vos doigts, vous essayez de passer entre le cadre et vos plateaux mais les maillons se sont comme emmêlés. « Comment c'est possible ? » vous dites-vous… peut-être parce que vous avez forcé comme un âne !

En tout cas, le problème est toujours là et malgré vos multiples tentatives, rien n'y fait. C'est alors qu'un spectateur se rapproche pour vous proposer son aide. A deux, ce sera sans doute plus facile !
Si vous décidez d'accepter l'aide de cette âme charitable, rendez-vous au chapitre **246**.
Si vous préférez refuser et continuer tout seul à essayer de vous en sortir, rendez-vous au chapitre **240**.

122

Vous arrivez dans l'aire de transition. Vous posez pied à terre avant la ligne signalant l'entrée du parc à vélo.
Le même bénévole qu'à la sortie de l'eau vous crie votre classement :
– 1974e !
Vous savez qu'il faut rester lucide lors de cette transition pour ne pas perdre de temps ni faire d'erreur. Mais la fatigue est bien présente et parfois on ne parvient pas à tout contrôler.
Choisissez un des chapitres suivants pour savoir comment va se dérouler votre transition :
Rendez-vous au chapitre **29** *(mémorisez le numéro de chapitre actuel :* ***122*** *qui vous sera utile par la suite).*
Rendez-vous au chapitre **254** *(mémorisez le numéro de chapitre actuel :* ***122*** *qui vous sera utile par la suite).*
Rendez-vous au chapitre **48** *(mémorisez le numéro de chapitre actuel :* ***122*** *qui vous sera utile par la suite).*
Rendez-vous au chapitre **477** *(mémorisez le numéro de chapitre actuel :* ***122*** *qui vous sera utile par la suite).*

123

Vous vous asseyez sur le bord du chemin la tête tenue entre vos mains. Vous soufflez doucement pour vous détendre. Vous avez toujours des vertiges et vous vous allongez sur l'herbe pour faire passer ce malaise.
Progressivement, vous vous sentez mieux, détendu. Finalement, vous êtes bien allongé mais vous vous dites qu'il faudrait songer à repartir.
Quelqu'un vous touche l'épaule, vous vous réveillez et levez la tête vers un bénévole, penché sur vous.
– Vous vous êtes endormi, monsieur.
– Il faut que je reparte ! Répondez-vous affolé.

– C’est trop tard, le temps limite est passé maintenant.
Vous regardez autour de vous, il fait quasiment nuit. Votre triathlon s’arrête là.

124

Si vous êtes allé aux toilettes avant ou pendant le triathlon, rendez-vous au chapitre **450** pour le début du marathon.
Si vous n’êtes pas encore allé aux toilettes, au moment de quitter le parc à vélo, vous sentez vos intestins hurler brusquement. Vous vous mettez à marcher, plié en deux. Vous savez qu’il vous sera impossible de partir sur la course à pied dans cet état.
Vous faites demi-tour et vous vous dirigez jusqu’aux toilettes installées dans le parc à vélo. Il y a quelques personnes qui attendent devant, vous n’avez pas d’autres choix que de prendre votre mal en patience. Quelques minutes plus tard, vous vous retrouvez enfin assis pour vous libérer de ce poids. Une fois cette tâche réalisée, vous vous sentez plus léger et vous pouvez quitter l’aire de transition pour attaquer votre marathon, rendez-vous au chapitre **173**.

125

Vous restez à sa hauteur et vous vous tournez vers lui.
– Est-ce que tu aurais de l'eau s'il te plaît ?
– Il fallait prévoir mon gars !
Avec l'effort, vous n'arrivez pas à comprendre s'il s'agit d'ironie ou non, vous le regardez en essayant de déchiffrer un éventuel sourire.
– Tiens ! Vous dit-il en vous tendant son bidon, vous libérant ainsi de votre interrogation sur ses intentions.
Vous saisissez son bidon en le remerciant. Les quelques gorgées que vous avalez semblent vous redonner vie. Vous vous rendez alors compte que vous niveau de déshydratation est plus élevé que ce que vous ne pensiez.
– Tu peux le finir j'en ai un autre, vous lance-t-il voyant que vous buvez goulûment sa boisson.
Vous ne vous faites pas prier et terminez jusqu'à la dernière goutte.
Alors que vous lui proposez de récupérer son bidon vide, une moto-arbitre monte à votre hauteur et vous sanctionne d'un carton bleu synonyme de boucle de pénalité à pied. Vous ne comprenez pas, ahuri.

– C'est quoi le problème, demandez-vous d'un ton légèrement agressif à l'arbitre ?
– Vous n'avez pas le droit à une aide extérieure, même de la part d'un concurrent.
– Vous plaisantez ?! C'est marqué où ça ?!
– Dans le règlement !
– Mais tout le monde le fait, ce n'est pas de la triche ça !
– C'est le règlement monsieur, vous lance-t-il une dernière fois avant de s'éloigner de vous.
Vous sentez la colère monter en vous.
Si vous décidez d'accélérer pour utiliser cette rage de manière positive dans la course, rendez-vous au chapitre **510**.
Si vous préférez essayer de vous calmer et garder le rythme actuel, rendez-vous au chapitre **129**.

126

Vous faites le tour de la table de ravitaillement et récupérez le sac en remerciant le bénévole par un sourire. Vous faites rapidement des trous pour les bras et la tête et l'enfilez. Sa taille est suffisante pour couvrir tout votre buste. Vous vous sentez au sec et repartez avec le moral.
Les kilomètres s'enchaînent et vous remontez progressivement les concurrents qui vous avaient doublé lorsque vous aviez froid.
Alors que vous êtes proche du 90ᵉ km, la pluie s'arrête. Vous quittez votre coupe-vent de fortune et le mettez dans votre poche…on ne sait jamais ! Rendez-vous au chapitre **161**.

127

Le départ est difficile parmi cette cohue. Vous vous faites bousculer à plusieurs reprises et au moment où vous allez entrer dans l'eau, quelqu'un vous pousse par derrière et vous sentez que la chute est inévitable. Mais vous ne tombez pas. Une main est venue vous cramponner par le bras pour vous éviter de vous faire massacrer.
– Merci, lui criez-vous.
– La course va être longue, ça serait dommage de se blesser dans les premiers mètres, vous répond-il.
Il s'écarte et disparaît parmi les combinaisons noires.

L'entrée dans l'eau se fait dans la même ambiance que la course sur la plage : vous prenez des coups et n'arrivez pas à poser votre nage. Vous respirez en levant la tête mais les éclaboussures ne vous permettent de distinguer qu'une masse floue de nageurs en noir.
Si vous décidez de rester au milieu du peloton, rendez-vous au chapitre **476**.
Si vous choisissez de vous isoler sur le côté quitte à faire plus de distance, rendez-vous au chapitre **455**.
Si vous préférez vous arrêter de nager pour reprendre votre souffle et laisser passer la masse de triathlètes, rendez-vous au chapitre **303**.

128

Vous passez le semi-marathon, vous êtes inquiet par votre chrono mais on vous annonce que vous êtes tout juste dans les temps. Il vous reste encore une barrière horaire à passer avant l'arrivée.
Vous vous rapprochez du ravitaillement de la mi-course.
Si vous décidez de prendre tout ce que vous pouvez pour être certain de ne pas craquer sur la deuxième partie du marathon, rendez-vous au chapitre **267**.
Si vous comptez ne rien prendre et ne pas vous arrêter pour ne pas perdre de temps, rendez-vous au chapitre **66**.
Si vous préférez uniquement prendre du coca et de l'eau car vous avez peur que votre estomac n'accepte rien de solide, rendez-vous au chapitre **390**.

129

Vous gardez le même rythme mais vous n'arrivez pas à oublier cette pénalité que vous devrez réaliser à pied. Vous ressassez votre rancœur envers ce règlement que vous ne connaissiez pas. Vous vous demandez si vous auriez pu continuer sans boire, peut être auriez-vous été plus rapide ? En tout cas, vous n'auriez pas eu de carton ! Vous intériorisez cette colère qui vous déstabilise et vous fait sortir de votre course.
Sans réellement vous en rendre compte, les triathlètes que vous aviez doublés précédemment vous passent à leur tour. De kilomètre en kilomètre, ce sont des dizaines de concurrents qui vous reprennent. Mais vous semblez être dans une sorte de stupeur dont vous ne parvenez pas à vous extirper.

Au panneau du 90e km, vous ressentez un électrochoc vous sortant de votre torpeur. Vous avez fait la moitié de la partie cycliste dont une partie dans un faux rythme. Vous vous réveillez et vous concentrez de nouveau sur votre course, rendez-vous au chapitre **190**.

130

Prudent, vous patientez à une dizaine de mètres derrière le groupe. Vous êtes obligé de freiner pour garder cette distance entre vous. Cela vous frustre de devoir perdre du temps à cause de concurrents qui ne respectent pas le règlement mais vous préférez ne pas prendre de risque.
Quelques centaines de mètres plus loin, la descente est terminée. Vous arrivez sur une route plus large, le groupe se met en file indienne. Vous pouvez alors les doubler sans risque en restant du côté droit de la route.
Vous continuez sur votre rythme pendant plusieurs kilomètres.
Vous arrivez déjà au 90e km, rendez-vous au chapitre **155**.

131

Vous laissez votre métronome derrière vous et partez vers l'inconnu sans savoir si vous allez trop vite ou non. Enfin, pas tout à fait, car à chaque coureur que vous dépassez vous lui demandez le chrono. Certains ne vous répondent pas, d'autres oui et vous parvenez à récolter suffisamment d'informations pour bien estimer votre allure.
Vous continuez de doubler un bon nombre de concurrents.
Vous arrivez au semi-marathon, rendez-vous au chapitre **272**.

132

Vous remontez sur votre vélo et retrouvez votre rythme progressivement. Vos muscles répondent bien à l'effort et vous êtes soulagé de ne ressentir aucune douleur suite à votre chute.
Vous continuez de voir des groupes vous doubler, mais cette fois, vous ne ferez pas l'erreur de les suivre. Cette course est une compétition individuelle et vous serez d'autant plus fier quand vous passerez la ligne d'arrivée sans avoir triché.
Mais quelque chose vous tracasse depuis que vous êtes remonté sur votre monture. Vous entendez un bruit étrange. Au début, vous

pensiez que cela venait de l'extérieur, mais vous êtes de plus en plus persuadé que cela vient de votre vélo. Malgré cela, vous ne ressentez pas de difficulté à pédaler.
Si vous décidez de vous arrêter et perdre du temps pour vérifier d'où peut venir ce bruit, rendez-vous au chapitre **148**.
Si vous préférez continuer à pédaler puisqu'à part ce bruit, tout fonctionne bien sur votre vélo, rendez-vous au chapitre **349**.

133

Au moment où vous allez mettre votre premier coup de pédale pour vous élancer vers les 180km qui s'ouvrent à vous, un arbitre vous arrête de nouveau.
« Mais ce n'est pas possible ! songez-vous. Ils se sont passés le mot aujourd'hui pour me faire passer la pire compétition de ma vie ? »
– Vous n'allez pas pouvoir repartir monsieur.
Vous ne comprenez pas.
– Pourtant, j'ai tout : mon casque, mon dossard, mon vélo est réglementaire… qu'est-ce que vous allez me trouver maintenant ?
– Vous êtes hors délai… je suis désolé.
Avec tout ce temps perdu dans le parc à vélo, vous n'avez pas pensé aux barrières horaires à la sortie de l'aire de transition. Vous êtes dépité, mais vous n'avez pas le choix. Vous posez votre vélo et donnez votre dossard à l'arbitre.
Votre triathlon est terminé.

134

Vous accélérez, vos jambes vous font souffrir. A chaque appui, vos muscles sont à la limite des crampes mais vous serrez les dents. Vous avez peur d'arriver hors délai, cela serait tellement cruel après tous ces efforts. L'adrénaline apportée par ce stress vous fait d'autant plus accélérer. Vous doublez des concurrents en détresse, eux n'iront pas jusqu'au bout.
Votre rythme a diminué mais vous ne pouvez pas faire mieux, vous êtes en train d'utiliser les moindres fragments d'énergie qu'il vous reste pour vous faire avancer.
Vous arrivez enfin dans la dernière ligne droite, rendez-vous au chapitre **91**.

135

Vous vous arrêtez à la tente des soigneurs qui vous prennent en main immédiatement.

Ils retirent le dard de la guêpe encore présent avant de vous désinfecter la piqûre. De longues minutes se perdent dans ces soins nécessaires. Ils préfèrent vous garder encore quelques minutes pour vérifier que l'œdème ne va pas gonfler davantage. Après plusieurs vérifications, ils vous laissent enfin partir en vous demandant de vous arrêter au moindre souci.

Vous remontez sur votre vélo et repartez en ayant perdu beaucoup de temps et de places.

Au bout de plusieurs kilomètres, l'œdème a diminué, vous pouvez maintenant quasiment voir normalement.

Vous arrivez au 90e km avec deux yeux en parfait état, ou quasiment.

Rendez-vous au chapitre **462**.

136

Vous continuez votre marche inlassablement en essayant de mettre du rythme dans votre avancée.

Vous vous dites que cela va être long de finir le marathon à cette vitesse.

Mais vous n'aurez pas à aller jusque-là. Arrivé au semi-marathon, vous êtes stoppé par un arbitre vous expliquant que vous êtes hors délai.

Votre triathlon s'arrête là.

137

Vous ralentissez en espérant ne pas vous mettre en danger pour la barrière horaire. Vous vous laissez doubler par d'autres coureurs qui, pourtant, ne semblent pas très rapides. Mais vous maintenez votre allure. Vous regardez le visage de chaque triathlète qui vous passe, espérant trouver une réponse à vos questions, mais vous êtes seul et perdu.

Vous arrivez enfin au semi-marathon, rendez-vous au chapitre **128**.

138

Vous accélérez. Vous vous fixez finalement sur les autres concurrents pour évaluer votre allure. Votre réflexion est simple : si vous doublez beaucoup de monde, c'est que vous êtes rapide et que vous vous éloignez de l'élimination. Si vous ne doublez personne et que vous vous faites doubler, c'est que vous êtes lent par rapport à l'allure que vous vous étiez fixée.

Vous passez un bon nombre de coureurs et cela vous rassure dans votre stratégie.

Vous arrivez au semi-marathon, rendez-vous au chapitre **272**.

139

Même si vous vous sentez à l'aise dans cette partie natation, vous redoutez la suite de la compétition et vous vous laissez détacher volontairement par le groupe de nageurs.

Vous vous retrouvez seul. Vous vous retournez mais le groupe derrière vous est trop loin. Vous préférez continuer sans personne pour vous servir de poisson pilote. Vous vous surprenez à vous évader dans vos songes, vous sortez momentanément de votre course.

Quand vous sortez de vos pensées, vous apercevez déjà la berge, mais vous avez perdu beaucoup de places à cause de votre rêverie.

Vous sortez de l'eau et entrez dans le parc à vélo. Rendez-vous au chapitre **315**.

140

Vous refusez poliment sa bouteille d'eau et repartez pédaler. La chaleur, bien présente à ce moment de la course, vous assèche la bouche et la gorge. Vous sentez que vous avez besoin de boire et vous savez bien que c'est mauvais signe. Progressivement mais inexorablement, vous ralentissez sans même vous en rendre compte. Seuls les concurrents qui vous doublent vous rappellent que vous n'êtes pas à votre allure habituelle.

Après de longs kilomètres, vous arrivez enfin à un nouveau ravitaillement, le dernier avant le parc à vélo. Vous vous y arrêtez et buvez tout ce que votre estomac peut accueillir sans le rejeter. Vous repartez avec deux bidons remplis, bien plus qu'il ne faudrait pour le peu de kilomètres qu'il vous reste à parcourir.

Sur le vélo, vous sentez votre ventre alourdi par la boisson et vous vous dites qu'il ne va pas falloir abuser de liquide dans les prochains kilomètres pour ne pas être en difficulté dès les premiers kilomètres du marathon.
Petit à petit, vous vous sentez mieux et reprenez des forces. Vous vous arrêtez avant le parc à vélo pour soulager votre vessie.
Quelques kilomètres plus loin, vous arrivez à la deuxième transition, rendez-vous au chapitre **482**.

141

Vous laissez partir la voiture sans regret. Vous vous dites que vous préférez devoir abandonner à cause des barrières horaires plutôt que de terminer en ayant pris l'aspiration d'un véhicule.
Les kilomètres s'enchaînent lentement, minute après minute vous vérifiez scrupuleusement votre chrono pour être sûr que vous restez dans les temps. Aux différents ravitaillements, vous ne vous arrêtez pas et récupérez les bidons et barres tout en roulant quitte à en faire tomber.
Mais finalement, vous approchez du but, vous arrivez enfin au parc à vélo. Rendez-vous au chapitre **446**.

142

Cela fait maintenant deux kilomètres que vous marchez avec vos chaussures de vélo en tenant votre monture alors qu'une moto-arbitre arrive à votre hauteur.
– Vous avez un problème ? vous demande-t-il.
– Oui, j'ai crevé et je n'ai rien pour réparer.
– Et vous comptez rallier l'aire de transition à pied, en marchant ?
– Je vais essayer.
– Vous savez qu'il vous reste plus de cent kilomètres à faire ?? Vous voulez abandonner ? vous répond-il surpris de votre réaction.
– Non, je crois en ma bonne étoile, dites-vous incertain.
– De toute façon, si vous arrivez hors délai au prochain point de contrôle, vous serez contraint d'arrêter, vous lance-t-il avant de partir.
Vous savez qu'il ne vous reste plus grand-chose à espérer. Quelques centaines de mètres plus loin, vous voyez un bénévole.
Si vous décidez de laisser votre vélo au bénévole et de partir en courant, rendez-vous au chapitre **431**.

Si vous préférez continuer à marcher avec votre vélo, rendez-vous au chapitre **19**.

143

Sur le coup de pédale suivant, votre muscle ne veut plus se décontracter, la crampe est insoutenable. Instinctivement, vous portez votre main à votre mollet mais le mouvement vous fait perdre l'équilibre et vous tombez lourdement au sol, sur le bras. Le choc est brutal et vous sentez immédiatement une douleur dans votre membre.

Vous vous relevez et vérifiez votre vélo. Heureusement, il n'a rien. Vous remontez dessus en essayant d'appuyer un minimum sur votre bras douloureux. Vous vous dites qu'il est peut-être cassé. Vous repartez avec un petit braquet, vous sentez que cela détend progressivement vos mollets. Mais votre attention n'est plus fixée là-dessus.

Les kilomètres défilent. La douleur est toujours présente mais vous avez réussi à trouver une position qui vous fait moins souffrir. Vous redoutez les aspérités de la route qui résonnent dans votre bras.

Un ravitaillement est annoncé à 500m. Malgré une petite faim, vous savez que si vous le prenez, vous serez obligé de vous arrêter quelques minutes pour boire et manger car cela n'est plus possible de le faire à vélo à cause de votre douleur.

Si vous décidez de vous arrêter au ravitaillement, rendez-vous au chapitre **285**.

Si vous préférez continuer à rouler maintenant que vous avez trouvé votre position, rendez-vous au chapitre **157**.

144

Vous prenez le temps de marcher en vous mettant un maximum à l'ombre des arbres au bord de la route. Vous perdez des places et du temps mais vous vous en fichez. Ce qui compte maintenant, c'est de réussir à terminer la course.

Vous apercevez le dernier ravitaillement. Vous vous y arrêtez et vous vous renversez méticuleusement plusieurs gobelets sur la tête, le buste et les jambes. La fraicheur de l'eau vous redonne vie.

Vous repartez en trottinant, revigoré pour les tous derniers kilomètres. Vous restez concentré sur vos sensations dans ces dernières minutes pour éviter tout malaise.
En entrant dans la dernière ligne droite, vous souriez, rendez-vous au chapitre **531**.

145

Vous repartez en même temps du ravitaillement. Pendant quelques minutes, vous profitez de vos retrouvailles pour vous raconter votre course jusque-là. Vous vous sentez régénéré par cette discussion et la fatigue de la course semble s'être estompée.
Vous doublez un bon nombre de concurrents même si au fur à et à mesure des kilomètres, vos paroles deviennent plus rares. Vous vous tournez vers votre compagnon de route, vous êtes surpris par ses traits tirés et le rictus sur son visage qu'il n'avait pas tout à l'heure.
Si vous pensez qu'il est arrivé à ses limites et que vous décidez d'accélérer, rendez-vous au chapitre **448**.
Si vous préférez continuer avec lui, rendez-vous au chapitre **516**.

146

Un nouveau groupe vous passe devant, vous vous retournez pour vérifier qu'il n'y a aucun arbitre qui pourrait vous prendre la main dans le sac. La voie est libre. Vous sautez dans la roue du dernier triathlète de ce petit peloton d'une quinzaine de concurrents.
Vous sentez immédiatement la différence, vous n'avez plus à faire d'effort pour affoler le compteur.
Mais, alors que vous regardez une fois de plus derrière vous pour surveiller l'arrivée d'un éventuel arbitre, vous sentez votre roue avant taper la roue arrière de votre poisson pilote. La conséquence est soudaine et irrattrapable, vous chutez lourdement sur le bitume.
Alors que vous reprenez vos esprits, vous vous apercevez qu'aucun membre du groupe ne s'est arrêté ou même retourné pour vous venir en aide. Vous vous redressez, heureusement, vous ne sentez pas de douleur particulière. Vous êtes un peu râpé sur le côté droit mais tout va bien.
Si vous décidez de remonter sur le vélo immédiatement pour ne pas perdre de temps, rendez-vous au chapitre **132**.

Si vous préférez perdre cinq minutes pour vérifier votre vélo, rendez-vous au chapitre **148**.

147

Malgré la douleur musculaire, la disparition de toute parcelle d'énergie dans votre corps et le risque que vous puissiez vous évanouir d'une seconde à l'autre, vous êtes poussé par la clameur des spectateurs, attiré comme un aimant par la ligne d'arrivée.
Cette dernière ligne droite est du pur bonheur ! Vous ne ressentez plus aucune fatigue, vous êtes euphorique. Les larmes aux yeux, vous vous rapprochez de cette ligne qui symbolise la fin de votre Ironman, de ces mois de préparation, de ce projet que vous pensiez irréalisable, mais vous y êtes et malgré ces heures à douter, vous comprenez pourquoi vous êtes là. Pour ces quelques secondes éphémères, futiles qui vous marqueront à vie.
Vous passez la ligne, vous recevez la médaille tant convoitée de finisher et soudain toutes les douleurs musculaires reviennent brutalement. Vous vous asseyez, le dos contre une barrière.
Vous souriez.
Vous avez terminé 261e sur 2000, félicitations !

Prenez le temps de récupérer de votre course et relancez-vous dans une nouvelle lecture pour tenter de faire mieux !

148

Vous vous mettez à vérifier tout votre équipement : le serrage de votre roue avant et arrière, votre pédalier, vos dérailleurs. Tout vous paraît opérationnel.
Vous avez perdu assez de temps comme ça et vous remontez sur votre vélo et repartez.
Mais aussitôt que vous commencez à pédaler, un bruit se fait entendre.
Si vous décidez de vérifier de nouveau car vous pensez qu'il y a bien quelque chose que vous n'avez pas vu, rendez-vous au chapitre **226**.
Si vous préférez continuer en vous disant que vous allez vous y faire ou que par magie le bruit va disparaître, rendez-vous au chapitre **176**.

149

Vous avez des difficultés à définir quels sont les goûts présents dans cette boisson, mais vous trouvez ça succulent. Elle est fraîche, sucrée sans être écœurante, exactement ce que vous recherchez dans ce type de breuvage. Vous en reprenez avec plaisir et vous sentez votre moral grimper en flèche.
Vous continuez sur votre rythme élevé, continuant de doubler les concurrents.
Vous arrivez au semi-marathon, rendez-vous au chapitre **12**.

150

Malgré la douleur musculaire, la disparition de toute parcelle d'énergie dans votre corps et le risque que vous puissiez vous évanouir d'une seconde à l'autre, vous êtes poussé par la clameur des spectateurs, attiré comme un aimant par la ligne d'arrivée.
Cette dernière ligne droite est du pur bonheur ! Vous ne ressentez plus aucune fatigue, vous êtes euphorique. Les larmes aux yeux, vous vous rapprochez de cette ligne qui symbolise la fin de votre Ironman, de ces mois de préparation, de ce projet que vous pensiez irréalisable, mais vous y êtes et malgré ces heures à douter, vous comprenez pourquoi vous êtes là. Pour ces quelques secondes éphémères, futiles qui vous marqueront à vie.
Vous passez la ligne, vous recevez la médaille tant convoitée de finisher et soudain toutes les douleurs musculaires reviennent brutalement. Vous vous asseyez, le dos contre une barrière.
Vous souriez.
Vous avez terminé 381e sur 2000, félicitations !

Prenez le temps de récupérer de votre course et relancez-vous dans une nouvelle lecture pour tenter de faire mieux !

151

Vous continuez euphorique vers le parc à vélo. Vous vous surprenez à taper dans les mains des spectateurs qui vous ovationnent. Vous êtes sur un nuage. Vous n'y croyez pas, vous êtes premier !
Enfin, le public pense que vous êtes premier car vous savez au fond de vous que vous êtes en train de tricher et de duper tout le monde.
Alors que vous entrez dans le parc à vélo, vous hésitez.

Si vous n'assumez pas votre triche et que vous préférez faire demi-tour pour repartir pour une deuxième boucle, rendez-vous au chapitre **429**.
Si vous voulez continuer car vous vous sentez porté par le public et fier de faire le spectacle, rendez-vous au chapitre **397**.

152

Il ne vous reste plus beaucoup de kilomètres à parcourir mais ce sont les plus difficiles. Vous êtes obligé de vous employer pour ne pas faire chuter votre moyenne horaire mais vous ralentissez inexorablement. Le bruit est toujours présent et maintenant vous en êtes sûr : ça a un lien avec votre vitesse qui diminue. Beaucoup de concurrents vous ont dépassé mais vous ne pouvez rien faire, vous avez le sentiment de jeter toutes vos forces dans la bataille pour un résultat décevant.
Après de longs kilomètres, vous arrivez enfin au parc à vélo, rendez-vous au chapitre **87**.

153

Vous êtes habitué à nager, en piscine la plupart du temps, mais vous ne vous entraînez pas à nager en groupe ni à vous prendre des coups mais vous vous dites qu'il faut bien tester.
Vous vous rapprochez des pieds d'un nageur pour être dans ses bulles. Avec l'écume que cela crée, vous ne voyez plus rien. Vous ne paniquez pas et vous faites confiance dans la direction du nageur. Vous touchez de temps en temps les chevilles de votre lièvre mais vous faites bien attention de ne pas prendre appui sur lui pour ne pas le ralentir.
Soudain, alors que vous commenciez à vous sentir à l'aise, les battements de jambes du nageur devant vous s'accélèrent, vous buvez la tasse à cause du bouillon que cela crée. Alors que vous essayez de reprendre votre respiration, vous recevez un coup de talon dans vos lunettes, vous les arrachant de votre visage.
Vous vous redressez et saisissez vos lunettes de la main avant qu'elles ne disparaissent dans l'eau. Vous les replacez rapidement sur vos yeux et repartez.
Vous sentez votre pouls s'accélérer et l'adrénaline se diffuser dans votre sang.

Si vous voulez vous remettre dans les pieds du nageur, rendez-vous au chapitre **543**.
Si vous préférez nager seul à votre rythme, rendez-vous au chapitre **382**.

154

Malgré la douleur musculaire, la disparition de toute parcelle d'énergie dans votre corps et le risque que vous puissiez vous évanouir d'une seconde à l'autre, vous êtes poussé par la clameur des spectateurs, attiré comme un aimant par la ligne d'arrivée.
Cette dernière ligne droite est du pur bonheur ! Vous ne ressentez plus aucune fatigue, vous êtes euphorique. Les larmes aux yeux, vous vous rapprochez de cette ligne qui symbolise la fin de votre Ironman, de ces mois de préparation, de ce projet que vous pensiez irréalisable, mais vous y êtes et malgré ces heures à douter, vous comprenez pourquoi vous êtes là. Pour ces quelques secondes éphémères, futiles qui vous marqueront à vie.
Vous passez la ligne, vous recevez la médaille tant convoitée de finisher et soudain toutes les douleurs musculaires reviennent brutalement. Vous vous asseyez, le dos contre une barrière.
Vous souriez.
Vous avez terminé 368e sur 2000, félicitations !

Prenez le temps de récupérer de votre course et relancez-vous dans une nouvelle lecture pour tenter de faire mieux !

155

Les kilomètres suivants se déroulent normalement, vous maintenant à votre allure habituelle.
Vous arrivez au 120e km où vous prenez le ravitaillement. En sortant de cette zone, la route commence à être mauvaise, le goudron est irrégulier, des trous se sont formés sur la chaussée et l'asphalte est granuleux. Vous slalomez entre les nids de poule mais votre vélo vibre et tressaille sur cette route dégradée par le temps.
Cela dure quelques kilomètres et vous vous épuisez à lutter contre ce mauvais revêtement.
Une fois cette zone passée, vous retrouvez une route plus lisse et vous pouvez récupérer et reprendre votre rythme normal. Mais un

bruit se fait entendre sur votre vélo. Vous essayez de trouver la provenance de ce son désagréable mais vous n'y parvenez pas.
Minute après minute, le bruit est toujours présent et vous obnubile.
Si vous décidez de vous arrêter pour vérifier votre vélo, rendez-vous au chapitre **77**.
Si vous préférez ne pas perdre de temps et continuer de rouler, rendez-vous au chapitre **247**.

156

L'homme avait raison, 500m plus loin vous arrivez sur un ravitaillement. Vous vous arrêtez et en profitez pour remplir vos poches de plusieurs barres énergétiques. En mangeant un morceau de banane, vous apercevez un grand sac poubelle vide derrière l'un des bénévoles. Cela ferait un imperméable idéal. Vous demandez si vous pouvez le prendre. Il acquiesce de la tête… mais vous ne savez pas trop si cela est autorisé par le règlement.
Si vous décidez de prendre le sac poubelle malgré votre doute, rendez-vous au chapitre **126**.
Si vous préférez ne pas prendre de risque et repartir comme vous êtes arrivé, rendez-vous au chapitre **76**.

157

Vous avez passé le 110e km depuis quelques minutes mais vous sentez que cela va être compliqué d'aller jusqu'au bout. La douleur au bras est de plus en plus présente et vous savez que vous avez besoin de manger quelque chose. En effet, vous vous dites que les étoiles que vous voyez devant vos yeux ne sont pas normales. Vous ne savez pas si c'est dû au manque d'énergie ou à votre souffrance que vous inflige votre bras. Vous vous arrêtez une première fois pour fouiller dans vos poches, mais il n'y a plus rien. Vous vérifiez vos bidons, mais vous ne trouvez que de l'eau à l'intérieur. Ce n'est pas ce que vous recherchez. Vous avez besoin de manger un repas consistant, vous avez une envie de raclette même si vous êtes en plein été.
Vous remontez sur votre vélo et tentez de repartir mais vous vous arrêtez de nouveau quelques mètres plus loin. Vous n'arrivez plus à appuyer sur les pédales.
Vous vous asseyez sur le bord de la route, à l'ombre d'un arbre, vous attendez ici la voiture balai.

Votre triathlon est terminé.

158

Vous arrivez discrètement à la hauteur du vélo du triathlète qui est parti quelques mètres plus loin, derrière des arbres. Vous en profitez pour rapidement arracher le numéro scotché à votre cadre et cacher votre vélo dans un bosquet pour pouvoir le récupérer ce soir, après la course.
En un éclair, vous enfourchez le vélo qui n'est pas le vôtre et vous partez avec. Vous vous retournez quelques mètres plus loin, le triathlète est toujours derrière l'arbre. Vous n'osez imaginer sa tête quand il verra que son vélo a disparu. Mais vous n'aviez pas le choix, c'était lui ou vous. Une question de vie ou de mort en quelque sorte. Vous arrachez à son tour le numéro sur son cadre. Vous direz que vous l'avez perdu en faisant une petite chute.
Après plusieurs coups de pédale, vous vous rendez compte que ce vélo est parfait pour vous, à la bonne taille. Vous enchaînez les kilomètres suivants sans problème, votre rythme vous permet de doubler un bon nombre de concurrents.
Vous arrivez au 90e km, rendez-vous au chapitre **406**.

159

Votre premier objectif n'est pas le classement, vous vous fichez des concurrents, ce qui compte maintenant c'est votre gestion de la course, vos sensations. Vous voulez vous recentrer sur vous-même.
Kilomètre après kilomètre, vous contrôlez votre montre GPS qui vous affiche votre vitesse et votre rythme cardiaque. En vous basant sur vos entraînements, vous savez dans quelle fourchette vous situer et vous voulez maîtriser votre allure grâce à la technologie concentrée dans votre poignet. Plusieurs fois pas kilomètre, vous jetez un œil à votre montre, comme pour vous rassurer.
Alors que vous étiez confiant, votre montre s'éteint subitement. Vous paniquez, appuyant sur tous les boutons pour tenter de la rallumer. Vous êtes tellement déboussolé que vous ralentissez, en venant presqu'à vous arrêter, les yeux rivés sur cet objet qui ne fonctionne plus. Vous vous ressaisissez et reprenez votre rythme...enfin ce que vous pensez être votre allure, sans montre vous êtes perdu. Vous essayez de vous centrer uniquement sur vos sensations pour évaluer

votre gestion de course, l'effort musculaire, votre respiration, mais dépendant de la technologie, vous n'avez pas l'habitude d'analyser ce que vous dit votre corps.
Si vous décidez de prendre la foulée d'un concurrent qui vous semble être à la bonne vitesse pour vous caler dans sa foulée, rendez-vous au chapitre **291**.
Si vous préférez continuer de courir aux sensations, rendez-vous au chapitre **216**.

160

Vous arrivez à la hauteur du triathlète.
– Excuse-moi, je viens de crever et j'ai perdu mon bidon de réparation dans un dos d'âne, est ce que tu as quelque chose qui pourrait m'aider ? lui demandez-vous alors qu'il est en train d'uriner.
Il tourne alors la tête en gardant bien son dos face à vous.
– Attends, je finis et je te donne ça.
Vous patientez quelques secondes, ravi de pouvoir réparer votre chambre à air.
Il s'approche de vous en se rhabillant.
– J'emmène toujours des chambres à air en plus au cas où.
Vous réparez ensemble. Tout va très vite, vous avez à faire à quelqu'un qui a dû changer des dizaines de pneus pour être aussi efficace.
Alors qu'il est en train de terminer avant de repartir, une moto arbitre s'arrête à votre hauteur.
– Vous n'avez pas le droit à une aide extérieure, messieurs.
– Mais c'est un concurrent, tout comme moi, il m'aide à réparer, répondez-vous, surpris.
– Je suis désolé, c'est la règle, vous devez vous débrouiller tout seul, et encore je pourrais vous disqualifier vous lance-t-il en vous tendant un carton bleu avant de repartir.
Vous êtes vexé mais vous vous dites que c'est un mal pour un bien. Qu'est-ce qu'une boucle de pénalité à pied en comparaison d'un abandon à cause d'une crevaison ?
Vous remerciez chaleureusement votre sauveur et repartez à vélo quelques secondes après lui.
Cette mésaventure vous a fait perdre très peu de temps et vous repartez sur un bon rythme.

Quelques kilomètres plus tard, vous arrivez au 90e km, rendez-vous au chapitre **190**.

161

Les kilomètres s'enchaînent sans problème. Vous vous sentez bien même si vous commencez à avoir les jambes lourdes. Vous parvenez à maintenir votre allure et votre place face aux autres concurrents.

Vous arrivez à un ravitaillement au 120e km. À cet endroit, vous aviez la possibilité de déposer votre ravitaillement personnalisé la veille de la course.

Si vous aviez effectivement décidé d'utiliser vos produits et que vous comptez les récupérer, rendez-vous au chapitre **227**.

Si vous n'aviez rien prévu et que vous préférez récupérer des produits fournis par l'organisation, rendez-vous au chapitre **90**.

162

Vous faites un effort violent sur plusieurs centaines de mètres pour rattraper le groupe. Ce qui est rassurant, c'est que vous ne ressentez plus de douleur aux mollets.

Vous arrivez à hauteur du groupe.

– Vous êtes au courant que vous n'avez pas le droit de drafter sur cette course ?! Criez-vous.

– Et alors ?! Ça te pose un problème ? Fais ta course comme tu l'entends. Nous, on la fait comme on veut !

– Sauf que ça vous permet d'aller plus vite que ceux qui respectent les règles, ça s'appelle de la triche !

– Tu veux qu'on s'arrête pour s'expliquer Ducon ?! vous rétorque un des membres du groupe.

Vous sentez la colère monter en vous.

Si vous voulez vous arrêter pour avoir une conversation tendue avec ce triathlète, rendez-vous au chapitre **299**.

Si vous choisissez de les laisser partir devant, rendez-vous au chapitre **70**.

Si vous préférez accélérer et partir tout seul, rendez-vous au chapitre **61**.

Si vous décidez de finalement prendre leurs roues, rendez-vous au chapitre **252**.

163

Malgré la douleur musculaire, la disparition de toute parcelle d'énergie dans votre corps et le risque que vous puissiez vous évanouir d'une seconde à l'autre, vous êtes poussé par la clameur des spectateurs, attiré comme un aimant par la ligne d'arrivée.
Cette dernière ligne droite est du pur bonheur ! Vous ne ressentez plus aucune fatigue, vous êtes euphorique. Les larmes aux yeux, vous vous rapprochez de cette ligne qui symbolise la fin de votre Ironman, de ces mois de préparation, de ce projet que vous pensiez irréalisable, mais vous y êtes et malgré ces heures à douter, vous comprenez pourquoi vous êtes là. Pour ces quelques secondes éphémères, futiles qui vous marqueront à vie.
Vous passez la ligne, vous recevez la médaille tant convoitée de finisher et soudain toutes les douleurs musculaires reviennent brutalement. Vous vous asseyez, le dos contre une barrière.
Vous souriez.
Vous avez terminé 1647e sur 2000, félicitations !

Prenez le temps de récupérer de votre course et relancez-vous dans une nouvelle lecture pour tenter de faire mieux !

164

Vous repartez et vous vous reconcentrez sur votre course, essayant d'oublier le temps de l'épreuve le visage de cette femme.
Mais rapidement, un bruit sur votre vélo vous dérange. Vous n'êtes pas certain, mais vous avez l'impression que cela vient de votre patin de frein qui frotte légèrement sur votre jante. Cela est sans doute dû à votre chute de tout à l'heure.
Si vous décidez de perdre encore du temps à vous arrêter pour vérifier d'où vient le bruit, rendez-vous au chapitre **371**.
Si vous préférez continuer de rouler car ce bruit ne semble pas vous ralentir, rendez-vous au chapitre **46**.

165

Vous l'avez travaillé à l'entrainement avec d'autres triathlètes, vous avez lu des articles sur le sujet. Vous êtes un spécialiste du drafting en natation. Vous parvenez à vous caler à la bonne distance des pieds du

nageur devant vous, tout en vous plaçant à hauteur du bassin du nageur à côté de vous.
Tout est parfait, vous attaquez le deuxième tour de la natation bien au chaud dans ce groupe.
Vous vous sentez tellement bien que vous commencez à vous ennuyer et vous songez à accélérer.
Si vous faites le choix de distancer le groupe dans lequel vous êtes, rendez-vous au chapitre **287**.
Si vous préférez rester dans ce groupe jusqu'à la fin de la natation, rendez-vous au chapitre **218**.
Si vous décidez de ralentir car vous voulez vous préserver pour la suite de la compétition, rendez-vous au chapitre **139**.

166

Dès les premiers hectomètres du marathon, vous sentez que vos appuis sont lourds. Votre foulée courte et rasante vous demande déjà beaucoup d'efforts.
Vous regardez votre chrono, vous êtes tout juste dans les temps de la prochaine barrière horaire située au semi-marathon.
Si vous décidez de courir tant que vous pouvez pour gagner du temps, rendez-vous au chapitre **241**.
Si vous préférez alterner marche et course pour ne pas complétement vous épuiser et gérer les quelques minutes qui vous séparent de l'élimination, rendez-vous au chapitre **435**.
Si vous choisissez de marcher dès le début pour vous laisser le temps de retrouver des sensations et pouvoir recourir plus tard, rendez-vous au chapitre **541**.

167

Vous vous rapprochez de l'arbitre alors que les autres triathlètes s'éparpillent devant vous. Vous ralentissez pour pouvoir discuter plus facilement.
– Il vient tout juste de passer, ils m'ont sucé la roue pendant des kilomètres, dites-vous en montrant du doigt les fautifs.
– D'après ce que j'ai vu, c'était vous qui étiez abrité. Vous savez que c'est interdit.
– Mais ! Je vous dis qu'il s'est mis devant juste avant que vous n'arriviez. Il a dû vous entendre. A aucun moment je n'ai triché !

Vous commencez à sentir que la colère monte en vous.
– Ça ne sert à rien de vous énerver, je ne reviendrai pas sur ma décision.
Si vous ne voulez pas en rester là et insistez pour qu'il vous donne raison, rendez-vous au chapitre **313**.
Si vous préférez laisser tomber et continuer votre course avec votre pénalité, rendez-vous au chapitre **231**.

168

Vous vous écartez du groupe de triathlètes et trouvez de la place pour nager à votre aise. Vous voyez le groupe vous distancer mais au moins, seul, vous ne risquez pas de prendre des coups.
Vous nagez à votre rythme. Vous vous rendez compte que vous allez aussi vite que d'autres concurrents et que peu de triathlètes vont plus vite que vous. Cela vous rassure pour la suite de votre course.
Vous arrivez sur la berge. Vous sortez de l'eau assez fatigué mais prêt à en découdre sur le vélo.
Vous entrez dans l'aire de transition, rendez-vous au chapitre **8**.

169

Vous arrivez à la mi-parcours. Vous regardez votre chrono en essayant de vous rappeler des horaires limites donnés par l'organisation. Vous vous rendez compte que vous êtes fatigué et que vous manquez de lucidité car vous avez des difficultés à calculer de tête ce qui est pourtant une soustraction très simple. Au bout de quelques secondes vous parvenez au résultat qui n'est pas très positif : vous n'avez qu'une poignée de minutes d'avance sur la barrière horaire.
Si vous décidez de tout donner pour vous mettre à l'abri d'une élimination prématurée quitte à vous griller pour le marathon, rendez-vous au chapitre **400**.
Si vous préférez garder ce rythme en jouant avec le chrono et en sachant que si vous terminez la partie vélo, vous n'aurez pas le droit à l'erreur en course à pied, rendez-vous au chapitre **457**.
Si vous choisissez de ralentir pour partir le plus frais possible sur le marathon, rendez-vous au chapitre **103**.

170

Vous vous arrêtez et faites demi-tour. La moto en fait de même pour vous suivre.

Vous roulez depuis un kilomètre mais vous ne savez plus où vous avez lancé précisément votre bidon. Au bout d'un kilomètre et demi, vous pensez être allé trop loin et repartez dans le bon sens, mais vous ne voyez rien. Alors que vous allez laisser tomber cette chasse au trésor quitte à vous faire sanctionner davantage par l'arbitre derrière vous, vous apercevez quelque chose dans le fossé. Vous vous arrêtez et reconnaissez avec soulagement votre bidon. De toute façon, même si ça n'avait pas été le vôtre, il le serait devenu ! Vous le récupérez, le montrez à l'arbitre et repartez plein de rancœur même si au fond de vous, vous savez que vous aviez tort.

Vous vous recentrez sur votre course et oubliez cette péripétie. Quelques kilomètres plus tard, vous arrivez à un ravitaillement. Vous en profitez pour jeter votre bidon et en prenez un autre de l'organisation.

Arrivé au 60e km, vous êtes un peu retard par rapport à votre objectif.

Si vous décidez d'accélérer, pour rattraper votre retard, rendez-vous au chapitre **507**.

Si vous préférez continuer sur le même rythme, rendez-vous au chapitre **9**.

Si vous choisissez de ralentir car vous savez que vous n'avez fait qu'un tiers du parcours vélo, rendez-vous au chapitre **430**.

171

Malgré la douleur musculaire, la disparition de toute parcelle d'énergie dans votre corps et le risque que vous puissiez vous évanouir d'une seconde à l'autre, vous êtes poussé par la clameur des spectateurs, attiré comme un aimant par la ligne d'arrivée.

Cette dernière ligne droite est du pur bonheur ! Vous ne ressentez plus aucune fatigue, vous êtes euphorique. Les larmes aux yeux, vous vous rapprochez de cette ligne qui symbolise la fin de votre Ironman, de ces mois de préparation, de ce projet que vous pensiez irréalisable, mais vous y êtes et malgré ces heures à douter, vous comprenez pourquoi vous êtes là. Pour ces quelques secondes éphémères, futiles qui vous marqueront à vie.

Vous passez la ligne mais on vous explique que vous ne pouvez pas recevoir la médaille tant convoitée de finisher car vous terminez hors délai.
Mais vous êtes tout de même heureux d'avoir terminé. Vous vous asseyez le dos contre une barrière.
Vous souriez.

Prenez le temps de récupérer de votre course et relancez-vous dans une nouvelle lecture pour tenter de faire mieux !

172

Vous mettez votre premier coup de pédale pour vous lancer dans les 180km de route qui s'ouvrent devant vous. Vous êtes heureux d'avoir terminé la partie natation mais vous savez que le chemin est encore long avant la ligne d'arrivée.
Vous êtes au milieu du classement. Cette partie cycliste pourrait être l'occasion de rentrer dans la première moitié du classement !
Quelle va être votre stratégie pour ce début de parcours cycliste ?
Si vous choisissez de partir vite pour remonter des concurrents, rendez-vous au chapitre **280**.
Si vous préférez gérer votre effort, rendez-vous au chapitre **3**.

173

Vous partez sur le parcours du marathon. Au bout de quelques minutes, vous êtes surpris de constater que vous avez de bonnes sensations, vos jambes ne sont pas très lourdes et vous vous sentez à l'aise.
Vous ne vous attendiez pas à être aussi bien après 180km de vélo et vous ne savez pas comment gérer l'allure de votre marathon.
Si vous décidez de profiter de ces bonnes sensations pour partir sur un rythme élevé, rendez-vous au chapitre **264**.
Si vous préférez partir lentement pour anticiper une éventuelle baisse de forme, rendez-vous au chapitre **7**.

174

Vous sautez dans la roue du dernier triathlète du groupe. Vous sentez tout de suite la différence, vous mettez un braquet plus facile et

malgré cela votre compteur annonce une vitesse plus rapide que lorsque vous étiez tout seul. Vous pensez que finalement, si vous restez dans l'aspiration quelques kilomètres ça ne changera pas grand-chose pour la suite de la course et pour le classement final. Donc, ce n'est pas vraiment de la triche !
Alors que vous êtes dans vos pensées, le groupe explose. En quelques secondes, chaque concurrent est à distance réglementaire d'un autre…sauf vous, qui êtes resté dans la roue d'un triathlète. Vous entendez alors le bruit d'une moto, vous comprenez tout de suite. L'arbitre arrive à votre hauteur et vous tend un carton bleu, synonyme de pénalité en course à pied.
Vous tentez de lui expliquer que c'est la faute de tous les autres, que vous n'y êtes pour rien, mais l'arbitre ne veut rien entendre et vous êtes le seul à écoper d'une pénalité. Quelle injustice ! Vous jetez un regard dénonciateur aux anciens membres du groupe qui restent concentrés sur la route.
Une fois l'arbitre parti, le groupe se reforme mais vous les laissez partir, écœuré par cet esprit antisportif.
Vous arrivez au 90e km, rendez-vous au chapitre **238**.

175

Vous savez qu'il y a une part d'injustice mais c'est la règle : pas vu, pas pris. Quand l'arbitre est arrivé, vous étiez en train de drafter, vous n'avez rien à dire. Vous essayez d'oublier ce carton et vous vous reconcentrez sur votre allure. Vous laissez suffisamment d'espace avec le triathlète devant vous et reprenez votre rythme habituel.
Pendant plusieurs kilomètres, vous assistez à un statu quo : vous ne doublez personne et personne ne vous double.
Vous arrivez au 90e km, rendez-vous au chapitre **238**.

176

Vous êtes obnubilez par ce bruit. Vous n'arrivez plus à vous concentrer sur votre course, vous n'entendez plus que ça et cela accapare votre esprit.
Vous vous retournez plusieurs fois pour observer votre pédalier, votre roue arrière mais vous ne trouvez rien de suspect.
C'est en observant votre roue avant que votre regard se pose sur une petite brindille à peine visible. Elle est bloquée entre votre roue et les

patins de frein et vient frotter sur votre pneu. Elle est si fine qu'elle ne crée pas vraiment de ralentissement mais cela induit ce bruit permanent que vous entendez depuis votre chute. Vous vous demandez comment vous ne l'aviez pas vu avant.
Sans vous arrêter, ni même ralentir vous retirez cette brindille d'un mouvement rapide et assuré. Vous l'observez quelques secondes dans votre main puis la jetez sur le bord de la route. Le silence est revenu et votre agacement a disparu. Vous vous sentez de nouveau très bien.
Vous arrivez au 90e km, rendez-vous au chapitre **31**.

177

Vous attaquez le marathon avec une allure que vous semblez maîtriser, un rythme que vous pensez pouvoir tenir sur les 42km qui vous attendent.
Les premiers kilomètres s'enchaînent très bien. Vous êtes à l'aise, aussi bien d'un point de vue musculaire que respiratoire. Vous profitez de la course et votre moral est au beau fixe.
Vous arrivez à un ravitaillement mais vous ne ressentez ni l'envie de boire ni le besoin de manger.
Si vous décidez de ne pas prendre le ravitaillement, rendez-vous au chapitre **65**.
Si vous préférez vous arrêter pour tout de même boire et manger quelque chose, rendez-vous au chapitre **111**.

178

Vous partez sur les 42km, heureux de pouvoir enfin courir. Mais vous êtes un peu frustré par votre classement et espérez pouvoir faire mieux.
Si votre objectif est de doubler les autres concurrents car vous savez que vous valez mieux, rendez-vous au chapitre **327**.
Si vous préférez partir prudemment pour espérer améliorer votre classement en deuxième partie de course, rendez-vous au chapitre **185**.

179

Malgré la douleur musculaire, la disparition de toute parcelle d'énergie dans votre corps et le risque que vous puissiez vous

évanouir d'une seconde à l'autre, vous êtes poussé par la clameur des spectateurs, attiré comme un aimant par la ligne d'arrivée.
Cette dernière ligne droite est du pur bonheur ! Vous ne ressentez plus aucune fatigue, vous êtes euphorique. Les larmes aux yeux, vous vous rapprochez de cette ligne qui symbolise la fin de votre Ironman, de ces mois de préparation, de ce projet que vous pensiez irréalisable, mais vous y êtes et malgré ces heures à douter, vous comprenez pourquoi vous êtes là. Pour ces quelques secondes éphémères, futiles qui vous marqueront à vie.
Vous passez la ligne, vous recevez la médaille tant convoitée de finisher et soudain toutes les douleurs musculaires reviennent brutalement. Vous vous asseyez, le dos contre une barrière.
Vous souriez.
Vous avez terminé 1803e sur 2000, félicitations !

Prenez le temps de récupérer de votre course et relancez-vous dans une nouvelle lecture pour tenter de faire mieux !

180

Vous patientez encore cinq minutes avant de pouvoir enfin entrer dans cette cabine. Vous ouvrez la porte, l'odeur y est pestilentielle. Vous faites un pas en arrière, hésitant à pénétrer. Vous vous dites que vous n'avez pas attendu toutes ces minutes pour rien. Vous vous asseyez mais sans que vos fesses ne touchent la cuvette… au moins ça vous permettra d'échauffer vos quadriceps.
Vous vous libérez.
Vous finissez tout juste quand vous entendez le speaker crier :
– Une minute avant le départ !
Vous vous dépêchez de vous rhabiller. Quand vous ouvrez les toilettes, plus personne n'attend, tous les triathlètes sont sur la plage.
Rendez-vous au chapitre **118**.

181

Vous vous sentez euphorique, porté par les encouragements des spectateurs. Vous accélérez encore jusqu'à la ligne d'arrivée. Vous avez enfin terminé, vous êtes heureux ! Vous ne vous sentez même pas fatigué. Une fois la médaille de finisher autour du cou, vous êtes tiré au sort pour effectuer un contrôle anti-dopage.

Les résultats tombent quelques jours plus tard : vous êtes contrôlé positif. Vous êtes donc interdit de compétition pendant deux ans et votre nom est supprimé du classement du triathlon Ironman.
En vous renseignant sur le produit dopant, vous comprenez que cela vient de la boisson que vous avez bue pendant le marathon.

Prenez le temps de récupérer de votre course et relancez-vous dans une nouvelle lecture pour tenter de faire mieux !

182

Vous arrivez à la hauteur du triathlète.
– Salut, tu peux me dire à quelle vitesse on roule, là ? lui demandez-vous
– Tu n'as pas de compteur ? vous répond-il surpris.
– Je crois que le mien est à plat…
Il regarde alors son compteur :
– Là, on roule à…
Vous n'entendez pas la fin de sa phrase, sa voix est couverte par le bruit d'une moto arrivée à votre hauteur. Vous tournez la tête vers un arbitre qui vous tend un carton bleu synonyme de boucle de pénalité à pied. Vous êtes étonné par ce carton alors que vous pensiez avoir respecté les distances entre deux concurrents. Alors que vous êtes prêt à contester, vous vous rendez compte que vous vous êtes collé au concurrent à côté de vous, sans doute pour mieux l'entendre. Vous savez que cela est pénalisable. Vous baissez la tête, acceptant de devoir courir plus de distance tout à l'heure. La moto ralentit pour observer d'autres concurrents derrière vous.
Le triathlète avec qui vous étiez à lui aussi ralenti. Vous n'êtes pas très avancé : votre compteur ne fonctionne toujours pas, vous n'avez pas réussi à entendre l'information de la bouche du cycliste et en plus vous avez reçu un carton bleu.
Si vous décidez de ralentir car vous préférez garder de l'énergie pour plus tard quitte à tomber dans un faux rythme, rendez-vous au chapitre **37**.
Si vous préférez accélérer pour vous faire plaisir quitte à griller des cartouches, rendez-vous au chapitre **212**.

183

Vous ne voulez pas perdre les places durement gagnées en natation et dès les premiers coups de pédale vous voulez être puissant sur votre vélo. En emmenant un gros braquet et avec une cadence de pédalage suffisante, vous vous imposez un rythme soutenu et peu de concurrents sont capables de vous suivre.
Dans les premiers kilomètres, personne n'est parvenu à vous doubler quand vous avez réussi à passer quelques concurrents. Cette réussite de début de course vous stimule et vous ne laissez rien vous déconcentrer.
Un panneau vous annonce un ravitaillement à 500m.
Si vous décidez de vous arrêter pour faire le plein de boissons et de nourriture, rendez-vous au chapitre **325**.
Si vous préférez ne pas perdre de temps et continuer sur votre rythme sans même ralentir car vous pensez avoir encore suffisamment de ravitaillement sur vous, rendez-vous au chapitre **50**.

184

Vous ralentissez et cherchez du regard tout endroit qui pourrait être propice pour vous arrêter.
Au bout de quelques secondes, vous apercevez une ruelle. Vous décidez d'y aller. Vous quittez la route en essayant d'être discret mais certains passants vous regardent, surpris. Vous entrez dans la ruelle et attendez qu'il n'y ait personne pour vous surprendre. Vous défaites votre trifonction en vous accroupissant. Vous vous soulagez contre le mur. Une fois terminé, vous attrapez un journal qui trainait par terre et vous vous essuyez avec.
Vous repartez un peu honteux… mais on pourrait croire que c'est un chien qui a fait ça !
Vous retrouvez le parcours, vous vous sentez léger et prêt à affronter les derniers kilomètres.
Si vous décidez de courir tranquillement pour profiter de la fin de votre Ironman, rendez-vous au chapitre **331**.
Si vous préférez accélérer pour gagner un maximum de places, rendez-vous au chapitre **480**.

185

Vous adoptez une allure que vous maîtrisez, vous permettant de courir sans vous épuiser. Vous êtes heureux de voir qu'elle vous permet de doubler progressivement quelques coureurs.

Vous revenez sur une concurrente. Arrivé à quelques mètres d'elle, vous la trouvez très belle.
Si vous décidez de rester derrière, rendez-vous au chapitre **201**.
Si vous préférez monter à sa hauteur pour discuter avec elle, rendez-vous au chapitre **193**.
Si vous choisissez de la doubler et de rester concentré sur votre course, rendez-vous au chapitre **311**.

186

Vous passez le concurrent sans même le regarder, vous vous dites qu´à vélo la déshydratation aura moins de conséquence qu'à pied et qu'avec le prochain ravitaillement vous pourrez faire le plein en eau !
Malheureusement, vous sentez vos muscles de plus en plus crispés jusqu'au moment où votre mollet droit ne veut plus du tout se décontracter. La crampe vous fait hurler de douleur et de surprise. Vous êtes obligé de vous contorsionner sur votre vélo pour réussir à vous masser l'arrière de votre jambe. Vous êtes quasiment à l'arrêt quand votre muscle accepte enfin de se détendre. Vous tentez de reprendre votre rythme normal mais cette fois vos deux mollets vous l'interdisent.
Vous vous arrêtez quelques secondes pour vous étirer et vous masser et repartez ensuite. Vous êtes obligé de changer de braquet pour prendre un rythme plus lent, acceptant ainsi de voir tous les concurrents que vous dominiez vous passer.
Quelques kilomètres plus tard, des triathlètes que vous ne connaissez pas vous doublent à présent. Vous perdez beaucoup de temps mais vous n'avez pas vraiment le choix.
Vous arrivez enfin à un ravitaillement, vous prenez deux bidons remplis et vous vous désaltérez abondamment. Vous avez l'impression de revivre. Vous continuez sur un rythme modéré pour laisser le temps à vos muscles de s'hydrater.
Quelques minutes plus tard, vous vous sentez mieux. Vous arrivez au 90e km, rendez-vous au chapitre **155**.

187

Vous vous arrêtez, posez le vélo sur le bord de la route et marchez vers votre bidon une cinquantaine de mètres en arrière. Vous le ramassez. Heureusement, il ne s'est pas ouvert et il est toujours plein.

Vous revenez à votre vélo et repartez. Les premières secondes, vous prenez le temps de bien vous hydrater en tenant fermement votre gourde avant de reprendre votre allure de course.
Mais un bruit inhabituel se fait rapidement entendre. Il vient de votre vélo, c'est une évidence, mais vous n'arrivez pas à localiser l'endroit exact. Vous vous retournez plusieurs fois, observant votre roue arrière, votre pédalier en tendant l'oreille, mais votre ouïe n'est pas assez fine pour trouver l'origine de ce bruit. Néanmoins, ce son ne semble pas affecter votre vitesse de déplacement.
Si vous décidez de vous arrêter de nouveau pour vérifier votre vélo, rendez-vous au chapitre **340**.
Si vous préférez continuer en essayant d'oublier ce bruit, rendez-vous au chapitre **336**.

188

Vous plongez votre main dans votre poche et sentez immédiatement la texture de votre coupe-vent. Vous vous arrêtez quelques instants pour l'enfiler plutôt que de prendre des risques à tenter de le mettre en roulant. Vous repartez, votre peau à l'abri de l'humidité. Vous vous réchauffez rapidement dans cette tenue imperméable.
Au fil des kilomètres, vous vous moquez intérieurement des concurrents tétanisés par le froid que vous doublez. Vous vous sentez bien et vous voulez que les autres le voient !
Peu de temps avant le 90e km, la pluie s'arrête. Vous rangez votre coupe-vent dans votre poche. Rendez-vous au chapitre **31**.

189

Vous poussez sur vos jambes pour effectuer de petites foulées mais vous êtes stoppé immédiatement par une crampe aux ischio-jambiers. Vous êtes obligé de marcher. Tout en avançant, vous vous massez vos muscles douloureux pour les détendre.
Arrivé à un ravitaillement, vous buvez plusieurs verres d'eau et repartez avec un gobelet supplémentaire dans les mains que vous avalez progressivement.
Quelques minutes plus tard, vous ressentez moins vos nœuds musculaires. Vous regardez votre montre, vous êtes en retard sur la barrière horaire du semi-marathon qui approche.

Si vous décidez de vous remettre à courir, rendez-vous au chapitre **128**.
Si vous préférez continuer de marcher, rendez-vous au chapitre **136**.

190

Vous prenez rapidement de quoi vous alimenter et vous hydrater au ravitaillement du 90e km. Vous vous délestez de vos papiers vides dans la zone de propreté et reprenez votre rythme pour ne pas perdre de temps.
Les kilomètres s'enchaînent, vous êtes concentré sur votre allure et sur votre objectif.
Vous avez tellement les yeux rivés sur votre compteur à gérer votre vitesse que vous laissez passer un nouveau ravitaillement sans rien prendre.
Il ne reste plus que vingt-cinq kilomètres quand vous vous rendez compte que vos bidons sont vides. Il fait chaud et la sensation de soif se fait rapidement sentir. Vous regardez à droite et à gauche à la recherche d'un point d'eau ou d'un robinet mais il n'y a rien.
Quelques minutes plus tard, un spectateur vous tend une bouteille d'eau.
Si vous décidez de la prendre pour vous désaltérer, rendez-vous au chapitre **306**.
Si vous préférez ne pas la prendre et continuer à lutter contre cette soif tenace, rendez-vous au chapitre **495**.

191

Vous maintenez votre niveau d'intensité élevé malgré la sensation de jambes lourdes. Sans relâcher votre effort, vous vous hydratez et avalez une barre énergétique.
Vous ne savez pas si c'est le fait de vous être alimenté ou de continuer à doubler un grand nombre de concurrents, mais c'est comme si votre corps s'était habitué à ce rythme. Vos douleurs musculaires s'estompent. Il s'agit peut-être de ces courses idéales où tout se passe bien, celles décrites dans des récits mais que vous n'avez encore jamais vécues.
Les kilomètres s'enchaînent avec toujours cette même plénitude. Vous espérez même que cette partie cyclisme ne s'arrête jamais tant vos sensations sont bonnes…ou peut être avez-vous peur des conséquences de votre accélération sur le marathon.

Quoi qu'il en soit, vous arrivez au parc à vélo et vous allez bien être obligé de courir dans quelques minutes. Rendez-vous au chapitre **482**.

192

Vous regardez des concurrents vous doubler, vous les encouragez même.
Progressivement, vous ressortez de votre course, devenant plus spectateur que participant. Vous arrivez à un ravitaillement et prenez le temps de discuter quelques minutes avec les bénévoles pour les remercier de leur implication.
Vous repartez, toujours en marchant et au bout de plusieurs kilomètres, vous arrivez au semi-marathon. Un arbitre vous arrête en vous signalant que vous êtes hors délai.
Votre triathlon s'arrête là.

193

Vous arrivez à sa hauteur et tournez votre tête vers cette femme. Elle est encore plus belle que ce que vous imaginiez.
– Salut, ça va ? Tu as l'air en forme. Lancez-vous maladroitement.
Elle vous sourit.
– Pour l'instant, tout va bien.
Vous continuez de discuter, de la course, de la météo, de choses futiles qui permettent de tisser des liens. Vous sentez que le feeling passe bien entre vous et vous aimeriez que cette course ne s'arrête jamais.
Kilomètre après kilomètre, vous restez à ses côtés, profitant de chaque instant, de chaque parole. Mais votre allure commence à diminuer et vous vous faites doubler par de nombreux concurrents.
Si vous décidez d'accélérer pour reprendre votre rythme initial, rendez-vous au chapitre **386**.
Si vous préférez rester avec elle pour continuer de la connaître, rendez-vous au chapitre **523**.

194

Après le ravitaillement, vous le laissez partir devant vous. Progressivement, vous perdez du terrain sur lui jusqu'à ce qu'il soit à une centaine de mètres de vous. Vous n'êtes pas surpris car vous

savez qu'il est plus rapide que vous en course à pied et que d'essayer de le suivre vous ferez littéralement exploser.
Au bout de quelques minutes, vous vous rendez compte que l'écart s'est stabilisé et vous l'avez toujours en point de mire. Vous êtes surpris de cette situation et vos sensations semblent bonnes.
Si vous décidez d'accélérer pour tenter de le doubler, rendez-vous au chapitre **15**.
Si vous préférez ne pas prendre de risque et rester derrière lui, rendez-vous au chapitre **346**.

195

L'effort est maintenant à son maximum. Vous n'arrivez plus à ressortir les bras de l'eau. Votre nage ressemble à celle d'un chiot découvrant le milieu aquatique pour la première fois. Vous n'avez plus la force de pousser l'eau avec vos bras. Les triathlètes vous doublent sans même percevoir votre détresse.
Tout s'écroule dans votre tête. Vous passez de la lumière aux ténèbres. Vous observez, impuissant, votre échec, et tous ces nageurs qui continuent leur course comme si de rien n'était.
Vous n'avez plus l'énergie suffisante pour avancer. Votre vision se brouille, vous avez la sensation que tout ce qui vous entoure tourne autour de vous. Vous avez soudainement très chaud, vous savez ce qu'il va vous arriver ensuite. Vous perdez connaissance et commencez à sombrer dans l'eau à peine éclairée par le soleil levant.
Vous rouvrez les yeux. Une personne est penchée sur vous et vous crie dessus.
« Il ne pourrait pas parler moins fort ? » Vous dites-vous alors que vous retrouvez vos esprits.
Vous tournez votre tête, vous êtes sur un bateau. Vous comprenez que vous avez été sauvé par les secouristes.
Votre course s'arrête là en espérant que cela vous serve de leçon !

196

Vous voyez un petit bosquet et décidez de vous y arrêter. Vous posez votre vélo et passez derrière les arbustes en espérant vous soulager de cette douleur qui vous plie en deux. Une fois terminé, vous vous nettoyez avec les feuilles alentours même si ce n'est pas très pratique.

Vous avez conscience que vous avez perdu du temps mais vous vous sentez plus léger, la douleur s'étant dissipée.
En revenant à votre vélo, alors que vous êtes sur le point de jeter le contenu de votre bidon, quitte à ne plus rien avoir à boire, un spectateur quelques mètres plus loin, vous propose de le remplir avec sa bouteille d'eau. Vous vous dites que ce serait un bon moyen de rallier le ravitaillement suivant sans vous déshydrater.
Si vous décidez d'accepter sa proposition, rendez-vous au chapitre **338**.
Si vous préférez refuser et continuer sans eau, rendez-vous au chapitre **140**.

197

Vous faites un petit détour pour pénétrer dans la ruelle. Arrivé à la fontaine, vous pouvez lire : « Eau potable », vous jubilez intérieurement. Vous remplissez votre bidon d'eau fraiche et buvez à même le robinet. Vous remontez sur votre vélo et repartez sur le parcours.
L'eau fraiche vous a régénéré, vous retrouvez des forces et repartez sur un bon rythme vous permettant de doubler quelques concurrents. Alors que vous étiez ressorti de votre course, vous vous sentez plus que jamais dans la compétition.
Vous arrivez au 90e km, rendez-vous au chapitre **169**.

198

Si vous êtes allé aux toilettes avant ou pendant le triathlon, rendez-vous au chapitre **166** pour le début du marathon.
Si vous n'êtes pas encore allé aux toilettes, au moment de quitter le parc à vélo, vous sentez vos intestins hurler brusquement. Vous vous mettez à marcher, plié en deux. Vous savez qu'il vous sera impossible de partir sur la course à pied dans cet état.
Vous faites demi-tour et vous vous dirigez jusqu'aux toilettes installées dans le parc à vélo. Il n'y a personne et vous ne perdez qu'une poignée de minutes. Vous ressortez plus léger et vous pouvez quitter l'aire de transition pour attaquer votre marathon, rendez-vous au chapitre **166**.

199

Tout se passe parfaitement bien : vous réussissez à vider tout le contenu de la bombe par la valve. Vous voyez votre pneu reprendre forme. Vous faites tourner votre roue pour que le produit se répartisse uniformément.
Vous remontez sur votre vélo et repartez à votre rythme. Vous n'avez perdu que deux minutes et un sentiment de fierté vous emplit.
Les dizaines de kilomètres s'enchaînent sans embûche, vous parvenez à maintenir votre rythme jusqu'au parc à vélo.
Rendez-vous au chapitre **232**.

200

En entrant dans le parc à vélo, vous entendez un bénévole vous annonçant votre classement :
– 1784e.
Vous vous rappelez que vous étiez 2000 au départ. Vous n'en revenez pas que cette personne ait pu compter un par un les participants jusqu'à vous ! Vous le remercier en passant.
Vous arrivez au milieu de toutes ces rangées quasiment vides. Il reste quelques vélos seuls à attendre leurs propriétaires. Vous commencez à chercher le vôtre mais un doute s'installe dans votre esprit. Où est votre emplacement ? Vous n'êtes plus vraiment sûr.
Si vous décidez de chercher parmi les premières rangées, rendez-vous au chapitre **205**, *(mémorisez le numéro de chapitre actuel :* ***200*** *qui vous sera utile par la suite).*
Si vous préférez commencer à chercher votre vélo dans les rangées du milieu, rendez-vous au chapitre **323**, *(mémorisez le numéro de chapitre actuel :* ***200*** *qui vous sera utile par la suite).*
Si vous choisissez de partir dans les dernières rangées pour trouver votre emplacement, rendez-vous au chapitre **341**, *(mémorisez le numéro de chapitre actuel :* ***200*** *qui vous sera utile par la suite).*

201

Vous restez derrière elle et ne la quittez pas des yeux. Mais, absorbé par ce que vous voyez, vous ne pouvez pas éviter la branche morte au milieu du chemin que vos pieds viennent de heurter. Sans rien comprendre, vous vous retrouvez au sol, voyant votre muse s'éloigner, impuissant.

Vous vous relevez, votre genou saigne mais la plaie ne paraît pas profonde. Vous repartez, d'abord en marchant, puis en trottinant mais votre genou vous fait souffrir à chaque appui.
Vous boitez légèrement pour ne pas vous appuyer complètement sur votre jambe. Vous arrivez à hauteur d'un poste de secourisme.
Si vous décidez de vous arrêter pour vous faire soigner quitte à perdre du temps, rendez-vous au chapitre **500**.
Si vous préférez continuer de courir en espérant que la douleur passe d'elle-même, rendez-vous au chapitre **117**.

202

Vous vous arrêtez à côté des tables qui vous proposent une multitude de produit. Vous récupérez un bidon énergétique et un rempli d'eau. Avant de remonter sur votre vélo, vous mettez dans votre poche deux barres de céréales. Vous n'avez perdu que quelques secondes.
Dès les premiers coups de pédale, vous prenez le temps de bien vous hydrater et vous vous rendez compte que vous en aviez vraiment besoin. Vous buvez quasiment tout votre premier bidon.
Les derniers kilomètres filent. Vous vous sentez bien et parvenez à maintenir votre rythme habituel.
Vous arrivez au parc à vélo, rendez-vous au chapitre **52**.

203

Vous vous renversez le gobelet d'eau sur la tête, vous sentez les gouttes ruisseler sur votre coup et dans votre nuque jusqu'à atteindre votre buste. La fraîcheur de l'eau vous revigore et vous avez l'impression, l'espace d'un instant, d'être en pleine possession de vos moyens. Mais cet effet n'est que de courte durée et la chaleur assèche rapidement votre peau, faisant évaporer le peu d'humidité apporté par le ravitaillement.
Le soleil devient de nouveau votre pire ennemi et vous cherchez la moindre parcelle d'ombre pour trouver un peu de fraîcheur.
Cela fait seulement 500m que vous avez quitté le ravitaillement et le prochain est dans deux kilomètres.
Si vous décidez de revenir en arrière pour profiter du jet d'eau, rendez-vous au chapitre **356**.
Si vous préférez continuer jusqu'au ravitaillement suivant malgré la chaleur accablante, rendez-vous au chapitre **481**.

204

Vous avez changé d'avis et faites demi-tour. Vous aurez l'occasion de faire d'autres Ironman, vous ne voulez pas laisser l'amour de votre vie vous glisser entre les doigts.

Sur le chemin du retour, vous croisez un arbitre. Vous vous arrêtez et lui donnez votre dossard et votre puce pour lui signifier que vous abandonnez. Au bout de quelques minutes, vous arrivez enfin au ravitaillement de votre bien-aimée. Vous la cherchez du regard mais ne la voyez pas. Votre cœur bat à cent à l'heure. Paniqué de ne pas la trouver, vous demandez à un autre bénévole.

– Excusez-moi, il y a quelques minutes, il y avait une charmante bénévole, je ne la vois plus. Vous savez où elle est ?

L'homme réfléchit quelques secondes, surpris par votre question.

– Elle est partie. Je crois qu'elle est rentrée chez elle.

Vous vous détournez du bénévole pour ne pas qu'il voit votre désarroi. Vous ne pouvez retenir vos larmes. Ce sont des larmes de tristesse, évidemment mais aussi de fatigue et de colère.

Vous vous rendez compte que votre décision était idiote, ce coup de foudre ne devait pas être réciproque et maintenant que la réalité vient de vous frapper, vous ne pouvez plus finir votre course car vous avez donné votre dossard à un arbitre.

Vous rentrez en marchant jusqu'au parc à vélo. Votre triathlon s'arrête là.

205

Vous entrez dans la rangée mais vous ne trouvez pas votre vélo. Vous regardez les numéros de dossard, normalement vous devriez être par là. Vous revenez sur vos pas et apercevez enfin votre monture. Pendant cette recherche, vous n'avez pas eu la présence d'esprit de commencer à enlever votre combinaison.

En arrivant à votre serviette que vous aviez posée au sol, vous retirez le haut de votre tenue en néoprène sans difficulté. Mais arrivée à vos jambes, cela se corse : elle ne glisse pas du tout. C'est toujours compliqué, mais là c'est pire que d'habitude. Vous décidez de vous assoir quitte à perdre un peu de temps, mais de toute façon vous n'avez pas le choix !

Le combat continue au sol. Vous tirez de toutes vos forces pour vous libérer mais cela bloque encore plus au niveau de vos chevilles.

Alors que vous ne voyez plus de solution, songeant sérieusement à remettre votre combinaison entièrement et partir en vélo avec, votre voisin, sortant tout juste de l'eau et vous voyant baisser les bras, s'arrête près de vous :
– Tu as peut-être besoin d'un coup de main ?
Vous le regardez, ne sachant pas quoi dire. Sans attendre votre réponse, il vous attrape les pieds. Vous vous retrouvez allongé sur le dos, les jambes en l'air. Il tire alors sur la combinaison qui vous libère enfin de son emprise.
– Merci ! lui lancez-vous, les larmes aux yeux.
Il repart en vous faisant un signe de la main.
Vous pouvez enfin continuer votre transition en enfilant votre casque, vos chaussures et en prenant votre nécessaire pour la partie cycliste. Vous vous sentez heureux de pouvoir repartir même si vous avez perdu beaucoup de places dans cette péripétie.
Vous sortez du parc à vélo et montez sur votre monture.
Si vous venez du chapitre **296**, rendez-vous au chapitre **21**.
Si vous venez du chapitre **8**, rendez-vous au chapitre **21**.
Si vous venez du chapitre **86**, rendez-vous au chapitre **172**.
Si vous venez du chapitre **498**, rendez-vous au chapitre **321**.
Si vous venez du chapitre **315**, rendez-vous au chapitre **358**.
Si vous venez du chapitre **200**, rendez-vous au chapitre **276**.
Si vous venez du chapitre **345**, rendez-vous au chapitre **276**.
Si vous venez du chapitre **100**, rendez-vous au chapitre **276**.

206

Au moment de repartir pour le deuxième tour, vous relâchez votre effort et voyez le groupe de triathlètes vous distancer rapidement, très rapidement…peut être trop. Mais vous vous en fichez maintenant, vous n'avez plus de force dans les bras. D'ailleurs, vous n'arrivez plus à rester en crawl. Vous vous mettez en brasse pendant quelques minutes pour récupérer. Quelques nageurs vous doublent, étonnés de voir un brasseur à ce classement. Vous reprenez tranquillement le crawl mais la fatigue musculaire revient rapidement et vous décidez d'alterner les deux nages jusqu'à la fin.
Vous apercevez enfin la berge après un deuxième tour qui vous a semblé interminable.

Vous sortez de l'eau. Vous avez perdu beaucoup de places par rapport au premier tour mais bizarrement, vous vous sentez moins fatigué.
Rendez-vous au chapitre **498** pour votre première transition.

207

Malgré la douleur musculaire, la disparition de toute parcelle d'énergie dans votre corps et le risque que vous puissiez vous évanouir d'une seconde à l'autre, vous êtes poussé par la clameur des spectateurs, attiré comme un aimant par la ligne d'arrivée.
Cette dernière ligne droite est du pur bonheur ! Vous ne ressentez plus aucune fatigue, vous êtes euphorique. Les larmes aux yeux, vous vous rapprochez de cette ligne qui symbolise la fin de votre Ironman, de ces mois de préparation, de ce projet que vous pensiez irréalisable, mais vous y êtes et malgré ces heures à douter, vous comprenez pourquoi vous êtes là. Pour ces quelques secondes éphémères, futiles qui vous marqueront à vie.
Vous passez la ligne, vous recevez la médaille tant convoitée de finisher et soudain toutes les douleurs musculaires reviennent brutalement. Vous vous asseyez, le dos contre une barrière.
Vous souriez.
Vous avez terminé 1976[e] sur 2000, félicitations !

Prenez le temps de récupérer de votre course et relancez-vous dans une nouvelle lecture pour tenter de faire mieux !

208

Vous vous arrêtez à la hauteur de votre famille. Vous recevez beaucoup d'encouragements, ils vous serrent dans leurs bras, vous embrassent. Cela vous fait un bien fou et vous vous sentez revigoré.
Au bout de quelques minutes de chaleur humaine, vous êtes sur le point de remonter sur le vélo quand un de vos amis vous propose des manchettes car le temps se refroidit et que vous risquez d'avoir froid dans la descente qui va suivre.
Si vous décidez d'accepter les manchettes pour éviter de vous crisper sur le vélo à cause du froid, rendez-vous au chapitre **471**.

Si vous préférez refuser car vous n'avez pas froid et que vous ne saurez pas quoi en faire après la descente, rendez-vous au chapitre **428**.

209

Vous vous arrêtez au ravitaillement de la mi-course pour prendre le temps de bien vous hydrater et vous nourrir. Vous repartez, motivé comme jamais pour terminer cet Ironman.

Mais, alors que les kilomètres s'enchaînaient lentement mais sûrement, vous commencez à ressentir une douleur au ventre. Minute après minute, elle devient de plus en plus gênante.

Vous avez des difficultés pour continuer à courir, plié en deux. Vous voudriez vous arrêter pour vous soulager mais vous êtes en ville et vous ne voyez aucun coin discret.

Si vous décidez de vous arrêter malgré tout, rendez-vous au chapitre **184**.

Si vous préférez continuer en courant en espérant trouver un endroit plus propice, rendez-vous au chapitre **214**.

Si vous choisissez de continuer en marchant en espérant trouver un buisson, rendez-vous au chapitre **326**.

Si vous êtes tenté par vous soulager sur vous tout en continuant de courir, rendez-vous au chapitre **384**.

210

Vous savez que le bonnet est un élément obligatoire de la partie natation. Il faut que vous le portiez absolument.

Vous courez jusqu'au parc à vélo. Au moment où vous retrouvez votre emplacement, vous entendez le coup de pistolet du départ. Vous paniquez. Vous cherchez frénétiquement votre bonnet dans votre sac mais il n'y est pas !

Au bout de quelques instants de panique, vous le retrouvez finalement sous votre serviette.

Vous l'enfilez.

Si vous voulez rejoindre le départ en sprintant, rendez-vous au chapitre **512**.

Si vous voulez rejoindre le départ en courant, rendez-vous au chapitre **59**.

Si vous préférez rejoindre le départ en marchant car vous n'êtes pas à quelques secondes près, rendez-vous au chapitre **549**.

211

Vous mettez un gros braquet dès les premières minutes sur le vélo pour envoyer des watts et revenir rapidement sur vos concurrents directs et cela fonctionne. Vous avalez les triathlètes comme les kilomètres. Vous semblez ne pas participer à la même course tant la différence de vitesse est flagrante. Vous volez quand les autres rampent.

Mais cela ne dure qu'un temps et vous sentez la fatigue musculaire apparaître. Vous continuez votre effort, mais quelques kilomètres plus tard, vos mollets sont raides, sans doute à cause de la natation pensez-vous… Vous sentez qu'ils ne se décontractent quasiment plus et que vous êtes proche de la crampe.

Si vous décidez de continuer avec la même intensité en vous disant que cela va peut-être passer, rendez-vous au chapitre **517**.

Si vous choisissez de ralentir pour permettre à vos mollets de récupérer, quitte à perdre du temps et des places, rendez-vous au chapitre **300**.

Si vous préférez vous arrêter quelques instants pour vous étirer, rendez-vous au chapitre **426**.

212

Vous faites tomber une dent et vous sentez la puissance de vos jambes écraser les pédales. Vous avez toujours le réflexe de jeter un coup d'œil sur votre compteur qui reste éteint. Vous êtes frustré car vous avez vraiment l'impression d'envoyer des watts ! Ou peut-être que ce n'est qu'une impression et qu'en réalité vous vous trainez lamentablement. Mais les faits ne trompent pas : vous doublez coureurs après coureurs, l'effort que vous êtes en train de produire paye. Vous songez que vous êtes sans doute à un rythme plus élevé que prévu mais au moins vous vous faites plaisir. L'absence de compteur vous permet de ne plus avoir de données pour vous brider. Mais au fil des kilomètres, vos vieilles habitudes reviennent et vous aimeriez bien connaître au moins votre chrono depuis le début du parcours vélo. Vous appuyez sur le bouton « power » de votre compteur et, miracle, il se rallume. Vous ne comprenez pas pourquoi

mais vous vous en fichez, votre gadget fonctionne de nouveau et c'est le principal !
Quelques minutes plus tard, vous arrivez au 90e km, rendez-vous au chapitre **524**.

213

Vous continuez de courir seul. A ce moment de la course, les écarts sont tellement importants que vous ne voyez aucun concurrent devant et vous avez beau vous retourner, il n'y a personne non plus derrière. Sur ce chemin, seul, sans spectateur pour vous encourager, vous ne parvenez plus à maintenir votre rythme.
Il ne reste plus qu'une poignée de kilomètres mais cela vous semble interminable. Vous traversez un bois, la fraicheur des arbres vous apaise mais vous n'arrivez plus à accepter toutes ces douleurs que vous renvoie votre corps, vous marchez.
Quelques minutes plus tard, vous entendez votre compagnon de club vous encourager. Vous profitez de sa remontée pour vous remettre à courir. Il arrive à votre hauteur, vous tape dans le dos. Vous vous accrochez à sa foulée, mais c'est trop difficile, votre corps hurle de fatigue et votre cerveau, lui-même, est résigné. Vous laissez partir votre ami mais parvenez à continuer de courir.
Les derniers kilomètres sont un calvaire, mais vous arrivez malgré tout dans la dernière ligne droite, rendez-vous au chapitre **383**.

214

Vous persévérez et voulez absolument continuer de courir pour arriver plus vite à un endroit qui vous permettrait de vous soulager. Au bout de quelques minutes à courir sans efficacité, plié en deux, vous apercevez au loin la sortie de la ville avec des champs à gauche et un bois à droite. Mais le chemin pour y parvenir vous semble encore long, peut-être un kilomètre.
Si vous décidez d'y aller en marchant, rendez-vous au chapitre **334**.
Si vous préférez continuer de courir, rendez-vous au chapitre **84**.
Si vous choisissez de vous arrêter en ville, rendez-vous au chapitre **184**.

215

Sans attendre plus longtemps, vous jetez votre bidon avec la boisson infâme à l'intérieur. Vous vous dites que vous irez peut être un peu plus vite avec 500 grammes en moins.
Alors que vous vous remettez en position sur votre guidon de triathlète, vous entendez une moto d'arbitre monter à votre hauteur. Vous levez la tête et faites un signe amical d'un air innocent à l'homme en gris et blanc. Il vous tend alors un carton jaune, vous ne comprenez pas.
– Vous avez jeté un bidon hors d'une zone de propreté, vous devez vous remettre en conformité pour continuer la course, vous lance-t-il.
Vous n'êtes pas sûr de comprendre comment vous remettre en conformité. Vous voyant hésité, il continue :
– Vous devez ramasser votre bidon !
Le temps de discuter, vous avez bien fait un kilomètre depuis votre jeté de bidon. Vous gambergez, vous demandant si cela vaut la peine de perdre autant de temps à faire un aller-retour pour un bidon…ne vaut-il mieux pas continuer quitte à écoper d'un tour de pénalité à pied ?
Si vous décidez de continuer à rouler sans faire demi-tour, rendez-vous au chapitre **274**.
Si vous préférez aller chercher votre bidon et effectuer plus de deux kilomètres aller-retour, rendez-vous au chapitre **170**.

216

Vous partez vers l'inconnu. Vous essayez de faire une réelle introspection sur vos sensations, ce que vous dit votre corps mais par manque d'habitude, vous n'êtes pas certain de bien analyser votre course. Vous avez le sentiment de courir toujours à la même allure mais un doute persiste.
Au bout de quelques kilomètres, vous êtes complétement perdu. « Est-ce que je suis à la bonne vitesse ? Est-ce que je ne suis pas trop lent ? Est-ce que je vais finir dans les délais ou me faire éliminer ? ». Toutes ces questions vous font sortir de votre course et il vous faut réagir.
Si vous décidez d'accélérer, rendez-vous au chapitre **138**.
Si vous préférez ralentir, rendez-vous au chapitre **137**.

217

Vous réfrénez l'envie de vous retourner, vous obligeant à garder votre regard sur la route, droit devant vous.
Progressivement, au fil des kilomètres, vous remontez les concurrents un à un sans pour autant vous mettre dans le rouge.
Mais devant vous se profile un groupe de triathlètes prenant toute la largeur de la partie droite de la route. Vous arrivez à leur hauteur.
Si vous décidez de les doubler sur la gauche en coupant la ligne blanche continue, rendez-vous au chapitre **279**.
Si vous préférez ne pas prendre de risque et rester derrière eux à une distance réglementaire quitte à aller moins vite, rendez-vous au chapitre **28**.
Si vous choisissez de forcer le passage et de slalomer parmi les concurrents, rendez-vous au chapitre **329**.

218

Vous restez au milieu du groupe, toujours à la même place. Vous maintenez votre vigilance au maximum pour ne pas être gêné par vos concurrents mais de manière générale, votre poisson pilote fait bien son travail.
Progressivement, le groupe se disloque. Certains préférant nager sur le côté, d'autres, sans doute en surrégime, se sont fait larguer.
Vous terminez le parcours natation toujours dans les pieds du même nageur. Vous êtes assez satisfait de votre gestion de l'effort et vous êtes prêt à enchaîner avec le vélo.
Vous entrez dans l'aire de transition. Rendez-vous au chapitre **498**.

219

Vous vous rapprochez de l'arbitre pour pouvoir lui parler.
– J'avais le papier dans la main et je comptais le mettre dans ma poche mais il m'a échappé, tentez-vous de le convaincre.
– Non, je vous ai vu le jeter délibérément.
– Quel intérêt j'aurais à le jeter alors que je sais que c'est interdit ?
– Vous vous êtes dit que c'était le plus simple.
– Mais non, ça ne me demande aucun effort supplémentaire de le mettre dans ma poche.
La discussion se poursuit ainsi plusieurs minutes, chacun restant sur ses positions. Tout en parlementant, sans vous en rendre compte,

vous ralentissez, finissant même à être en roue libre. Des concurrents vous doublent, se retournant vers vous sans comprendre le sujet de votre discorde.
– Bon, ça suffit, vous avez fait une erreur, vous écopez d'une pénalité. Ça ne sert à rien d'en discuter des heures, conclut l'arbitre en partant.
Vous n'avez fait que perdre du temps avec cette conversation stérile.
Il ne vous reste plus que quelques kilomètres avant la zone de transition, vous n'arrivez pas à reprendre le temps perdu.
Vous arrivez au parc à vélo, rendez-vous au chapitre **36**.

220

A peine sorti du parc à vélo, vous rencontrez un arbitre qui, jetant un œil à sa fiche, vous indique que vous devez réaliser un tour de pénalité à pied. Déjà que vous devez courir un marathon, on vous rajoute quelques centaines de mètres supplémentaires.
Vous partez sur la boucle, vos jambes sont raides et vous avez des difficultés à courir normalement. Vos muscles répondent mal aux sollicitations que vous leur envoyez. Vous espérez que cela va passer dans les premiers kilomètres.
Le tour vous paraît interminable alors que vous voyez un grand nombre de concurrents en profiter pour passer devant vous et partir directement vers le marathon.
Après quelques minutes à vous traîner, vous terminez enfin la boucle de pénalité et commencez réellement votre marathon, rendez-vous au chapitre **392**.

221

Vous relevez la tête quelques secondes. Vous n'aimez pas cette sensation de perdre du temps mais vous vous rendez compte que cela était utile puisque vous ne voyez personne devant, seulement la rive droite d'une île qui ne ressemble ni à une bouée, ni à la zone d'arrivée.
De toute évidence, vous étiez en train de dériver. Vous regardez sur la gauche et apercevez au loin tous les concurrents qui continuent, eux, de nager vers la prochaine bouée sans se soucier de votre éloignement.
Vous revenez vous remettre dans le rang mais vous êtes lucide : vous avez perdu beaucoup de temps que vous n'arriverez pas à rattraper

avant la fin de la natation malgré vos efforts pour doubler un maximum de nageurs.
Vous arrivez sur la berge assez fatigué. Vous sortez de l'eau et entrez dans l'aire de transition.
Rendez-vous au chapitre **315** pour la suite de votre triathlon.

222

Vous mettez votre premier coup de pédale pour vous lancer dans les 180km de route qui s'ouvrent devant vous. Vous êtes heureux d'avoir terminé la partie natation mais vous savez que le chemin est encore long avant la ligne d'arrivée.
Jusque-là, vous êtes dans les premiers du classement, vous êtes grisé par cette situation.
Quelle va être votre stratégie pour ce début de parcours cycliste ?
Si vous choisissez de partir vite pour conserver votre classement et même gagner quelques places, rendez-vous au chapitre **183**.
Si vous préférez gérer votre effort pour récupérer de la natation et habituer votre corps à l'effort du cyclisme, rendez-vous au chapitre **398**.

223

Vous vous calez dans les pieds d'un nageur pour faire moins d'effort car vous savez que comme en vélo, l'effet d'aspiration existe aussi en natation. Mais nager dans un groupe n'est pas une chose innée.
Si vous savez comment vous positionner au mieux sans être gêné par les coups, rendez-vous au chapitre **273**.
Si vous êtes hésitant dans le déplacement à effectuer dans un groupe de nageurs, rendez-vous au chapitre **81**.

224

Vous continuez votre course mais vous ralentissez progressivement. Votre esprit est uniquement tourné vers ce verre de sirop tenu dans la main de ce spectateur. Vous imaginez l'eau se déverser dans votre corps, le plaisir que cela vous procurerait. Plongé dans vos pensées, vous ne remarquez même pas que maintenant vous marchez cherchant du regard un autre spectateur qui pourrait avoir une boisson entre ses mains. Vous regrettez de ne pas avoir bu celle qui

vous était destinée mais maintenant, elle est trop loin pour faire demi-tour.
Au bout de plusieurs longues minutes de marche, vous arrivez à un nouveau ravitaillement. Vous vous y arrêtez et avalez goulument plusieurs verres. Vous vous sentez revivre. Vous avez l'impression que vous pourriez boire les dizaines de verres qui sont posés sur les tables.
Une fois rassasié, vous repartez d'abord en marchant puis en trottinant. Vous vous sentez mieux et êtes prêt à affronter la suite de la course.
Vous arrivez au semi-marathon, rendez-vous au chapitre **490**.

225

Vous vous arrêtez et enlevez vos chaussettes trempées que vous jetez dans une poubelle. Vos pieds sont dans un sale état, ridés par l'humidité et rouge par les frottements. Vous remettez vos chaussures et repartez.
Les premières foulées sont agréables, vous vous sentez léger et les anciennes douleurs ont disparu. Mais quelques minutes plus tard, de nouveaux frottements apparaissent apportant de nouvelles ampoules encore plus douloureuses.
Votre chaussure est maintenant en sang et la douleur est telle que vous ne parvenez plus à courir. Vous êtes obligé de finir en marchant.
Plusieurs dizaines de minutes plus tard, vous apercevez la dernière ligne droite. Vous vous forcez à courir, rendez-vous au chapitre **305**.

226

Vous vous arrêtez de nouveau et repassez tout votre vélo au peigne fin mais vous ne trouvez toujours rien. Pourtant, ce bruit vient bien de quelque part !
Vous vous asseyez sur le trottoir, complétement démoralisé. Ce bruit est devenu en quelques kilomètres votre priorité. Votre manque de lucidité vous fait perdre le fil de votre course et vous restez planté assis pendant quelques minutes en tenant votre vélo d'une main.
Alors que vous regardez les concurrents passer devant vous, votre regard se pose sur une petite brindille à peine visible coincée entre votre roue avant et votre patin de frein. Comment ne l'avez-vous pas vu plus tôt ? Elle vous saute aux yeux maintenant !

Vous l'enlevez et l'observez quelques secondes dans votre main. Votre sentiment est mêlé de soulagement et de colère. Vous avez perdu tout ce temps pour cette brindille qui était finalement sous vos yeux. Vous la laissez tomber par terre et remontez sur votre vélo.
Vous repartez sans ce bruit entêtant que vous entendiez depuis votre chute. Progressivement, vous vous reconcentrez sur votre course.
Vous arrivez au 90e km, rendez-vous au chapitre **161**.

227

Vous annoncez à un des bénévoles votre numéro de dossard. Il part, sans attendre derrière les tables où tous les sacs sont posés au sol, dans l'ordre des numéros. Vous le voyez chercher pendant quelques secondes, soulevant plusieurs sacs pour voir si le vôtre ne se cache pas en-dessous, mais il revient les mains vides.
– Je ne trouve pas votre sac.
– Cherchez-le encore, il y est forcément ! Répondez-vous en essayant de garder votre sang froid.
Il repart, déterminé à vous ramener votre bien. Cette fois, il ne cherche plus seulement dans les numéros proches du vôtre, vous le voyez chercher dans toute la rangée, prenant le temps de vérifier chaque sac.
Quelques minutes plus tard, il revient, désolé.
– Je n'ai toujours rien trouvé… Vous êtes sûr d'avoir mis votre sac bleu dans le camion jaune ?
Alors que vous êtes sur le point de vous énerver, vous vous rappelez soudain avoir mis le sac vélo dans un camion blanc.
– Je l'ai mis dans un camion blanc.
– Il vous attend alors sur le marathon.
Vous êtes agacé alors que le bénévole part servir d'autres concurrents. Vous comptiez sur ce ravitaillement pour vous redonner des forces mais là, vous vous sentez perdu et vous ne savez pas quoi faire.
Si, guidé par votre colère, vous décidez de prendre discrètement le sac d'un autre concurrent et de partir, rendez-vous au chapitre **445**.
Si vous préférez prendre les produits étalés sur les tables de ravitaillement même si vous ne les avez jamais testés, rendez-vous au chapitre **90**.

228

Vous n'avez pas le temps de réfléchir que le départ est donné !
Les centaines de triathlètes s'élancent dans l'eau vous emportant avec eux. Le stress monte. Comment allez-vous réussir à nager sans lunettes vous qui ne pouvez même pas ouvrir les yeux sous l'eau ?
Vous entrez dans l'eau et marchez le plus longtemps possible. Vous repoussez le moment fatidique où il faudra nager.
La pente est douce mais là, vous n'avez plus le choix, vous poussez sur vos jambes pour vous élancer.
Quelle stratégie voulez-vous adopter ?
Si vous choisissez de nager en crawl les yeux fermés, rendez-vous au chapitre **364**.
Si vous préférez nager en crawl avec les yeux ouverts, rendez-vous au chapitre **454**.
Si vous décidez d'alterner crawl et crawl polo (tête sortie de l'eau) rendez-vous au chapitre **468**.
Si vous optez pour « emprunter » les lunettes d'un concurrent, rendez-vous au chapitre **34**.

229

Vous vous dites que la journée va être longue et que vous n'êtes pas à quelques minutes près.
Vous revenez à votre emplacement. En quelques secondes vous vérifiez votre matériel vélo et course à pied, tout est là. Mais alors que vous alliez repartir, vous vous apercevez que vous n'avez pas vos lunettes de natation. Vous fouillez dans votre sac et les trouvez rapidement. Vous sprintez jusqu'au départ. Les triathlètes ne se sont pas encore élancés, vous avez le temps de vous frayer un chemin en jouant des coudes jusqu'à atteindre le milieu du peloton.
– PAN !
Le départ est donné, vous vous élancez dans l'eau entouré de dizaines de triathlètes qui n'ont qu'une seule envie : vous piétiner !
Rendez-vous au chapitre **127**.

230

Malgré la douleur musculaire, la disparition de toute parcelle d'énergie dans votre corps et le risque que vous puissiez vous

évanouir d'une seconde à l'autre, vous êtes poussé par la clameur des spectateurs, attiré comme un aimant par la ligne d'arrivée.
Cette dernière ligne droite est du pur bonheur ! Vous ne ressentez plus aucune fatigue, vous êtes euphorique. Les larmes aux yeux, vous vous rapprochez de cette ligne qui symbolise la fin de votre Ironman, de ces mois de préparation, de ce projet que vous pensiez irréalisable, mais vous y êtes et malgré ces heures à douter, vous comprenez pourquoi vous êtes là. Pour ces quelques secondes éphémères, futiles qui vous marqueront à vie.
Vous passez la ligne en compagnie de votre ami, vous recevez la médaille tant convoitée de finisher et soudain toutes les douleurs musculaires reviennent brutalement. Vous vous asseyez, le dos contre une barrière.
Vous souriez.
Vous avez terminé 124e sur 2000, félicitations !

Prenez le temps de récupérer de votre course et relancez-vous dans une nouvelle lecture pour tenter de faire mieux !

231

Vous repartez mais la colère est bien présente. Vous en voulez au monde entier et à commencer par vos concurrents qui, eux, ont vraiment triché. Vous n'êtes plus du tout concentré sur votre course, ni votre allure. Vous ressassez dans votre tête ce qu'il s'est passé, vous bougonnez à messe basse comme si vous aviez besoin que ça sorte de vous. Vous vous sentez incompris. Vous êtes le seul à avoir raison mais personne n'a voulu vous écouter.
En un mot, vous boudez.
Sans vous en rendre compte, vous perdez du temps et des triathlètes en profitent pour vous doubler. A chaque concurrent qui vous passe, vous avez envie de l'insulter pour la triche éventuelle qu'il a pu faire ou qu'il fera.
C'est seulement arrivé au 90e km que vous vous recentrez sur votre course. Rendez-vous au chapitre **116**.

232

Vous arrivez dans l'aire de transition. Vous posez pied à terre avant la ligne signalant l'entrée du parc à vélo.

Le même bénévole qu'à la sortie de l'eau vous crie votre classement :
– 1502e !
Vous savez qu'il faut rester lucide lors de cette transition pour ne pas perdre de temps ni faire d'erreur. Mais la fatigue est bien présente et parfois on ne parvient pas à tout contrôler.
Choisissez un des chapitres suivants pour savoir comment va se dérouler votre transition :
Rendez-vous au chapitre **29** *(mémorisez le numéro de chapitre actuel :* ***232*** *qui vous sera utile par la suite).*
Rendez-vous au chapitre **254** *(mémorisez le numéro de chapitre actuel :* ***232*** *qui vous sera utile par la suite).*
Rendez-vous au chapitre **48** *(mémorisez le numéro de chapitre actuel :* ***232*** *qui vous sera utile par la suite).*
Rendez-vous au chapitre **477** *(mémorisez le numéro de chapitre actuel :* ***232*** *qui vous sera utile par la suite).*

233

Alors que vous êtes sur le point de doubler un nouveau concurrent, vous relâchez votre effort, changez de braquet pour vous glisser à une dizaine de mètres du triathlète. Vous vous calez sur son rythme. Vous sentez vos cuisses se détendre un peu et prenez le temps de vous hydrater et de vous alimenter.
Au fil des kilomètres, même si l'envie ne manque pas de repartir de plus belle pour montrer à ces concurrents qui vous êtes, vous restez concentré sur votre plan : finir la partie cyclisme dans un état de fraicheur vous permettant de bien aborder la course à pied.
En arrivant au parc à vélo, vous avez la sensation que vous avez rempli votre contrat, mais on ne sait jamais comment le corps peut réagir avec le marathon. Rendez-vous au chapitre **52**.

234

Vous tournez le dos au public, qui ne comprend pas, et replongez dans l'eau. Vous savez que vous avez beaucoup de retard et que vous ne pouvez plus vous permettre de perdre du temps.
Vous vous concentrez sur votre technique pour être efficace. Vous sentez vos muscles qui travaillent mais il est trop tard pour penser à vous préserver, il faut songer à terminer la natation dans les temps !

Vous terminez la première boucle sans n'avoir doublé aucun nageur, vous commencez à stresser. Et si vous aviez pris trop de retard ? Si la course s'arrêtait là pour vous à cause d'une erreur toute bête ?
Vous êtes dans vos pensées lorsque vous doublez un retardataire. Votre motivation est alors décuplée et vous livrez toutes vos forces dans la bataille. Vous dépassez allégrement les moins bons nageurs, sans un regard, sans un geste.
Vous terminez la deuxième boucle, fatigué. Vous angoissez de vous faire stopper par un arbitre pour motif : hors délai.
Rendez-vous au chapitre **100** pour connaître la suite de votre course.

235

Vous essayez tant bien que mal de garder ce rythme élevé. Vos muscles vous brûlent, vous sentez votre corps puisant dans ses ressources. Vous êtes à la limite de la rupture, mais le mental est toujours là. Vous doublez toujours autant de coureurs et cela vous permet de ne pas craquer. Alors que vous songez à ralentir et même à marcher, soudain vous vous sentez mieux, plus léger. Vous ne comprenez pas, peut-être est-ce le dernier ravitaillement qui vous a fait du bien, mais vous retrouvez les jambes que vous aviez il y a quelques kilomètres.
Maintenant, vous ne voyez plus ce qui pourrait vous arrêter.
Si vous décidez de ralentir malgré tout, rendez-vous au chapitre **437**.
Si vous préférez maintenir cette allure élevée, rendez-vous au chapitre **107**.

236

Vous faites rapidement le tour de ce dont vous avez besoin pour la natation : combinaison : check, bonnet : check, lunettes : check, montre : check.
C'est bon tout est là, vous êtes rassuré.
Il ne reste plus qu'une poignée de secondes pour vous placer comme vous le désirez.
Si au moment du départ, vous préférez partir devant, rendez-vous au chapitre **503**.
Si vous choisissez de partir au milieu du peloton, rendez-vous au chapitre **127**.

237

Si vous êtes allé aux toilettes avant ou pendant le triathlon, rendez-vous au chapitre **449** pour le début du marathon.
Si vous n'êtes pas encore allé aux toilettes, au moment de quitter le parc à vélo, vous sentez vos intestins hurler brusquement. Vous vous mettez à marcher, plié en deux. Vous savez qu'il vous sera impossible de partir sur la course à pied dans cet état.
Vous faites demi-tour et vous vous dirigez jusqu'aux toilettes installées dans le parc à vélo. Il y a quelques personnes qui attendent devant, vous n'avez pas d'autres choix que de prendre votre mal en patience. Quelques minutes plus tard, vous vous retrouvez enfin assis pour vous libérer de ce poids. Une fois cette tâche réalisée, vous vous sentez plus léger et vous pouvez quitter l'aire de transition pour attaquer votre marathon, rendez-vous au chapitre **463**.

238

Une fois le ravitaillement du 90e km passé, vous reprenez votre allure. La monotonie de la course s'installe et vous commencez à trouver que les kilomètres défilent de plus en plus lentement. Malgré tout, vous tentez de rester concentré sur votre allure pour ne pas tomber dans un faux rythme.
A cette vitesse, vous doublez peu de concurrents et peu de triathlètes vous dépassent. Néanmoins, vous revenez progressivement sur une triathlète qui vous paraît jolie.
Au moment où vous la doublez et que vous passez devant elle, une envie vous pousse à vous retourner pour regarder son visage.
Si vous décidez de vous retourner pour lui sourire, rendez-vous au chapitre **57**.
Si vous préférez continuer sans prêter attention à cette charmante sportive, rendez-vous au chapitre **351**.

239

Vous entrez dans le parc à vélo en marchant. Un bénévole vous crie votre classement :
– 612e.
Vous vous rappelez que vous étiez 2000 au départ. Ce n'est pas si mal vous dites-vous, mais à quel prix allez-vous payer ces efforts ?

Vous essayez de reprendre votre souffle et de détendre vos bras. Vous avez des difficultés encore à vous déplacer sans tituber, mais vous levez la tête et observez pendant quelques secondes les centaines de vélo devant vous. Où avez-vous pu ranger le vôtre ?
Vous décidez de vous diriger dans les rangées du milieu pour retrouver votre vélo, rendez-vous au chapitre **323**, *(mémorisez le numéro de chapitre actuel :* ***239*** *qui vous sera utile par la suite).*

240

Vous le remerciez en lui expliquant que vous n'avez pas le droit d'accepter d'aide extérieure.
Vous persistez sur votre chaîne pendant encore plusieurs minutes, sans succès. Vous sentez la colère monter en vous, vous seriez prêt à jeter de rage votre vélo dans le fossé. Vous préférez vous écarter et prendre quelques secondes pour souffler… de toute façon, vous n'êtes plus à ça près. En faisant quelques pas le long de la route pour vous calmer, vous voyez une brindille métallique au sol, vous la saisissez et revenez à genou devant votre vélo. Vous glissez facilement le bout de métal derrière les plateaux et réussissez à débloquer votre chaîne. Vous terminez par la remettre en place sur votre petit plateau et remontez sur votre monture. Vous vous sentez libéré et profitez d'autant plus de ce moment d'euphorie.
En haut de cette côte, vous regardez votre chrono : vous avez perdu tout ce que vous aviez gagné, la prochaine barrière horaire est proche. Vous arrivez au 90e km, rendez-vous au chapitre **169**.

241

Vous serrez les dents et continuez de courir malgré vos jambes qui deviennent de plus en plus lourdes. Les kilomètres s'enchaînent et vous ne craquez pas.
Vous arrivez au ravitaillement du huitième kilomètre où vous prenez de quoi vous désaltérer. En repartant, vos jambes sont raides et vous sentez un début de crampe au mollet gauche. Vous regardez votre montre, vous avez réussi à grappiller quelques minutes sur la barrière horaire.
Si vous décidez de continuer de courir, rendez-vous au chapitre **484**.
Si vous préférez marcher le temps que vos jambes se décontractent, rendez-vous au chapitre **483**.

Si vous choisissez de vous arrêter pour vous étirer, rendez-vous au chapitre **97**.

242

Vous voulez absolument remonter un maximum de concurrents pour figurer au mieux au classement général. Vous vous fixez sur le triathlète devant vous et ne le lâchez plus des yeux. Vous remontez sur lui et le dépassez. Vous vous projetez ensuite sur le coureur suivant et doublez un grand nombre de concurrents en peu de temps. Vous ne relâchez pas votre effort, vous vous rendez compte que votre tactique de course fonctionne alors vous en profitez.
Alors que votre progression semble fulgurante, vous entendez le souffle d'un triathlète se rapprocher de vous. Quelques secondes plus tard, il est à votre hauteur et daigne vous doubler sans même un regard. Vous êtes piqué au vif, comment peut-il vous passer alors que votre allure est rapide ?
Si vous décidez de prendre sa foulée, rendez-vous au chapitre **486**.
Si vous préférez garder votre rythme, rendez-vous au chapitre **453**.
Si vous choisissez de ralentir, rendez-vous au chapitre **42**.

243

Dès les premiers kilomètres, vous vous concentrez sur la gestion de votre allure dans le but de souffrir le moins possible. A chaque ravitaillement, vous prenez le temps de vous restaurer, de profiter de cet événement et de discuter avec les bénévoles.
Kilomètre après kilomètre, vous voyez les autres concurrents vous doubler. Vous vous sentez bien mais vous n'avez pas vraiment envie d'accélérer, vous voulez garder cet état de plénitude dans lequel vous semblez être. Mais le semi-marathon approche avec sa barrière horaire et même si vous aviez un peu de marge en partant sur le marathon, vous commencez à redouter de ne plus être très loin.
Alors qu'un nouveau concurrent vous double, vous hésitez.
Si vous décidez de prendre sa foulée pour vous motiver, rendez-vous au chapitre **20**.
Si vous préférez continuer à votre rythme en vérifiant régulièrement votre chrono pour ne pas vous faire éliminer, rendez-vous au chapitre **13**.

244

Vous marchez lentement jusqu'au prochain ravitaillement, tel un zombie à la recherche d'un corps bien frais.
Vous arrivez à la table où vous sont proposés un choix d'aliments et de boissons. Vous prenez plusieurs verres d'eau que vous vous jetez au visage les uns après les autres pour vous rafraichir. Vous en buvez quelques-uns accompagnés de morceaux de fruits.
Vous prenez le temps de retrouver vos esprits. Vous vous remettez à marcher quelques minutes. Vous sentez votre corps récupérer progressivement et parvenez à trottiner de nouveau.
Au bout de quelques kilomètres, vos sensations se sont encore améliorées.
Vous arrivez au semi-marathon, rendez-vous au chapitre **209**.

245

Les coups s'enchaînent mais cela ne vous perturbe pas. Vous avez l'habitude et vous savez que cela fait partie de ce sport. Votre nage est aussi propre qu'elle peut l'être au milieu d'autres nageurs.
Vous continuez de vous faire doubler, mais ils sont de moins en moins nombreux ceux qui en sont capables.
Au bout de quelques minutes, vous sentez que vous êtes à votre niveau. Les nageurs à vos côtés vont à la même vitesse que vous.
Vous vous dites que c'est le moment de nager dans les pieds d'un concurrent pour profiter de son courant. Un triathlète est juste à côté de vous. Vous vous décalez jusqu'à arriver dans les éclaboussures de ses battements. Mais la technique du drafting en natation n'est pas innée.
Si vous avez l'habitude de nager en groupe, rendez-vous au chapitre **521**.
S'il ne vous arrive quasiment jamais de nager à plusieurs, rendez-vous au chapitre **47**.

246

En quelques secondes, comme par magie, cet homme que vous ne connaissez pas a remis votre chaîne en place. Vous lui serrez la main chaleureusement et êtes sur le point de repartir lorsque vous entendez une moto près de vous. Vous levez la tête mais vous avez déjà compris.

Un arbitre se dresse devant vous et vous pointe un carton rouge juste devant vos yeux. Vous avez l'impression de recevoir un coup de poing.
Vous ne demandez pas pourquoi, vous n'essayez pas de vous justifier. La règle est simple : vous n'avez pas le droit à une aide extérieure.
Vous êtes disqualifié, votre triathlon s'arrête là.

247

Vous continuez de pédaler mais le bruit est de plus en plus présent, de plus en plus fort. Vous ne savez pas si c'est psychologique ou non mais vous avez l'impression de devoir appuyer de plus en plus fort sur les pédales pour réussir à maintenir votre allure.
Si vous décidez de vous arrêter pour vérifier votre vélo, rendez-vous au chapitre **77**.
Si vous préférez continuer de rouler pour ne pas perdre de temps inutilement, rendez-vous au chapitre **152**.

248

Vous essayez de vous concentrer sur vos sensations mais cela fait tellement longtemps que vous utilisez les informations de votre compteur pour vous réguler que vous n'êtes plus capable d'analyser ce que votre corps vous dit. Les concurrents continuent de vous doubler, est ce que c'est normal ? Est-ce que vous n'êtes pas en sous-régime ? Est-ce que ce sont eux qui sont trop rapides ? Toutes ces questions vous perturbent et vous perdez pied.
Alors que vous passez devant le panneau du 60e kilomètre, vous demandez à un triathlète qui est en train de vous passer depuis combien de temps il roule, pour pouvoir calculer votre vitesse depuis le départ. Mais, en vous entendant poser cette question, vous vous rendez compte qu'elle est ridicule. Ce que vous allez calculer est sa vitesse, non la vôtre. Peut-être est-il sorti dernier de l'eau mais il pourrait être particulièrement doué à vélo. En restant dans vos pensées, vous n'entendez même pas sa réponse et il vous a déjà pris une dizaine de mètres.
Vous devez vous reprendre en main sans vous appuyer sur un compteur ou sur les autres.
Si vous décidez d'accélérer, rendez-vous au chapitre **424**.

Si vous préférez garder le même rythme, rendez-vous au chapitre **294**.

249

Vous décidez tout de suite de mettre un gros braquet pour remonter rapidement les concurrents.
Et cela fonctionne, kilomètre après kilomètre, vous montrez aux autres qui est le plus fort. Mais de se faire doubler à toute vitesse, cela peut énerver ou tout du moins donner envie à ces triathlètes plus lents que vous de rester dans votre roue. Au bout de plusieurs kilomètres, vous entendez des bruits de dérailleurs et parfois de roue libre derrière vous. Vous vous retournez et comprenez que vous êtes suivi de très près, trop même : quatre concurrents sont en train de vous sucer la roue.
Si vous décidez de demander un relais parce que vous aussi vous voulez profiter de l'aspiration, rendez-vous au chapitre **259**.
Si vous choisissez de produire une accélération franche pour vous détacher de ce petit groupe de suiveurs, rendez-vous au chapitre **269**.
Si vous préférez ralentir nettement pour les laisser partir devant et ne pas prendre leur roue, rendez-vous au chapitre **385**.

250

Vous avez encore de bonnes sensations mais vous préférez ralentir un peu pour être sûr d'être en forme pour le reste de la course.
Vous barbotez tranquillement dans cette eau limpide. Vous levez la tête et profitez du paysage regrettant même de ne pas avoir d'appareil photo pour immortaliser ce moment !
Quelques nageurs isolés vous doublent. Ils ne vont vraiment pas vite mais visiblement vous allez encore moins vite qu'eux. Vous les encouragez ou leur faites un sourire pour les motiver.
Vous alternez entre la brasse et même parfois le dos pour regarder les triathlètes sortir de l'eau en courant, se dirigeant vers l'aire de transition.
A la bouée, vous faites demi-tour et vous apercevez au loin la fin de la partie natation. Vous vous sentez vraiment bien et vous dites que ce triathlon va être un régale jusqu'au bout.

Après de très longues minutes dans l'eau, vous arrivez enfin au bout du parcours. Vous vous levez et vous dirigez vers le parc à vélo sous les encouragements du public.
Un arbitre s'approche alors de vous :
– Désolé, vous ne pourrez pas partir en vélo.
Vous êtes stupéfait, vous ne comprenez pas.
L'homme à la veste rayée noire et blanche continue sans vous laisser le temps de parler :
– Vous avez dépassé la barrière horaire qui était fixée pour la natation, je suis obligé de vous retirer votre dossard.
Vous le laissez faire, ébahi. Vous regardez alors votre chrono et comprenez : vous avez mis plus de 2h30 pour nager les 3.8km alors que la barrière était à 2h.
Votre triathlon s'arrête ici. Vous êtes terriblement frustré car vous vous sentiez en forme aujourd'hui !

251

La sensation de brûlure dans les yeux se fait de plus en plus intense. Vous vous arrêtez plusieurs fois pour vous frotter les yeux mais ça n'arrange rien. Vous n'arrivez plus à vous concentrer sur votre nage tellement la douleur est omniprésente.
Quelques minutes plus tard, vous vous arrêtez complétement pour vous redresser. Votre vision est trouble, la sensation de brûlure est intense.
Un bateau se rapproche de vous et le secouriste à bord comprend tout de suite le problème. Il vous fait monter avec lui et vous emmène aux urgences.
Votre triathlon s'arrête là, au bout de seulement quelques minutes de natation…

252

Vous vous calez dans la roue du dernier triathlète du groupe. Vous ressentez tout de suite la différence, vous êtes à l'abri du vent et vos mollets vous en remercient. Le compteur s'affole alors que vos jambes récupèrent.
Au bout de quelques kilomètres à pédaler sans effort et à doubler un bon nombre de compétiteurs isolés, vous vous dites que finalement, ce n'est pas si mal de drafter, avant que le sentiment de culpabilité ne vous rattrape. Mais vous n'avez pas le temps d'avoir d'état d'âme que

vous entendez une moto approcher. Vous comprenez immédiatement la situation et vous vous laissez décrocher rapidement du groupe…mais trop tard. L'arbitre arrive à votre hauteur et vous sanctionne d'un carton bleu ; vous aurez une boucle de pénalité à réaliser à pied.
Le groupe se disperse et vous continuez seul à rouler face au vent.
Vous arrivez au 90e km, rendez-vous au chapitre **389**.

253

Vous vous éloignez des autres nageurs pour pouvoir être tranquille sur le côté.
Vous êtes enfin seul, à l'aise dans vos mouvements. Vous retrouvez votre technique habituelle, vous vous sentez bien.
Cela fait maintenant deux, trois minutes que vous nagez sans lever la tête, vous avez le sentiment que votre trajectoire est rectiligne. Vous ne voulez pas rompre cette harmonie qui vient de s'installer entre votre corps et l'eau.
Si vous décidez de continuer de nager sans relever la tête pour gagner du temps, rendez-vous au chapitre **418**.
Si vous préférez casser votre horizontalité pour regarder devant vous, rendez-vous au chapitre **461**.

254

Vous commencez à courir à côté de votre vélo. Vous avez laissé vos chaussures accrochées à vos cales pour gagner du temps mais l'une d'entre elles tape contre le sol et se décroche de votre pédale. Vous êtes obligé de vous arrêter pour revenir en arrière et la récupérer.
Vous continuez de trottiner en vérifiant que la deuxième chaussure ne va pas se décrocher. Quand vous relevez la tête, vous avez l'impression que vous êtes allé trop loin et que vous avez raté votre rangée. Vous revenez sur vos pas et trouvez enfin votre emplacement.
Vous posez votre vélo, votre casque. En vous penchant, vous sentez des crampes monter au niveau de vos cuisses. Vous prenez un instant pour vous étirer les muscles raides…c'est-à-dire tous vos muscles. Une fois ces mouvements réalisés, vous finissez de boire votre bidon d'eau.
Vous mettez vos chaussures de course et une casquette.

Vous pouvez enfin vous diriger vers la sortie du parc à vélo en trottinant et en ayant perdu un peu de temps.
Si vous venez du chapitre **501**, rendez-vous au chapitre **255**.
Si vous venez du chapitre **105**, rendez-vous au chapitre **62**.
Si vous venez du chapitre **45**, rendez-vous au chapitre **547**.
Si vous venez du chapitre **36**, rendez-vous au chapitre **64**.
Si vous venez du chapitre **87**, rendez-vous au chapitre **14**.
Si vous venez du chapitre **16**, rendez-vous au chapitre **78**.
Si vous venez du chapitre **482**, rendez-vous au chapitre **14**.
Si vous venez du chapitre **232**, rendez-vous au chapitre **78**.
Si vous venez du chapitre **52**, rendez-vous au chapitre **317**.
Si vous venez du chapitre **373**, rendez-vous au chapitre **108**.
Si vous venez du chapitre **446**, rendez-vous au chapitre **198**.
Si vous venez du chapitre **122**, rendez-vous au chapitre **506**.

255

Si vous êtes allé aux toilettes avant ou pendant le triathlon, rendez-vous au chapitre **173** pour le début du marathon.
Si vous n'êtes pas encore allé aux toilettes, au moment de quitter le parc à vélo, vous sentez vos intestins hurler brusquement. Vous vous mettez à marcher, plié en deux. Vous savez qu'il vous sera impossible de partir sur la course à pied dans cet état.
Vous faites demi-tour et vous vous dirigez jusqu'aux toilettes installées dans le parc à vélo. Il y a quelques personnes qui attendent devant, vous n'avez pas d'autres choix que de prendre votre mal en patience. Quelques minutes plus tard, vous vous retrouvez enfin assis pour vous libérer de ce poids. Une fois cette tâche réalisée, vous vous sentez plus léger et vous pouvez quitter l'aire de transition pour attaquer votre marathon, rendez-vous au chapitre **178**.

256

Vous ne ralentissez quasiment pas et tendez le bras droit pour attraper un bidon que vous propose un bénévole. Mais vous ne parvenez pas à agripper le bidon qui vous glisse des mains. Vexé de la situation et ne voulant pas paraître ridicule, vous ne vous arrêtez pas en protestant contre la maladresse du bénévole...alors que vous savez très bien que c'est en grande partie de votre faute.
Vous continuez donc de rouler, la bouche et la gorge sèches.

Kilomètre après kilomètre, sans réellement vous en rendre compte, votre allure diminue. Vous vous faites doubler progressivement par d'autres concurrents mais vous ne parvenez pas à réagir.
Au bout de plusieurs dizaines de minutes, vous arrivez à un nouveau ravitaillement où vous n'hésitez pas à vous arrêter. Vous buvez un bidon en entier et en prenez deux autres sur votre vélo. Vos sensations reviennent mais il ne reste plus assez de kilomètres pour rattraper votre retard.
Vous arrivez finalement au parc à vélo, rendez-vous au chapitre **446**.

257

Vous poussez sur vos jambes et commencez à enchaîner les foulées. Vous semblez réveiller votre cerveau qui s'était mis en pause. Toutes les sensations reviennent : la fatigue musculaire et psychologique, les tensions articulaires, mais vous avancez et plus les kilomètres s'enchaînent, plus vous vous sentez de nouveau pleinement dans votre course, avec l'envie d'en démordre. Il vous fallait juste du temps pour que votre corps se réveille.
Vous arrivez au semi-marathon, rendez-vous au chapitre **128**.

258

Malgré la douleur musculaire, la disparition de toute parcelle d'énergie dans votre corps et le risque que vous puissiez vous évanouir d'une seconde à l'autre, vous êtes poussé par la clameur des spectateurs, attiré comme un aimant par la ligne d'arrivée.
Cette dernière ligne droite est du pur bonheur ! Vous ne ressentez plus aucune fatigue, vous êtes euphorique. Les larmes aux yeux, vous vous rapprochez de cette ligne qui symbolise la fin de votre Ironman, de ces mois de préparation, de ce projet que vous pensiez irréalisable, mais vous y êtes et malgré ces heures à douter, vous comprenez pourquoi vous êtes là. Pour ces quelques secondes éphémères, futiles qui vous marqueront à vie.
Vous passez la ligne, vous recevez la médaille tant convoitée de finisher et soudain toutes les douleurs musculaires reviennent brutalement. Vous vous asseyez, le dos contre une barrière.
Vous souriez.
Vous avez terminé 1920e sur 2000, félicitations !

Prenez le temps de récupérer de votre course et relancez-vous dans une nouvelle lecture pour tenter de faire mieux !

259

Au bout de plusieurs signes de votre part pour demander un relais, un triathlète passe à côté de vous sans un regard et se place juste devant vous. Brutalement, tout est différent : vous ne devez plus lutter contre le vent, la force appliquée aux pédales n'est plus la même, vous avez l'impression de maintenant les effleurer au lieu de les écraser.
Vous profitez de ce moment de répit pour vous hydrater et récupérer.
Alors que vous étiez en train d'avaler un gel énergétique, une moto surgit à côté du groupe sans que vous ne l'ayez entendu. L'arbitre sort un carton bleu pour tous les membres du groupe sauf pour celui qui vient de prendre le relais et qui est devant.
Vous êtes outré ! Alors que tous ces triathlètes étaient calés derrière vous pendant des kilomètres, vous vous faites prendre au moment où vous vous êtes mis à l'abri…
Si vous décidez d'en discuter avec l'arbitre pour ne pas écoper de ce carton, rendez-vous au chapitre **167**.
Si vous préférez ruminer dans votre coin et continuer à rouler seul, rendez-vous au chapitre **175**.

260

Même si vous savez que vous êtes dans les derniers, vous gardez ce même rythme de nage. Vous êtes conscient que c'est une nage que vous ne pratiquez pas souvent à l'entraînement et qu'il est préférable de ne pas trop forcer pour ne pas déclencher des crampes.
Vous vous trouvez un petit groupe avec qui parcourir cette deuxième boucle. Vous discutez même un peu avec un ou deux d'entre eux, de la course, de vos sensations. Vous profitez de ce moment de partage pendant la course.
Le retour se fait, vous semble-t-il, plus rapidement que lors de la première boucle et vous arrivez déjà sur la berge, souhaitant bon courage à vos compagnons de baignade.
Rendez-vous au chapitre **200** pour la suite de votre triathlon.

261

Vous serrez les dents et faites preuve d'abnégation pour parvenir à accélérer. Vous donnez l'ordre à vos jambes d'agrandir la foulée, ce qu'elles font dans la souffrance. Mais cela ne dure que quelques poignées de secondes, au bout de 200m, vous êtes stoppé net par deux crampes, une dans chaque jambe. Vous êtes obligé de vous arrêter, vous ne savez pas comment vous tenir pour décontracter vos muscles. Vous souffrez quelques instants avant que, naturellement, vos cuisses se relâchent.
Vous marchez en boitillant jusqu'au ravitaillement suivant. Vous prenez le temps de boire plusieurs verres d'eau avant de repartir. Vous tentez de courir mais vos jambes vous rappellent immédiatement à l'ordre. Il va falloir terminer en marchant.
Les derniers kilomètres sont longs, très longs et vous ne pouvez rien faire face aux concurrents qui vous doublent.
Vous arrivez enfin dans la dernière ligne droite, rendez-vous au chapitre **401**.

262

Malgré la douleur et le manque de souplesse de vos muscles, vous accélérez, forçant vos jambes à coups de fouet psychologiques. Vous êtes crispé et tout votre corps vous fait souffrir mais vous voulez passer cette ligne d'arrivée dans les temps.
Avec cette allure, vous parvenez à doubler des concurrents et cela vous permet de persister dans votre stratégie.
Vous arrivez enfin dans la dernière ligne droite, rendez-vous au chapitre **479**.

263

Vous appuyez encore plus fort sur l'eau et vous doublez rapidement les nageurs avec lesquels vous étiez. La sensation est grisante et vous vous fixez déjà un autre groupe à rattraper. Vos bras commencent à hurler leur fatigue mais vous ne craquez pas. Vous revenez rapidement sur le groupe, puis un autre, sans compter tous les nageurs isolés que vous dépassez. Un sentiment d'autosatisfaction vous nourrit, toutes ces heures passées à faire des longueurs payent et vous en profitez pleinement malgré cette douleur dans les épaules.
Vous arrivez sur la dernière ligne droite, vous lâchez vos derniers efforts. La centaine de mètres qui vous sépare de la berge est difficile,

vous n'avez plus de force dans les bras, vous avez du mal à pousser dans l'eau, vous luttez, vous vous battez contre l'eau. Vous êtes à l'agonie.
Mais, ça y est, vous êtes au bout. Vous sortez de l'eau en secouant vos bras pour essayer de récupérer rapidement, comme pour évacuer la fatigue musculaire en même temps que les gouttes d'eau. Vous savez que le plus dur reste à venir. Vous entrez dans le parc à vélo.
Rendez-vous au chapitre **239** pour votre première transition.

264

Vous accélérez pour vous retrouver à une vitesse que vous ne pensiez pas adopter sur cette course. Vous vous dites que ce qui est pris est pris et c'est peut être la bonne stratégie pour réussir une course de ce type.
Vous passez au dixième kilomètre dans un temps canon que vous n'aviez pas imaginé dans vos rêves les plus fous. Vous êtes euphoriques et votre motivation est décuplée en voyant tous les concurrents que vous êtes capable de doubler. Vous vous dites que même si vous craquez au semi-marathon, le temps global sur le marathon sera forcément bon.
Mais voilà, quelques kilomètres plus tard, votre corps vous rappelle que vous n'êtes pas infatigable. Vos muscles sont raides et vous avez des difficultés à garder la même qualité de foulée.
Si vous décidez de maintenir votre allure pour continuer de gagner du temps en espérant avoir un second souffle, rendez-vous au chapitre **235**.
Si vous préférez ralentir pour récupérer, rendez-vous au chapitre **437**.

265

Quelques mètres plus loin, vous apercevez un cycliste qui vient de s'arrêter pour s'alléger d'une envie pressante.
Alors qu'il revient à son vélo et qu'il s'apprête à repartir, vous l'interpelez :
– Excuse-moi, j'ai un souci avec mon pneu, tu pourrais me donner un coup de main, vite fait ?
L'homme s'approche de vous et observe votre vélo.
– Tu as crevé ? vous demande-t-il, étonné de voir un triathlète ne pas savoir changer une chambre à air.
– Oui, je n'ai pas trop l'habitude de faire ça…

Vous avez honte de vous-même, mais vous n'avez pas besoin d'en dire plus que le concurrent prend en main la situation. Au bout de trois minutes, il est déjà en train de regonfler votre pneu. Alors que vous vous dites que vous êtes sauvé d'affaire, un arbitre monte à votre hauteur.

Au début vous ne comprenez pas ce qu'il veut vous dire mais lorsqu'il vous tend un carton bleu pour aide extérieure, vous savez que vous aurez une pénalité à parcourir à pied.

– Et encore, ça aurait dû être une disqualification, vous lance-t-il avant de repartir.

Vous repartez à vélo, heureux mais un peu frustré de cette pénalité.

Vous continuez à un bon rythme, rattrapant le retard que vous avez perdu.

Au bout de plusieurs kilomètres, vous arriver au 90e km, rendez-vous au chapitre **190**.

266

Vous faites finalement demi-tour et retrouvez quelques minutes plus tard la route par laquelle vous êtes arrivé. Le temps de parcourir les cinq kilomètres qui vous séparent du rond-point où vous vous êtes trompé de chemin, vous pestez contre vous-même et contre le manque de signalétique sur le parcours. Vous ne comprenez pas comment vous avez pu être le seul à vous égarer.

Vous retrouvez finalement le rond-point et prenez, cette fois, la bonne direction. Un bénévole vous regarde étonné, vous lui jetez un regard de colère. Pourquoi n'était-il pas là tout à l'heure ?

Enervé, vous savez que vous avez parcouru dix kilomètres de trop. C'est du temps que vous n'arriverez pas à rattraper.

Kilomètre après kilomètre, vous essayez d'utiliser cette rage pour aller plus vite. Vous passez enfin le panneau du 80e km et vous vous dites qu'il y a quasiment une heure vous étiez au même endroit…

Quelques minutes plus tard, vous arrivez au 90e km, rendez-vous au chapitre **31**.

267

Vous prenez le temps de prendre tout ce qui est proposé sur la table de ravitaillement : des morceaux de banane, des barres énergétiques en passant par des Tucs et du pain d'épice.

Vous avalez tous ces aliments en faisant passer vos bouchées avec des gorgées d'eau. Au bout de quelques instants, vous êtes prêt à repartir.
Si vous décidez de marcher, rendez-vous au chapitre **489**.
Si vous préférez recourir tout de suite, rendez-vous au chapitre **361**.

268

Vous mettez un gros braquet et utilisez toute votre puissance pour remonter un maximum de concurrents. Mais cet effort violent réveille votre douleur à l'estomac qui devient explosive à l'image de votre accélération. Si foudroyante que vous commencez à voir des étoiles devant vos yeux.
Après ? Plus rien, le noir.
Vous reprenez conscience dans une ambulance.
Votre triathlon s'arrête là.

269

Vous attaquez brutalement pour faire le trou tel un coureur du Tour de France dans un sprint intermédiaire. Au bout de quelques secondes à intensité maximale vous vous retournez pour évaluer l'écart que vous avez creusé. La distance entre vous est suffisante et vous stoppez votre accélération.
Malgré tout, vous continuez pendant quelques minutes sur un rythme plus élevé qu'à l'accoutumé pour ne pas voir revenir sur vous les tricheurs. L'effort commence à se faire sentir dans vos jambes mais le rythme que vous vous imposez est élevé et vous rattrapez beaucoup de concurrents.
Si vous décidez de serrer les dents pour remonter rapidement dans le classement, rendez-vous au chapitre **292**.
Si vous préférez revenir à votre rythme habituel, rendez-vous au chapitre **63**.

270

Dès que vous regagnez le chemin, vous reprenez votre allure course comme si de rien n'était. Mais seulement 400m après, vous êtes de nouveau plié en deux, votre ventre est toujours aussi douloureux. Vous vous arrêtez de nouveau dans les bois mais cela n'arrange rien.

Vous n'arrivez plus à courir, vous êtes contraint de marcher en supportant cette douleur insatiable.
Les kilomètres défilent très lentement au rythme de vos pas, mais vous ne voulez pas abandonner et aller au bout de votre course.
Vous arrivez enfin dans la dernière ligne droite, vous vous forcez à courir, rendez-vous au chapitre **171**.

271

Vous faites un signe enthousiaste à vos supporters et vous accélérez. Quelques mètres plus loin, vous les entendez encore scander votre nom, vous êtes euphorique ! Vous voulez leur montrer qu'ils ne sont pas venus pour rien. Vous ne sentez pas la fatigue malgré la puissance que vous mettez dans vos pédales.
Vous abordez une descente sans ralentir. Vous vous rapprochez d'un des groupes qui vous avait doublé il y a quelques minutes, vous allez bien plus vite qu'eux. Malheureusement, ils prennent toute la largeur de la droite de la route.
Si vous décidez de les doublez en passant sur la voie de gauche, rendez-vous au chapitre **4**.
Si vous préférez rester derrière eux, sans être en drafting, en attendant un endroit plus propice pour les doubler, rendez-vous au chapitre **130**.
Si vous choisissez d'essayer de vous frayer un chemin à travers le groupe en jouant des coudes, rendez-vous au chapitre **465**.

272

Après la mi-course, la chaleur est de plus en plus présente et vous sentez que votre température corporelle est élevée. Il y a peu d'air et vous avez l'impression d'étouffer en arrivant à un ravitaillement.
Si vous décidez d'ouvrir votre trifonction au maximum pour vous sentir moins compressé, rendez-vous au chapitre **539**.
Si vous préférez rester sous un jet d'eau proposé par l'organisation, rendez-vous au chapitre **363**.
Si vous choisissez de vous renverser un gobelet d'eau sur la tête, rendez-vous au chapitre **203**.

273

Vous l'avez travaillé à l'entraînement avec d'autres triathlètes, vous avez lu des articles sur le sujet. Vous êtes un spécialiste du drafting en natation. Vous parvenez à vous placer à la bonne distance des pieds du nageur devant vous, tout en vous plaçant à hauteur du bassin du nageur à côté de vous.

Tout est parfait, vous terminez le deuxième tour de la natation en restant bien au chaud derrière de bons nageurs.

Vous arrivez sur la berge très satisfait de votre stratégie de course. Vous vous redressez et accédez au parc à vélo en trottinant, hâte d'en découdre à vélo.

Rendez-vous au chapitre **296** pour la suite de votre triathlon.

274

Votre caractère rebelle prend le pas alors sur votre côté docile et vous faites signe à l'arbitre que non, vous ne ferez pas demi-tour. L'arbitre semble stupéfait. Vous le voyez hésitant.

– Vous devez aller le chercher! Vous somme-t-il.

Déjà que vous n'étiez pas enclin à l'écouter, le ton qu'il vient de prendre ne vous plait pas et vous conforte dans votre décision.

– Non, je n'irai pas ! répondez-vous sèchement en appuyant d'autant plus sur vos pédales.

Sa réaction est alors sans équivoque… alors que vous pensiez recevoir un carton bleu synonyme de tour de pénalité à pied, il sort de sa poche un carton rouge et le pointe sous votre nez.

– Vous êtes éliminé pour non remise en conformité.

Vous n'y croyez pas. Vous ne pensiez pas possible d'être éliminé juste pour ça, et pourtant c'est bien le cas. Votre triathlon s'arrête là.

275

Vous vous sentez grisé à chaque fois que vous doublez un triathlète. Vous profitez pleinement de cette remontée fulgurante. Vous appréciez l'effort consenti sans en ressentir les conséquences. Vous êtes sur un nuage.

Les kilomètres s'enchaînent avec toujours les mêmes sensations, le nez dans le guidon.

En traversant un village, vous doublez un groupe et entendez un appel derrière vous. Vous vous dites que cela doit être un spectateur

qui vous encourage ou peut être un arbitre en moto qui sanctionne les triathlètes en drafting. Le temps d'y réfléchir, vous n'entendez plus rien. Vous vous retournez finalement mais vous ne voyez rien, pas d'arbitre, juste un bénévole.
Si vous décidez de continuer sur le même rythme, rendez-vous au chapitre **35**.
Si vous préférez faire demi-tour pour aller voir le bénévole qui est sans doute l'auteur de l'appel, rendez-vous au chapitre **422**.

276

Vous mettez votre premier coup de pédale pour vous lancer dans les 180km de route qui s'ouvrent devant vous. Vous êtes heureux d'avoir terminé la partie natation mais vous savez que le chemin est encore long avant la ligne d'arrivée.
Vous regardez votre montre. Avec ce chrono affiché, il est clair que vous n'avez plus le droit à la moindre erreur si vous voulez terminer votre course.
Quelle va être votre stratégie pour ce début de parcours cycliste ?
Si vous choisissez de partir vite pour remonter des concurrents et pour vous mettre à l'abri des barrières horaires, rendez-vous au chapitre **6**.
Si vous préférez gérer votre effort en gardant un œil sur votre chrono, rendez-vous au chapitre **499**.

277

Vous gardez une distance réglementaire entre vous et le concurrent devant vous. Mais tout en étant à une dizaine de mètres de lui, vous vous calez à son allure, vous tentez de maintenir cet écart sans non plus le réduire.
Les kilomètres s'enchaînent en restant bien concentré, focalisé sur le vélo devant vous. Mais alors que vous pensiez avoir trouvé la bonne solution à votre problème de compteur, au fil des minutes, vous vous posez toujours la même question : est-ce que je vais au bon rythme ? Peut-être que le cycliste devant, vous induit en erreur et vous fait pédaler dans un faux rythme. Vous vous sentez de nouveau perdu et vous ne savez plus quelle décision prendre.
Si vous décidez de ralentir, rendez-vous au chapitre **294**.
Si vous préférez accélérer et le doubler, rendez-vous au chapitre **424**.

278

Vous faites l'effort sur quelques mètres pour rattraper un concurrent devant vous. Arrivé à sa hauteur, vous jetez un œil derrière votre épaule pour vérifier qu'aucun arbitre n'est derrière vous. Vous demandez au triathlète s'il peut vous donner un peu d'eau. Il accepte sans hésiter. Vous avalez goulûment plusieurs grosses gorgées de sa boisson. Vous sentez le liquide se répandre dans votre corps comme un ruisseau sur une terre aride. Vous semblez renaître.
Vous lui rendez son bidon et accélérez en le remerciant. Vous vous sentez mieux et vous augmentez progressivement votre allure.
Au fil des kilomètres, vous récupérez régulièrement de l'eau auprès des concurrents que vous doublez. C'est une stratégie payante, vous gagnez du temps et des places au classement.
C'est avec cette méthode que vous arrivez au parc à vélo avec de bonnes sensations.
Rendez-vous au chapitre **36**.

279

Vous déboitez et vous vous retrouvez à contre sens sur le côté gauche de la route. Vous faites l'effort pour doubler le groupe rapidement, d'autant plus qu'un virage approche et que la visibilité est mauvaise. Au moment où vous vous rabattez, une voiture sort du virage, heureusement il n'y a aucune conséquence…pour cette fois. Vous êtes content de vous mais c'est sans compter sur la moto d'un arbitre qui arrive à votre hauteur. Vous êtes pénalisé d'un carton bleu pour avoir coupé la ligne blanche et vous avoir mis en danger. Vous aurez une boucle de pénalité à effectuer à pied. Vous préférez ne rien dire car vous savez qu'il ne vous donnera pas raison, même si vous ruminez votre désaccord.
Vous continuez progressivement votre remontée. Vous arrivez au 90e km, rendez-vous au chapitre **238**.

280

Dès les premiers coups de pédale, vous êtes puissant. Vous ne laissez aucun temps d'adaptation à votre corps mais ça n'a pas l'air de lui poser problème. Vos jambes répondent très bien à vos sollicitations. De kilomètre en kilomètre, vous doublez un bon nombre de

concurrents. Vous avez la sensation de survoler cette partie cycliste même si vous en êtes qu'au début.
Au 45e km, vos jambes sont toujours autant opérationnelles et vous vous sentez bien. Vous regardez votre compteur et vous vous rendez compte que vous êtes bien plus rapide que ce que vous aviez prévu dans votre fiche de route.
Si vous décidez de profiter de ces bonnes sensations en continuant à ce rythme, rendez-vous au chapitre **275**.
Si vous préférez ralentir car vous savez que la route est encore longue, rendez-vous au chapitre **440**.

281

Vous tentez de vous glisser entre deux nageurs mais l'un d'eux ne vous voit pas (ou fait semblant de ne pas vous voir) et vous appuie sur le dos. Vous ne paniquez pas et remontez calmement à la surface de l'eau. Mais au moment de prendre votre respiration, le deuxième nageur vous appuie sur la tête. Vous manquez de vous étouffer en avalant de l'eau. Vous vous redressez pour reprendre votre souffle et repartez. Vous vous placez dans les pieds du nageur mais vous êtes trop près et ses battements font voler vos lunettes de natation. Heureusement, vous parvenez à les récupérer avant qu'elles ne coulent. Cela commence à faire beaucoup en peu de temps.
Si vous décidez de quitter le groupe pour nager seul, rendez-vous au chapitre **360**.
Si vous préférez persévérer et rester dans le groupe, rendez-vous au chapitre **543**.

282

Vous attaquez votre dernier tour. Plus que cinq kilomètres et vous serez « finisher » de ce triathlon Ironman ! Vous avez encore suffisamment d'énergie pour accélérer doublant un grand nombre de concurrents qui semblent scotchés à la route. Vos muscles vous brûlent mais vous savez que dans quelques minutes, ce sera la délivrance.
Vous arrivez enfin dans la dernière ligne droite, des frissons vous parcourent le corps.
Rendez-vous au chapitre **342**.

283

Vous avez confiance dans votre stratégie et même si vous terminez tout juste dans les temps, l'objectif d'aujourd'hui serait rempli.
Vous vous faites doubler par quelques concurrents qui, pourtant, paraissent au bout de leur effort. Vous n'avez pas envie d'en arriver là.
A quelques centaines de mètres de l'arrivée, l'angoisse monte en vous, et si vous aviez été trop présomptueux au sujet de votre chrono et qu'on ne vous autorise pas à passer la ligne d'arrivée ? Vous auriez fait tous ces efforts pour rien. D'autant plus que vous étiez capable d'accélérer.
Il est trop tard pour se poser toutes ces questions, vous arrivez dans la dernière ligne droite, rendez-vous au chapitre **207**.

284

Le problème est que vous ne vous êtes jamais entrainé à utiliser une bombe anti-crevaison. Vous lisez rapidement les consignes d'utilisation sur l'étiquette mais cela ne vous avance pas beaucoup.
Vous tentez malgré tout de vous en servir.
Parfois, tout est question de hasard et de chance.
Choisissez entre le chapitre **404** et le chapitre **199** pour voir si vous allez parvenir à réparer votre crevaison.

285

Vous posez votre vélo par terre à côté de la table de ravitaillement. Vous prenez le temps de choisir ce que vous voulez manger. Votre optez pour le petit sandwich salé. Quand vous avalez la première bouchée, vous comprenez que vous avez bien plus faim que ce que vous ne pensiez.
Après quelques minutes à profiter de ce buffet, vous vous sentez revigoré et vous ne pensez déjà plus à votre bras, devenu bien moins douloureux. Cette pause a permis à bon nombre de concurrents de vous dépasser mais vous n'y faites plus attention, vous vous centrez maintenant sur vous-même.
Vous remontez sur votre vélo et repartez tranquillement, acceptant de vous faire doubler régulièrement au fil des kilomètres.
Vous arrivez au 90e km, rendez-vous au chapitre **462**.

286

Dès les premiers mètres, vous videz vos poches des papiers vides qui protégeaient vos barres de céréales. Vous les lancez scrupuleusement dans la zone de déchets prévue à cet effet en essayant de viser la grande poubelle quasiment vide.
Une fois cette tâche accomplie, vous prenez le temps de savourer les produits énergétiques que vous venez de récupérer au ravitaillement et gardez les papiers dans vos poches en attendant la prochaine zone appropriée.
Les kilomètres suivants s'enchaînent sans encombre et malgré la sensation de fatigue qui se propage dans vos jambes, vous doublez de nombreux concurrents.
Vous parvenez au parc au vélo. Rendez-vous au chapitre **87**.

287

Vous vous décalez des pieds du nageur devant vous en poussant légèrement celui qui est à côté de vous (sans faire exprès bien sûr !). Vous tirez un peu plus avec vos bras, ce qui vous permet de remonter progressivement en tête de groupe.
Au bout de quelques minutes, vous vous retournez et vous contemplez l'écart certain que vous avez creusé avec vos anciens compagnons.
Vous êtes à votre rythme, peut-être un peu plus rapide, au regard de la fatigue musculaire que vous ressentez dans vos bras.
Mais vous apercevez déjà la berge. Vous vous relevez et vous retournez une dernière fois, satisfait de votre parcours natation.
Vous entrez dans le parc à vélo. Rendez-vous au chapitre **86** pour la suite de votre triathlon.

288

Dans les dix derniers kilomètres, vous alternez la marche et la course. Vous voyez bien que ce n'est pas une stratégie très efficace mais vous n'avez pas vraiment le choix compte tenu de votre manque d'énergie. Plus vous vous rapprochez de la ligne d'arrivée, moins vous parvenez à courir.
Au bout de longues dizaines de minutes, vous arrivez enfin dans la dernière ligne droite, rendez-vous au chapitre **171**.

289

Vous faites l'effort pour essayer de rattraper un groupe de nageurs rapidement. Au bout de quelques minutes, vous ressentez une certaine fatigue musculaire mais vous ne craquez pas. Il ne vous reste plus que quelques mètres à combler. Vous vous concentrez sur votre technique et essayez de bien sentir l'eau pour être efficace. Vos épaules commencent à vous brûler.

Vous arrivez enfin au niveau du groupe de nageurs, essoufflé et entamé. Au bout de quelques coups de bras, vous constatez rapidement qu'ils vont moins vite que vous.

Si vous choisissez de rester dans leurs pieds, rendez-vous au chapitre **540**.

Si vous préférez prendre votre rythme et les doubler progressivement, rendez-vous au chapitre **352**.

Si vous voulez les doubler en maintenant votre accélération, rendez-vous au chapitre **263**.

290

Vous accélérez pour revenir rapidement sur un concurrent. Une fois à sa hauteur, vous vous tournez vers lui. La fatigue se lit sur son visage, il a les traits tirés, le teint pâle.

– Excuse-moi, tu peux me donner le chrono depuis le départ de la course ?

Il se tourne vers vous, le regard vitreux. Il esquisse difficilement un sourire et vous répond d'une voix à peine audible.

Vous le remerciez et tentez de calculer. Vous soustrayez à ce chrono votre temps natation et votre temps vélo. Vous vous rappelez à peu près de ces chronos à une ou deux minutes près, par contre vous ne savez pas combien de temps vous avez pris pour les transitions. Les chiffres se mélangent dans votre tête. Finalement, vous pensez avoir le chrono de votre course à pied, vous le divisez par le nombre de tours mais le résultat n'est pas bon, sauf si vous étiez capable de courir à plus de 25km/h.

Vous reprenez vos calculs mais avec la fatigue, vous ne parvenez pas à vous concentrer. Il faudrait que vous vous arrêtiez pour noter les opérations, mais vous n'avez ni le temps, ni l'envie.

Finalement, vous laissez tomber vos calculs.

Si vous pensez qu'il s'agit de votre dernier tour, rendez-vous au chapitre **282**.

Si vous vous dites qu'il vous reste deux tours, rendez-vous au chapitre **535**.
Si vous préférez vous arrêtez pour demander à un arbitre, rendez-vous au chapitre **96**.

291

Vous prenez la foulée du coureur qui vient de vous dépasser, puis venez à sa hauteur.
– On est à quelle allure, là ? Lui demandez-vous en regardant sa montre.
Il vous répond avec le sourire puis vous discutez quelques instants de la course. Cela vous rassure, et vous vous dites que vous allez pouvoir compter sur lui pour connaître votre vitesse.
A chaque kilomètre, le même rituel, vous lui demandez le chrono, il vous répond, mais vous sentez que ça l'agace de plus en plus.
Finalement, kilomètre après kilomètre, annonce après annonce, c'est devenu un automatisme, vous n'avez plus à lui poser la question, il vous donne directement le chrono.
Mais progressivement, vous ralentissez, seconde après seconde. Vous vous demandez si c'est volontaire ou si c'est une stratégie pour que vous le lâchiez…
Si vous décidez de rester tout de même avec lui pour avoir les données chronométriques et un soutien moral, rendez-vous au chapitre **514**.
Si vous préférez accélérer pour reprendre votre allure, rendez-vous au chapitre **131**.

292

Vous maintenez votre effort mais vous sentez que vous êtes à la limite de la rupture. Les jambes deviennent lourdes et vous avez plus de mal à appuyer sur les pédales. Vous regardez au niveau des roues pour vérifier que les patins de frein ne frottent pas sur vos jantes. Mais non, cette sensation vient uniquement de vous. Au bout de quelques kilomètres, vous ne pouvez plus soutenir ce rythme et ralentissez. Vous rajouter deux dents et essayez de faire tourner vos jambes. Les concurrents que vous aviez doublés avec arrogance vous passent…même ceux qui avaient pris votre roue sont maintenant devant vous. Des triathlètes que vous n'aviez pas encore vus vous

encouragent d'une tape sur l'épaule, c'est dire si vous faites pitié à voir !
Vous arrivez au 90e km, rendez-vous au chapitre **169**.

293

Vous vous écartez du groupe de triathlètes et trouvez de la place pour nager à votre aise. Au début, vous voyez les groupes vous distancer mais au moins, seul, vous ne risquez pas de prendre des coups.
Vous nagez à votre rythme et progressivement vous revenez sur vos concurrents. Vous les doublez un à un, toujours en gardant vos distances. Vous laissez derrière vous des groupes entiers de triathlètes.
Vous arrivez finalement sur la berge. Vous sortez de l'eau assez fatigué mais près à en découdre sur le vélo.
Vous entrez dans l'aire de transition, rendez-vous au chapitre **86**.

294

Sans aucune information, vous préférez assurer et ne pas compromettre la suite de votre course. Vous rajoutez une dent pour faire tourner les jambes et avoir moins l'impression d'appuyer sur les pédales. Vous acceptez alors de voir quelques concurrents vous doubler même si pour la plupart vous parvenez à maintenir leur rythme sans avoir trop la sensation de forcer.
Même si vous tentez d'oublier votre compteur, vos vieilles habitudes reviennent et vous aimeriez bien connaître au moins votre chrono depuis le début du parcours vélo. Vous appuyez sur le bouton power de votre compteur et, miracle, il se rallume. Vous ne comprenez pas pourquoi mais vous vous en fichez, votre gadget fonctionne de nouveau et c'est le principal !
Quelques kilomètres plus tard, vous arrivez au 90e km, rendez-vous au chapitre **155**.

295

Dès les premiers coups de pédale avec ce braquet, vous sentez immédiatement votre mollet se durcir, mais vous en avez marre de

vous laisser doubler par des triathlètes qui, à coup sûr, sont moins forts que vous habituellement.
Si vous décidez de continuer avec ce braquet en vous disant que ça va passer, rendez-vous au chapitre **143**.
Si vous préférez ralentir en remettant un braquet plus petit, rendez-vous au chapitre **80**.

296

En entrant dans le parc à vélo, vous entendez un bénévole qui vous annonce votre classement :
– 124e.
Vous vous rappelez que vous étiez 2000 au départ. Vous n'en revenez pas !
Mais malgré l'excitation de ce classement inattendu, vous sentez vos bras crispés vous rappelant les efforts que vous venez de concéder en natation.
Vous arrivez au milieu de tous ces vélos, rangés les uns à côté des autres. Un doute s'installe dans votre esprit. Où est votre emplacement ? Vous n'êtes plus vraiment sûr.
Si vous décidez de chercher parmi les premières rangées, rendez-vous au chapitre **341**, *(mémorisez le numéro de chapitre actuel :* ***296*** *qui vous sera utile par la suite).*
Si vous préférez commencer à chercher votre vélo dans les rangées du milieu, rendez-vous au chapitre **205**, *(mémorisez le numéro de chapitre actuel :* ***296*** *qui vous sera utile par la suite).*
Si vous choisissez de partir dans les dernières rangées pour trouver votre emplacement, rendez-vous au chapitre **323**, *(mémorisez le numéro de chapitre actuel :* ***296*** *qui vous sera utile par la suite).*

297

Les premiers instants sans lunettes sont difficiles. Le vent engendré par la vitesse de la descente vous fait pleurer. Vous êtes obligé de plisser les yeux pour pouvoir continuer à les garder ouverts.
Une fois sur le plat, vous vous sentez mieux, en plus de votre vitesse moindre, vous vous habituez progressivement à ne pas avoir de protection au niveau des yeux.
Les kilomètres s'enchaînent sans problème. Alors que vous regardez le paysage qui vous entoure, quelque chose vient heurter votre œil

gauche et vous le sentez encore sous votre œil. Vous balayez cet intrus de la main, mais une douleur vive manque de vous faire tomber de votre vélo. Vous comprenez rapidement que vous venez de vous faire piquer par une guêpe juste sous l'œil.
Vous continuez votre route en vous aspergeant d'eau. Au bout de quelques minutes, vous croisez un poste de secours. La douleur est encore présente mais supportable.
Si vous décidez de continuer de rouler sans vous arrêter, rendez-vous au chapitre **536**.
Si vous préférez vous arrêter au poste de secours, rendez-vous au chapitre **135**.

298

Vous décidez de partir prudemment. Vous placez la chaîne sur un pignon qui vous permet de ne pas trop forcer tout en gardant un rythme qui vous paraît bon.
Mais rapidement, vous êtes scandalisé de voir tous ces groupes de triathlètes vous doubler, roue dans roue. Cela vous énerve de laisser ces tricheurs vous passer devant sans rien dire.
Si vous choisissez de prendre la roue d'un concurrent du prochain groupe pour que vous ne soyez pas le seul à réaliser un effort solitaire, rendez-vous au chapitre **146**.
Si vous préférez continuer de bougonner dans votre coin en vous laissant doubler, rendez-vous au chapitre **391**.

299

– Arrête-toi si t'es un homme, lui lancez-vous.
– Je vais me gêner.
Vous vous arrêtez sur le bord de la route, près du parapet. Il vous rejoint et pose son vélo.
Vous le poussez, le projetant au sol violemment. Il se relève, vous tentez de vous lancer dans un combat mais ce n'est pas évident avec vos cales sous vos chaussures. Cela ressemble plus à un combat de pingouins. C'est alors que votre adversaire, se rendant compte du ridicule de la situation, s'empare de votre vélo, le soulève et le jette par-dessus le parapet. Vous ne pouvez que l'observer s'échouer quelques mètres plus bas, le cadre cassé en deux. Ni une, ni deux,

vous agrippez la monture de votre concurrent et vous en faites de même.
Vous vous regardez, impuissants. Vous comprenez l'un et l'autre que vous êtes allés trop loin. Vous vous penchez tous les deux vers vos vélos pour constater les conséquences irrémédiables de vos actes.
Vous attendez longuement assis au bord de la route que la voiture balai vous ramasse.
Votre triathlon est terminé.

300

Vous ralentissez et restez quelques instants en roue libre pour secouer vos mollets comme si par magie ils allaient complétement récupérer. Vous changez de braquet et faites tourner les jambes tranquillement en espérant que vos mollets puissent se décontracter. Au bout de quelques minutes et autant de concurrents passés devant vous, vous sentez que vos jumeaux répondent mieux à l'effort demandé.
Si vous décidez de reprendre le rythme que vous aviez avant votre douleur avec un braquet plus important, rendez-vous au chapitre **295**.
Si vous préférez garder ce rythme de sénateur pour assurer le coup, rendez-vous au chapitre **443**.
Si vous choisissez d'accélérer progressivement en mettant un braquet intermédiaire, rendez-vous au chapitre **55**.

301

Vous vous rapprochez d'un triathlète quelques mètres devant vous.
– Tu aurais un truc à manger ? Je n'ai plus rien, lui demandez-vous avec un petit sourire.
– Non, c'est du triathlon, c'est chacun pour soi ! vous répond-il.
Vous n'en croyez pas vos oreilles, vous qui pensiez que le triathlon était un sport où les participants s'entraidaient, vous êtes déçu.
Si vous voulez tenter votre chance avec un autre triathlète, rendez-vous au chapitre **365**.
Si vous préférez laisser tomber et vous rabattre sur le contenu de vos bidons, rendez-vous au chapitre **493**.

302

Vous voyez les panneaux kilométriques défiler et vous êtes satisfait de voir que vous parvenez à maintenir votre rythme. Vous remontez progressivement des concurrents et peu de triathlètes sont capables de vous doubler. Cela vous rassure et vous êtes confiant pour la suite de la course. Les sensations sont bonnes et vous semblez bien maîtriser votre allure.
Plusieurs dizaines de minutes plus tard, vous arrivez enfin au parc à vélo.
Rendez-vous au chapitre **232**.

303

Vous vous redressez complétement. Vous vous retournez pour voir les nageurs fondre sur vous et vous restez là, sans bouger, stoïque. Vous repoussez du bras les concurrents qui s'approcheraient trop près de vous.
Au bout de quelques instants, la densité de triathlètes diminue et vous décidez de repartir en crawl.
Vous pouvez maintenant nager normalement, sans être gêné. Mais vous êtes lucide, vous avez perdu du temps.
Devant vous, un groupe de nageurs semble se déplacer à la même vitesse que vous.
Si vous décidez de vous mettre dans leurs pieds, rendez-vous au chapitre **502**.
Si vous préférez vous écarter de la file de triathlètes pour nager seul, rendez-vous au chapitre **537**.

304

Vous vous rapprochez du spectateur et lui prenez des mains sa bouteille d'eau tendue comme une offrande à un dieu. Vous le remerciez et avalez plusieurs gorgées de cette boisson miraculeuse. Vous finissez la bouteille en vous la renversant sur la tête. En un instant, vous vous sentez revivre, prêt à affronter les derniers kilomètres.
Mais un arbitre arrive près de vous et vous tend un carton rouge synonyme de disqualification.
– Les aides extérieures sont interdites.

Vous tentez de vous défendre en vous plaignant de la chaleur mais l'arbitre reste sur sa position.
Votre triathlon s'arrête là à seulement quelques kilomètres de l'arrivée.

305

Malgré la douleur musculaire, la disparition de toute parcelle d'énergie dans votre corps et le risque que vous puissiez vous évanouir d'une seconde à l'autre, vous êtes poussé par la clameur des spectateurs, attiré comme un aimant par la ligne d'arrivée.
Cette dernière ligne droite est du pur bonheur ! Vous ne ressentez plus aucune fatigue, vous êtes euphorique. Les larmes aux yeux, vous vous rapprochez de cette ligne qui symbolise la fin de votre Ironman, de ces mois de préparation, de ce projet que vous pensiez irréalisable, mais vous y êtes et malgré ces heures à douter, vous comprenez pourquoi vous êtes là. Pour ces quelques secondes éphémères, futiles qui vous marqueront à vie.
Vous passez la ligne, vous recevez la médaille tant convoitée de finisher et soudain toutes les douleurs musculaires reviennent brutalement. Vous vous asseyez, le dos contre une barrière.
Vous souriez.
Vous avez terminé 1546e sur 2000, félicitations !

Prenez le temps de récupérer de votre course et relancez-vous dans une nouvelle lecture pour tenter de faire mieux !

306

Vous vous mettez en roue libre en vous rapprochant du bord de la chaussée pour attraper la bouteille tout en roulant, mais au moment de la saisir, votre roue avant vient frotter contre le trottoir vous faisant perdre l'équilibre sur votre vélo. Vous ne parvenez plus à le contrôler et chutez lourdement sur vos côtes, votre tête heurtant le bord du trottoir.
Vous tentez de vous redresser lentement, remerciant votre casque d'avoir subi le choc à votre place mais vous ne parvenez pas à vous appuyer sur votre bras. Une douleur aveuglante au niveau des côtes et de la clavicule vous saisit et vous cloue au sol.

Le spectateur, voyant votre détresse, appelle les urgences qui ne tardent pas à arriver.
Une ambulance vous emmène à l'hôpital, votre triathlon s'arrête là.

307

Vous vous arrêtez sur le bord de la route et descendez de votre vélo. En quelques secondes, vous remettez votre chaîne sur votre petit plateau. Vous avez les doigts tout noir, vous n'aimez pas ça, cela va salir votre guidoline mais au moins vous pouvez repartir.
Vous remontez sur votre vélo et avalez rapidement cette bosse.
Les kilomètres suivants s'enchaînent rapidement en maintenant votre classement et votre allure.
Vous arrivez déjà au parc à vélo pour la transition, rendez-vous au chapitre **105**.

308

En passant à côté de la table de ravitaillement, vous attrapez quelques tranches de pain d'épice et un verre d'eau en remerciant les bénévoles. Vous prenez le temps de mâcher cette nourriture tout en marchant. Une fois votre verre d'eau avalé, vous repartez en trottinant.
Vous continuez d'alterner marche et course mais les sensations sont meilleures et vous avez le sentiment d'être capable de courir plus longtemps après votre période de marche.
Si vous décidez de suivre vos sensations et d'allonger votre temps de course, rendez-vous au chapitre **459**.
Si vous préférez garder la même stratégie pour garder vos forces, rendez-vous au chapitre **49**.

309

Malgré la douleur musculaire, la disparition de toute parcelle d'énergie dans votre corps et le risque que vous puissiez vous évanouir d'une seconde à l'autre, vous êtes poussé par la clameur des spectateurs, attiré comme un aimant par la ligne d'arrivée.
Cette dernière ligne droite est du pur bonheur ! Vous ne ressentez plus aucune fatigue, vous êtes euphorique. Les larmes aux yeux, vous vous rapprochez de cette ligne qui symbolise la fin de votre Ironman,

de ces mois de préparation, de ce projet que vous pensiez irréalisable, mais vous y êtes et malgré ces heures à douter, vous comprenez pourquoi vous êtes là. Pour ces quelques secondes éphémères, futiles qui vous marqueront à vie.
Vous passez la ligne, vous recevez la médaille tant convoitée de finisher et soudain toutes les douleurs musculaires reviennent brutalement. Vous vous asseyez, le dos contre une barrière.
Vous songez à la femme du ravitaillement que vous espérez retrouver. Vous souriez.
Vous avez terminé 1257e sur 2000, félicitations !

Prenez le temps de récupérer de votre course et relancez-vous dans une nouvelle lecture pour tenter de faire mieux !

310

Vous prenez la route de droite. Vous maintenez votre rythme mais vous vous crispez progressivement, vous ne voyez toujours aucun coureur ou bénévole et vous semblez perdu dans la nature, au milieu des champs. Vous continuez malgré tout, vous sentez l'angoisse monter en vous.
Au bout de dix minutes, vous n'avez toujours rien repéré qui puisse vous rassurer : aucun balisage, aucun panneau et encore moins de participants ou de spectateurs.
Si vous décidez de faire demi-tour, rendez-vous au chapitre **469**.
Si vous préférez continuer, rendez-vous au chapitre **474**.

311

Vous passez devant elle en l'encourageant mais sans vous retourner. Peut-être avez-vous peur d'être inéluctablement attiré par cette sirène ? Vous n'aurez pas vu son visage et malgré cette frustration, vous essayez de vous reconcentrer sur vos sensations et sur votre gestion de course.
Vous maintenez un rythme qui vous permet de rester dans votre zone de confort. Vous doublez quelques concurrents et parfois quelques coureurs vous dépassent.
Vous arrivez au semi-marathon, rendez-vous au chapitre **490**.

312

Vous continuez à nager les yeux fermés. Vous sentez que vous êtes efficace même sans rien voir. Vos sensations sont décuplées et vous savez que vous glissez bien dans l'eau, alors pourquoi perdre du temps à s'arrêter pour s'orienter ? Si vous n'alliez pas droit, vous l'auriez senti, non ?
Les minutes s'enchaînent quand, soudain, vous entendez du bruit au loin. Vous saviez que vous aviez eu raison de persister, le bruit doit venir des autres nageurs que vous rattrapez.
Vous vous dites alors que la bouée signalant le demi-tour ne doit pas être loin et vous décidez enfin de vous redresser pour ouvrir les yeux.
Il vous faut quelques secondes pour que votre vue s'adapte à ce qu'il se passe devant vous. Vous ne comprenez pas. Devant vous, il n'y a pas de bouée…mais il y a la berge de départ et le public. Vous auriez déjà fait un tour ? Vous regardez autour de vous et après un éclair de lucidité, vous comprenez que vous avez fait demi-tour en nageant et que vous êtes de nouveau au départ.
Vous arrivez à la berge, le public vous encourage comme jamais.
– Allez ! C'est le premier ! crie un spectateur.
Si vous décidez de donner raison au public et de faire croire que vous êtes premier, rendez-vous au chapitre **397**.
Si vous préférez repartir pour votre parcours natation avec une allure soutenue pour rattraper votre retard, rendez-vous au chapitre **234**.
Si vous choisissez de repartir pour votre parcours natation à une allure moyenne car vous pensez déjà à la suite de votre compétition, rendez-vous au chapitre **250**.

313

– Je ne vais pas me taire alors que j'ai raison ! Hurlez-vous.
– Descendez d'un ton là, vous demande l'arbitre.
– Je ne vais pas baisser mon pantalon devant un mec qui fait mal son boulot !!!
En sortant ces mots, vous savez que vous êtes allé trop loin et vous les regrettez immédiatement. Mais c'est trop tard.
– Ça suffit ! crie l'arbitre, exaspéré.
Il sort un carton rouge synonyme de disqualification.
Votre triathlon s'arrête là.

314

En jetant le papier, vous entendez une moto d'arbitre arriver derrière vous. Mais c'est trop tard, le papier vous glisse des doigts et vous le voyez s'envoler.
La moto monte à votre hauteur, l'arbitre, assis derrière, vous tend un carton bleu synonyme de boucle de pénalité à pied.
– Vous avez jeté un papier en dehors de la zone de propreté. J'aurais pu vous disqualifier pour ça, vous explique-t-il.
Si vous décidez d'argumenter avec l'arbitre pour essayer qu'il vous retire votre pénalité, rendez-vous au chapitre **219**.
Si vous préférez vous taire et accepter ce carton, rendez-vous au chapitre **60**.

315

En entrant dans le parc à vélo, vous entendez un bénévole qui vous annonce votre classement :
– 1417e.
Vous vous rappelez que vous étiez 2000 au départ. Vous vous dites qu'il y a encore plus de 500 participants derrière et ça vous rassure. Vous sentez que votre corps est lourd et que la partie natation a fait plus de dégâts que vous ne pensiez.
Vous arrivez au milieu de toutes ces rangées parsemées de vélos. Un doute s'installe dans votre esprit. Où est votre emplacement ? Vous n'êtes plus vraiment sûr.
Si vous décidez de chercher votre vélo dans les rangées du milieu, rendez-vous au chapitre **205**, *(mémorisez le numéro de chapitre actuel :* ***315*** *qui vous sera utile par la suite).*
Si vous choisissez de partir dans les dernières rangées pour trouver votre emplacement, rendez-vous au chapitre **323**, *(mémorisez le numéro de chapitre actuel :* ***315*** *qui vous sera utile par la suite).*

316

Au moment où vous portez votre bidon à votre bouche et que vous aspirez cette gorgée, vous comprenez que c'est la gorgée de trop. En l'avalant, vous avez l'impression que votre estomac se tord en deux. La réaction de votre corps est violente : vous vomissez tout ce que vous venez de boire. Cette répulsion vous fait perdre l'équilibre sur votre vélo et vous tombez au sol. Vous continuez de vous vider

l'estomac jusqu'à cracher de la bile. Vous vous rincez la bouche avec de l'eau et en profitez pour vous cacher derrière une haie pour soulager vos intestins. Au bout de quelques minutes, tout va mieux. Vous vous sentez léger, vos douleurs ayant disparues. Vous avalez quelques gorgées d'eau qui vous font du bien.
Vous êtes prêt pour repartir, vous avez le sentiment que plus rien ne peut vous arrêter dans votre quête de Finisher ! Mais votre enthousiasme est stoppé net en relevant votre vélo, dans votre chute votre dérailleur s'est tordu. Il a traversé votre roue, cassant au passage quelques rayons. Il vous est impossible d'utiliser votre vélo.
Votre triathlon s'arrête là.

317

Si vous êtes allé aux toilettes avant ou pendant le triathlon, rendez-vous au chapitre **92** pour le début du marathon.
Si vous n'êtes pas encore allé aux toilettes, au moment de quitter le parc à vélo, vous sentez vos intestins hurler brusquement. Vous vous mettez à marcher, plié en deux. Vous savez qu'il vous sera impossible de partir sur la course à pied dans cet état.
Vous faites demi-tour et vous vous dirigez jusqu'aux toilettes installées dans le parc à vélo. Il n'y a personne et vous ne perdez qu'une poignée de minutes. Vous ressortez plus léger et vous pouvez quitter l'aire de transition pour attaquer votre marathon, rendez-vous au chapitre **92**.

318

Vous vous arrêtez et récupérez le vêtement imperméable des mains du spectateur. Vous le remerciez chaleureusement et enfilez le coupe-vent. Vous sentez vos frissons disparaître mais au moment de repartir une moto s'arrête à votre hauteur.
Un arbitre vous tend un carton rouge. Il vous rappelle que vous n'avez pas le droit à une aide extérieure.
Vous êtes disqualifié, le triathlon s'arrête là pour vous.

319

L'énergie de retrouver cette femme s'ajoute à l'envie de passer cette ligne d'arrivée et de triompher de cet Ironman. Vous êtes grisé par

cette sensation, par cette force qui vient du plus profond de vous. Vous accélérez, doublant des concurrents tout droit sortis d'un film de zombies.
Les derniers kilomètres sont difficiles, vos jambes vous font souffrir mais vous tenez bon.
Vous arrivez dans la dernière ligne droite, rendez-vous au chapitre **11**.

320

Malheureusement, vous comprenez rapidement pourquoi le groupe s'est dispersé. Vous entendez le bruit d'une moto derrière vous mais il est déjà trop tard pour laisser la distance réglementaire avec le cycliste devant vous. L'arbitre monte à votre hauteur et vous tend un carton bleu, synonyme de boucle de pénalité à pied. Vous l'acceptez en grommelant que tout le groupe était dans le même cas mais la moto s'est déjà éloignée.
Vous noyez votre colère dans votre boisson énergétique et reprenez votre rythme progressivement.
Au bout de plusieurs kilomètres, vous arrivez au 90e km, rendez-vous au chapitre **389**.

321

Vous mettez votre premier coup de pédale pour vous lancer dans les 180km de route qui s'ouvrent devant vous. Vous êtes heureux d'avoir terminé la partie natation mais vous savez que le chemin est encore long avant la ligne d'arrivée.
Vous savez, d'après le classement annoncé à la sortie de l'eau, qu'il y a plus de concurrents devant vous que derrière.
Quelle est va être votre stratégie pour ce début de parcours cycliste ?
Si vous choisissez de partir vite pour remonter des concurrents et tenter de finir la partie cyclisme dans la première moitié du classement, rendez-vous au chapitre **211**.
Si vous préférez gérer votre effort pour garder des forces pour les heures à venir, rendez-vous au chapitre **394**.

322

Vous vous mettez en roue libre en vous rapprochant du bord de la chaussée pour attraper la bouteille tout en roulant, mais au moment

de la saisir, votre roue avant vient frotter contre le trottoir vous faisant perdre l'équilibre de votre vélo. Vous ne parvenez plus à le contrôler et chutez lourdement sur vos côtes, votre tête heurtant le bord du trottoir.
Vous êtes sonné, allongé sur la chaussée. Au bout de quelques secondes, vous reprenez vos esprits et tentez de vous redresser. Apparemment vous n'avez rien de cassé, aucune douleur ne vous dérange pour vous relever.
Alors que vous vérifiez que votre vélo n'a rien, le spectateur se rapproche de vous et montre votre genou. Vous baissez les yeux et voyez votre genou en sang. Vous regardez de plus près votre plaie, elle aurait sans doute besoin de quelques points de suture.
Par chance, à ce moment, une moto de l'organisation passe à côté de vous et s'arrête. Voyant votre état, le bénévole appelle le poste de secours.
Vous patientez quelques minutes, assis sur le bord du trottoir en buvant l'eau de la bouteille du spectateur.
Le véhicule de secours arrive enfin. Vous êtes pris en charge et on nettoie votre plaie qui finalement ne nécessite pas d'être recousue.
Vous repartez avec un beau pansement au genou mais sans douleur particulière pour terminer les quelques kilomètres qui vous séparent de l'aire de transition. Vous avez perdu beaucoup de temps dans cette chute.
Vous arrivez au parc à vélo, rendez-vous au chapitre **87**.

323

Vous entrez dans la rangée mais vous ne voyez pas votre vélo. Vous êtes pourtant sûr que votre emplacement est par là. Vous faites trois fois l'aller-retour sans rien trouver vous appartenant. Vous avez alors la lucidité de regarder les numéros sur les plaques des vélos et vous réalisez que vous n'êtes pas du tout au bon endroit.
Vous changez de rangée jusqu'à trouver celle où vous avez préparé vos affaires avant la course. Vous commencez à enlever votre combinaison de natation tout en ayant ce sentiment de colère envers vous-même : c'est vraiment du temps de perdu inutilement !
Vous sortez de votre frustration quand vous sentez que votre combinaison refuse de glisser plus loin que vos mollets. Vous vous asseyez pour ne pas tomber et tirez de toutes vos forces sur le néoprène. Tellement fort que vous déchirez un morceau de votre

combinaison avec vos doigts. Enervé, vous insultez cette matière fragile. Au point où vous en êtes, vous utilisez le trou que vous venez de créer pour tirer encore plus fort. Vous sentez le néoprène se déchirer d'autant plus mais vous arrivez enfin à libérer vos jambes de cette tenue diabolique ! Mais emporté par votre force, votre bras et la combinaison heurte votre vélo qui tombe au sol, emportant, tel un jeu de domino, les trois vélos voisins.
Vous relevez votre monture. Un arbitre se rapproche et vous demande de remettre en conformité les autres vélos tombés au sol par votre faute. Vous vous empressez de redresser les machines, rageant contre les concurrents qui les avaient sans doute mal posées.
Une fois votre punition effectuée, vous vous empressez de récupérer enfin votre vélo et partez jusqu'à la sortie du parc. Arrivé à la ligne, vous montez sur votre monture, soulagé de quitter enfin cette transition catastrophique, mais un arbitre vous arrête et vous demande de vous remettre en conformité.
– Encore ?! Mais c'est quoi cette fois ? Criez-vous, exaspéré.
– Votre casque monsieur… vous devez porter votre casque.
Vous touchez votre tête et vous vous rendez compte qu'il a raison. Vous repartez à votre emplacement pour le chercher.
Vous quittez enfin le parc à vélo en ayant perdu beaucoup de places et avec un niveau d'énervement qui vous a fait sortir de votre course. Mais vous savez que la route est encore longue et qu'il va falloir rapidement se reconcentrer pour aller au bout de votre Ironman.
Si vous venez du chapitre **296**, rendez-vous au chapitre **172**.
Si vous venez du chapitre **8**, rendez-vous au chapitre **172**.
Si vous venez du chapitre **86**, rendez-vous au chapitre **321**.
Si vous venez du chapitre **239**, rendez-vous au chapitre **321**.
Si vous venez du chapitre **498**, rendez-vous au chapitre **358**.
Si vous venez du chapitre **315**, rendez-vous au chapitre **276**.
Si vous venez du chapitre **200**, rendez-vous au chapitre **276**.
Si vous venez du chapitre **345**, rendez-vous au chapitre **133**.
Si vous venez du chapitre **100**, rendez-vous au chapitre **133**.

324

Vous vous arrêtez au poste de secours pour être pris en main par les soigneurs. Ils nettoient votre plaie, placent un pansement et vous entourent le mollet par ce qui ressemble à un filet de pêche.

– Vous avez bien fait de vous arrêter, sinon la blessure se serait infectée, vous dit l'une des personnes qui s'est occupée de vous avant de vous libérer.
Cela n'a pris que quelques minutes. Vous remontez sur votre vélo l'esprit plus serein.
Vous vous reconcentrez sur votre course. Les kilomètres défilent maintenant et vous vous rapprochez du parc à vélo, les jambes lourdes.
Rendez-vous au chapitre **373**.

325

Vous prenez le temps de vous arrêter pour récupérer un bidon plein et quelques barres énergétiques. Les quelques secondes de perdues ont permis à des concurrents de vous doubler. Vous vous dites que vous n'avez peut-être pas eu la meilleure stratégie mais au moins vos poches sont pleines.
Vous enfourchez votre vélo et au moment de repartir, un groupe d'une dizaine de triathlètes vous doublent, roue dans roue.
Si vous décidez de vous insérer dans ce groupe pour profiter vous aussi de l'aspiration, rendez-vous au chapitre **5**.
Si vous préférez les laisser partir et reprendre votre rythme solitaire, rendez-vous au chapitre **88**.

326

Vous vous mettez à marcher tant bien que mal. Vous êtes recroquevillé sur vous-même, vous tenant le ventre comme si cela pouvait faire disparaître la douleur, mais elle est bien présente et elle ne fait que s'amplifier.
Quelques minutes plus tard, vous levez la tête et apercevez la sortie de la ville donnant sur des champs à gauche et un bois à droite. Il vous reste encore un kilomètre à parcourir avant d'y parvenir. Cela vous semble surhumain.
Si vous décidez de vous arrêter même si vous êtes encore en ville, rendez-vous au chapitre **184**.
Si vous préférez continuer pour atteindre la sortie de la ville, rendez-vous au chapitre **334**.

327

Vous partez assez rapidement en vous concentrant sur les coureurs devant vous. Vous en rattrapez un grand nombre en seulement quelques kilomètres. Vous vous sentez bien et pour ne pas vous déshydrater, vous avez pensé à prendre une ceinture porte-bidon en sortant du parc à vélo.
Vous portez le bidon à votre bouche mais vous vous rendez compte qu'il ne s'agit pas du vôtre. Vous avez dû le confondre avec celui de votre voisin dans l'aire de transition.
Si vous décidez de boire tout de même le contenu du bidon, rendez-vous au chapitre **387**.
Si vous préférez attendre le prochain ravitaillement pour jeter ce bidon et en prendre un de l'organisation, rendez-vous au chapitre **413**.

328

Vous arrivez à sa hauteur, vous faites semblant de ne pas le regarder. Vous tendez brusquement votre bras et arrachez le verre des mains de ce pauvre spectateur. Il semble stupéfait par ce que vous venez de faire et reste sans réaction. Vous continuez de courir et avalez le contenu du verre avant de le poser au sol. Vous sentez la boisson fraîche se diffuser dans votre corps déshydraté. Vous vous sentez renaître.
Mais vous entendez une voie vociférer derrière vous. Vous vous retournez et voyez que l'homme n'a pas apprécié votre geste et s'est mis en tête de vous poursuivre.
Si vous décidez d'accélérer, de quasiment sprinter pour le distancer, rendez-vous au chapitre **464**.
Si vous préférez vous arrêter pour accepter la confrontation avec cet homme, rendez-vous au chapitre **10**.

329

Vous restez à droite de la route et tentez de zigzaguer entre les cyclistes.
A coup de « à gauche », « à droite », vous parvenez à vous faufiler entre eux sans oublier de leur faire remarquer que l'abri est interdit. Mais le temps de transpercer ce groupe, vous vous dites que vous êtes aussi en position de drafting si un arbitre venait à votre hauteur.

Vous dépassez d'autant plus rapidement ces tricheurs pour ne pas vous faire prendre à tort.
C'est bon, vous soufflez, le groupe est maintenant derrière vous et aucune sanction n'est tombée contre vous. Quelques secondes plus tard, vous entendez une moto arriver. Vous vous retournez et observez un arbitre sanctionner tout le groupe. Vous jubilez intérieurement.
Vous continuez votre progression et arrivez au 90ᵉ km, rendez-vous au chapitre **161**.

330

Vous enlevez une dent et appuyez plus fort sur les pédales. Cela vous demande un réel effort mais au moins, vous ne vous faites pas doubler par ce groupe de malhonnêtes. Vous vous retournez régulièrement pour vous assurer que vous avez creusé l'écart et surtout pour ne pas que l'un d'eux vienne vous sucer la roue !
Mais cela devient de plus en plus difficile musculairement, vos jambes vous brûlent et vous ne pouvez plus maintenir le même niveau d'effort. Vous changez de braquet et ralentissez par dépit.
Le groupe vous double sans se retourner. Kilomètre après kilomètre, tous les concurrents que vous aviez dépassés vous devancent. Tous ces efforts pour rien…
Vous arrivez au 90ᵉ km, rendez-vous chapitre **169**.

331

Vous n'avez pas envie de souffrir dans ces derniers kilomètres. Vous adoptez une allure qui vous permet de profiter de cette fin de course. Dès que vous sentez que vos jambes vous font trop souffrir, vous marchez quelques instants avant de repartir.
Au fil des kilomètres, vous marchez de plus en plus mais vous êtes bien, serein. Arrivé à un ravitaillement, un arbitre vous interpelle :
– Vous savez que vous n'avez plus beaucoup de temps ?
– Pardon ?
Vous ne comprenez pas de quoi il veut vous parler.
– Vous avez peu d'avance sur la barrière horaire.
Vous repartez en vous forçant à courir, mais quelques minutes plus tard, vous marchez de nouveau pour ne pas souffrir.

Si vous décidez de continuer sur ce rythme, rendez-vous au chapitre **283**.
Si vous préférez accélérer malgré la fatigue musculaire, rendez-vous au chapitre **134**.

332

Le bateau se rapproche de vous mais vous vous en fichez. Vous n'allez pas laisser cet homme vous insulter sans bouger !
Vous lui sautez dessus et le coulez allégrement. Une fois remonté à la surface, vous lui assénez deux baffes. Il ne répond pas, estomaqué par ce qui est en train de se passer.
Alors que vous alliez le couler une deuxième fois, un coup de sifflet strident retentit près de vos oreilles. Vous tournez la tête et voyez l'arbitre avec un carton rouge à la main. Il vous empoigne fermement et avec l'aide des secouristes sur le bateau, vous fait monter à bord manu militari.
Vous êtes disqualifié et le triathlète violenté porte plainte contre vous. Quelle honte de se conduire comme ça !

333

Vous n'avez même pas le temps de reprendre votre nage que vous sentez un poids sur votre dos vous projetant dans les profondeurs. Vous remontez difficilement au milieu de tous ces corps en mouvements, mais malgré les coups de pied, vous réussissez à ressortir la tête de l'eau.
A ce moment, vous voyez une main se diriger tout droit vers votre visage. Vous n'avez pas le temps de l'éviter et vous vous retrouvez sonné par un coup involontaire (enfin, c'est ce qu'ils disent tous !).
Vous n'arrivez plus à rester à la surface. Vous vous voyez couler quand vous sentez quelqu'un vous agripper par le bras. Le secouriste qui a vu la scène de loin, vous hisse jusque sur son bateau.
Vous êtes sauvé, mais la course s'arrête là pour vous. Peut-être que vous ferez mieux la prochaine fois !

334

Vous parvenez, après un effort inhumain, à sortir de la ville. Vous entrez immédiatement dans le bois et vous vous enfoncez à travers

les arbres jusqu'à ne plus voir la route pour être certain qu'on ne vienne pas vous déranger. Vous défaites votre trifonction et vous vous soulagez contre un arbre. Une fois terminé, vous trouvez des feuilles d'un arbuste pour vous essuyer.
Vous ressortez du bois, léger, vous n'avez plus de douleur au ventre et vous avez la sensation d'avoir perdu 10kg. Vous repartez sur un bon rythme pour les derniers kilomètres de votre course, rattrapant un bon nombre de concurrents qui vous avaient doublé pendant votre mésaventure.
Vous arrivez enfin dans la dernière ligne droite, rendez-vous au chapitre **179**.

335

Vous laissez partir le coureur. Vous savez qu'il va trop vite pour vous et ce serait prendre un risque que d'essayer de le suivre.
Vous maintenez votre allure dans laquelle vous vous sentez bien. Vous semblez maîtriser votre course et vous savez que vous êtes en train de réaliser un bon marathon.
Kilomètre après kilomètre les écarts se creusent et vous vous retrouvez isolé. Vous ne voyez plus de coureur devant vous, vous vous retournez, personne n'apparaît derrière vous.
Vous arrivez à un embranchement où la route se sépare en deux directions. Il n'y a aucun balisage ni aucun bénévole pour vous montrer la voie à prendre.
Si vous décidez de prendre la route de gauche, rendez-vous au chapitre **375**.
Si vous préférez prendre à droite, rendez-vous au chapitre **310**.
Si vous choisissez d'attendre un concurrent même si personne n'est encore visible, rendez-vous au chapitre **529**.

336

Vous continuez de rouler mais vous restez obnubilé par ce bruit. Cela vous agace et vous perdez votre concentration et votre self contrôle. Au fil des kilomètres, vous roulez de manière irrégulière, accélérant brutalement en espérant faire partir ce son puis ralentissant pour trouver d'où il vient.
Alors que vous vous mettez en danseuse pour avaler rapidement une bosse, vous vous rendez compte que vous n'entendez plus rien. Vous

vous asseyez de nouveau sur votre selle, le silence a remplacé le bruit. Vous vivez pleinement cet instant de bonheur, vous vous sentez revivre et vous vous reconcentrez sur votre course.
Les kilomètres défilent et vous arrivez enfin au parc à vélo, rendez-vous au chapitre **52**.

337

Vous vous arrêtez et posez votre vélo sur le bord de la route pour remonter en marchant les quelques mètres qui vous séparent de votre bidon. Vous le ramassez et ne pouvez qu'observer impuissant les dizaines de triathlètes qui en profitent pour vous doubler.
Vous remontez sur votre vélo. Vous repartez en étant confiant, au moins vous avez du matériel pour réparer.
Justement, quelques kilomètres plus loin, à la sortie d'un virage, vous avez une sensation bizarre à l'arrière de votre vélo, comme si vous rouliez sur des cailloux. Vous vous retournez, la situation est claire : vous avez crevé.
Vous vous arrêtez et sortez votre nécessaire pour changer la chambre à air. Mais avec tout le temps passé à l'entraînement, vous n'avez pas réalisé de séance pour la réparation et vous vous sentez un peu démuni face à tout ce matériel.
Alors que les triathlètes continuent de vous passer,
Si vous décidez de demander de l'aide à l'un d'eux, rendez-vous au chapitre **265**.
Si vous voulez y arriver par vous-même, rendez-vous au chapitre **120**.

338

Vous acceptez son eau et remplissez votre bidon. Vous repartez en le remerciant.
Dès les premiers coups de pédale, vous en profitez pour vous désaltérer, l'eau est fraiche, douce. Vous vous sentez beaucoup mieux et décidez d'accélérer pour rattraper votre retard.
Vous doublez un grand nombre de triathlètes.
Au ravitaillement suivant, vous ne refaites pas la même erreur et revenez à l'essentiel : vous choisissez un bidon d'eau et une banane.
Dans les derniers kilomètres, vous avez toujours autant d'énergie et vous finissez fort cette partie vélo.
Vous arrivez au parc à vélo, rendez-vous au chapitre **45**.

339

Vous tournez doucement les jambes pour ne pas réveiller votre douleur. Vous acceptez de voir un bon nombre de concurrents vous doubler mais pour le moment la priorité est votre ventre !
Les kilomètres s'enchaînent doucement et votre estomac devient de plus en plus silencieux.
Quelques kilomètres avant la transition, votre douleur a totalement disparu et vous pouvez de nouveau rouler à votre rythme, mais vous ne parvenez pas à rattraper le temps perdu jusque-là.
Rendez-vous au chapitre **446**.

340

Vous vous arrêtez de nouveau, seulement quelques minutes après votre reprise. Vous savez que les minutes sont comptées et que vous n'avez que très peu de marge de manœuvre. Vous prenez le temps malgré tout de vérifier vos patins de frein, votre pédalier et de tester votre dérailleur avant et arrière en passant sur tous les pignons avec vos deux plateaux. Mais le résultat n'est pas concluant, vous ne trouvez toujours rien. Vous n'entendez plus aucun bruit à l'arrêt.
Au bout de quelques minutes à chercher et à observer votre vélo, vous apercevez enfin une petite brindille coincée dans un rayon qui devait s'entendre avec le frottement contre la fourche.
« Tout ça pour ça » vous dites-vous. Vous repartez en vous demandant si vous avez bien fait de perdre tout ce temps pour ça.
Les derniers kilomètres jusqu'au parc à vélo se passent sans encombre.
Vous arrivez à la deuxième transition, rendez-vous au chapitre **446**.

341

Du premier coup d'œil vous apercevez votre vélo dans la rangée. Tout en le rejoignant, vous enlevez le haut de votre combinaison pour gagner du temps.
Arrivé à votre emplacement, vous quittez le reste de votre tenue en néoprène. Elle glisse parfaitement le long de vos jambes épilées et quitte vos pieds sans réticence. Vous n'avez même pas eu besoin de vous battre en tirant dessus.

Ensuite, tout s'enchaîne rapidement : vous accrochez votre porte-dossard autour de votre ventre, mettez votre casque, vos chaussures et prenez ce dont vous avez besoin pour le ravitaillement.
Vous vous emparez de votre vélo, boosté par cette transition éclair.
Vous trottinez jusqu'à la sortie de l'aire de transition où vous êtes autorisé à monter sur votre vélo.
Si vous venez du chapitre **296**, rendez-vous au chapitre **222**.
Si vous venez du chapitre **8**, rendez-vous au chapitre **21**.
Si vous venez du chapitre **86**, rendez-vous au chapitre **21**.
Si vous venez du chapitre **498**, rendez-vous au chapitre **172**.
Si vous venez du chapitre **315**, rendez-vous au chapitre **321**.
Si vous venez du chapitre **200**, rendez-vous au chapitre **358**.
Si vous venez du chapitre **345**, rendez-vous au chapitre **276**.

342

Vous êtes galvanisé par les applaudissements des spectateurs. Vous levez les bras en passant la ligne d'arrivée, heureux.
Vous prenez le temps de vous ravitailler et attendez quelques dizaines de minutes pour voir votre nom sur le classement qu'ils affichent progressivement.
Vous vous rapprochez des tableaux d'affichage, vous cherchez votre nom nerveusement comme pour les résultats du bac. Vous le trouvez enfin, mais quelque chose vous surprend. En face de votre nom est indiqué « DSQ ». Vous allez voir un responsable de la course qui se renseigne auprès des arbitres.
Au bout de quelques minutes, vous avez enfin la réponse : vous avez déposé votre vélo au mauvais emplacement, ce qui est considéré comme de la triche. Vous avez donc été disqualifié.
Vous vous asseyez au sol, KO. Même si au fond de vous, vous savez que vous avez terminé la course, vous n'apparaîtrez pas dans les résultats.

Prenez le temps de récupérer de votre course et relancez-vous dans une nouvelle lecture pour tenter de faire mieux !

343

Vous vous arrêtez et posez le vélo contre un arbre. Méthodiquement, vous observez votre frein. Vous faites tourner votre roue arrière pour

mieux comprendre de quelle manière s'effectue le frottement. Vous savez que ce sont de longues secondes que vous perdez sur les barrières horaires mais vous savez aussi que vous auriez perdu plus de temps à continuer de rouler avec un patin qui frotte. Vous décalez légèrement l'étrier pour que la roue puisse tourner sans problème.
Vous remontez sur votre vélo et repartez. Au final, vous n'avez perdu que deux ou trois minutes pendant cet arrêt.
Les kilomètres s'enchaînent en gardant un rythme que vous maitrisez. Votre objectif maintenant est de rallier le parc à vélo sans vous faire arrêter par les barrières horaires. Vous doublez quelques concurrents à la peine mais finalement, vous gardez à peu près le même classement.
Le chrono de votre compteur vous rassure et vous savez maintenant que, sauf problème mécanique, vous allez parvenir à poser le vélo dans les temps.
Au bout de longues heures sur la selle, vous arrivez enfin au parc à vélo, rendez-vous au chapitre **122**.

344

Malgré la douleur musculaire, la disparition de toute parcelle d'énergie dans votre corps et le risque que vous puissiez vous évanouir d'une seconde à l'autre, vous êtes poussé par la clameur des spectateurs, attiré comme un aimant par la ligne d'arrivée.
Cette dernière ligne droite est du pur bonheur ! Vous ne ressentez plus aucune fatigue, vous êtes euphorique. Les larmes aux yeux, vous vous rapprochez de cette ligne qui symbolise la fin de votre Ironman, de ces mois de préparation, de ce projet que vous pensiez irréalisable, mais vous y êtes et malgré ces heures à douter, vous comprenez pourquoi vous êtes là. Pour ces quelques secondes éphémères, futiles qui vous marqueront à vie.
Vous passez la ligne, vous recevez la médaille tant convoitée de finisher et soudain toutes les douleurs musculaires reviennent brutalement. Vous vous asseyez, le dos contre une barrière.
Vous souriez.
Vous avez terminé 1749e sur 2000, félicitations !

Prenez le temps de récupérer de votre course et relancez-vous dans une nouvelle lecture pour tenter de faire mieux !

345

En entrant dans le parc à vélo, vous entendez un bénévole vous annonçant votre classement :
– 1957e.
Vous vous rappelez que vous étiez 2000 au départ. Vous n'en revenez pas que cette personne ait pu compter un par un les participants jusqu'à vous ! Vous le remerciez en passant.
Vous ne ressentez pas de fatigue particulière et vous êtes plutôt confiant pour la suite de la course. Mais vous regardez votre montre et comprenez que vous êtes à quelques minutes de la barrière horaire synonyme de disqualification !
Vous arrivez au milieu de toutes ces rangées quasiment vides. Il reste une poignée de vélos seuls à attendre leurs propriétaires. Malgré le peu de possibilités restantes, vous commencez à chercher le vôtre mais un doute s'installe dans votre esprit. Où est votre emplacement ? Vous n'êtes plus vraiment sûr.
Si vous décidez de chercher parmi les premières rangées, rendez-vous au chapitre **341**, *(mémorisez le numéro de chapitre actuel :* ***345*** *qui vous sera utile par la suite).*
Si vous choisissez de partir dans les dernières rangées pour trouver votre emplacement, rendez-vous au chapitre **205**, *(mémorisez le numéro de chapitre actuel :* ***345*** *qui vous sera utile par la suite).*

346

Vous restez derrière votre ami, toujours à une centaine de mètres. Vous avez calé votre allure sur la sienne. Au fil des kilomètres, quelque chose vous semble inhabituel, sans vouloir accélérer, l'écart entre vous diminue progressivement, mais ce qui est le plus étonnant c'est qu'un grand nombre de coureurs vous doublent alors que votre ami est réputé pour être un bon coureur.
Soudain, quand vous voyez votre compagnon de club s'arrêter et marcher, vous comprenez qu'il vous a placé involontairement dans un faux rythme. Vous arrivez à sa hauteur.
– Ça va ? Lui demandez-vous.
– Non, je suis cuit. Ca fait cinq kilomètres que je n'avance plus.
Vous le laissez marcher, il semble réellement mal en point.
Si vous décidez de rester avec lui pour l'aider, rendez-vous au chapitre **39**.

Si vous préférez le laisser là et continuer tout seul, rendez-vous au chapitre **102**.

347

Vous accélérez, courant de plus en plus vite malgré vos vertiges. Vous apercevez au loin les tables du prochain ravitaillement puis, plus rien, un trou noir.
Vous vous réveillez sous une tente, vous ouvrez les yeux malgré vos maux de tête et tournez votre regard vers les secouristes affférés autour de vous.
Votre triathlon s'arrête là.

348

Vous vous efforcez d'avaler quelques gorgées, mais la température du liquide ne vous convient vraiment pas et vous tirez au cœur plusieurs fois. Vous reposez le bidon. Vous vous dites qu'au moins, vous ne serez pas déshydraté. Au ravitaillement suivant, vous récupérez un bidon d'eau. Vous n'avez pas voulu prendre la boisson énergétique de l'organisation car vous ne l'avez jamais testée.
Les kilomètres s'enchaînent et vous vous sentez en forme. Mais la chaleur est toujours bien présente et vous avez besoin de boire très régulièrement et d'énergie qu'apporte votre boisson isotonique. Mais vous hésitez à en absorber davantage car progressivement, une gêne est apparue dans votre ventre. Au fil des minutes, cela vous dérange de plus en plus.
Si vous décidez de vous arrêter pour vous soulager les intestins derrière un bosquet, rendez-vous au chapitre **380**.
Si vous préférez ne boire que de l'eau quitte à ne plus avoir d'apport énergétique, rendez-vous au chapitre **504**.
Si vous choisissez de boire quelques gorgées de votre boisson pour ne pas faire une hypoglycémie, rendez-vous au chapitre **316**.

349

Malgré le bruit incessant, vous continuez de rouler sans problème. Vous avez déjà perdu du temps avec votre chute, vous ne voulez pas en perdre plus en vous arrêtant inutilement. Mais cela vous intrigue, voire même vous irrite par moment. Entendre toujours ce même bruit, vous agace et vous essayez de trouver d'où cela peut venir.

Vous vous retournez plusieurs fois pour observer votre pédalier, votre roue arrière mais vous ne trouvez rien de suspect.
C'est en observant votre roue avant que votre regard se pose sur une petite brindille à peine visible. Elle est bloquée entre votre roue et les patins de frein et vient frotter sur votre pneu. Elle est si fine qu'elle ne crée pas vraiment de ralentissement mais cela induit ce bruit permanent que vous entendez depuis votre chute. Sans vous arrêter, ni même ralentir vous retirez cette brindille d'un mouvement rapide et assuré. Vous l'observez quelques secondes dans votre main puis le jetez sur le bord de la route. Le silence est revenu et votre agacement a disparu. Vous vous sentez de nouveau très bien.
Vous arrivez au 90e km, rendez-vous au chapitre **155**.

350

Vous partez sur un rythme que vous maitrisez, vous permettant de ne pas puiser dans vos ressources. Vous vous sentez bien, vous profitez de ces premiers kilomètres.
Au fil des minutes, les spectateurs deviennent de plus en plus rares. Mais alors que vous traversez un petit village, vous rencontrez une belle spectatrice sur le bord de la route vous encourageant avec vigueur. En passant à côté d'elle, vous la regardez, elle vous sourit et vous envoie un baiser.
Si vous décidez de vous retourner pour lui sourire à votre tour et lui renvoyer son baiser, rendez-vous au chapitre **366**.
Si vous préférez rester concentré sur votre course et ne pas vous retourner pour la remercier, rendez-vous au chapitre **217**.

351

En la doublant, vous l'encouragez sans vous retourner. Elle vous remercie. Ce seront les seules paroles que vous vous échangerez. Pour vous, la course n'est pas le lieu pour faire des rencontres, il y a un temps pour tout, et là vous devez rester concentré sur votre allure si vous voulez terminer ce triathlon. Peut-être que si vous la croisez après la course, vous aurez la possibilité de faire plus ample connaissance.
Vous évacuez de votre esprit cette femme dont vous n'avez même pas vu le visage et vous vous appliquez à maintenir le rythme que vous vous êtes fixé.

Rendez-vous au chapitre **302**.

352

Vous vous décalez pour sortir des pieds des nageurs et vous vous allongez dans l'eau, utilisant votre amplitude pour mieux glisser. Vous passez les concurrents un à un sans vous mettre dans le rouge.
Vous avez retrouvé votre rythme de croisière, celui que vous travaillez à la piscine depuis plusieurs mois. Vous vous sentez à l'aise.
Vous revenez sur beaucoup de triathlètes. Il faut dire que vous étiez loin du peloton et vous retrouver au milieu des concurrents vous remonte le moral.
Le retour jusqu'à la plage est un régal pour vous. Vous continuez de doubler des groupes de nageurs sans pour autant avoir l'impression de forcer. Mais la route est encore longue et qui sait quelles mésaventures vous rencontrerez sur votre route…
Rendez-vous au chapitre **498** pour la suite de votre épopée.

353

Vous vous jetez directement sous le jet d'eau avant qu'un autre concurrent ne le monopolise. Vous gardez la tête sous l'eau, ruisselante sur tout votre corps. Vous frissonnez de plaisir, vous avez la sensation que toute la chaleur accumulée s'évapore, emportant avec elle la fatigue de la course.
Vous restez quelques minutes sous ce déversement de plaisir malgré les autres concurrents qui veulent eux aussi accéder au bonheur.
Vous repartez enfin, prêt à affronter les derniers kilomètres de cet Everest. Vous êtes trempé de la tête au pied, ce n'est pas très agréable pour vos chaussures mais il ne reste plus qu'une poignée de kilomètres et vous ne regrettez pas du tout d'entendre "floc, floc" à chaque appui.
Vous profitez des derniers kilomètres, même si la chaleur est venue à bout de l'eau qui s'était accumulée sur votre corps.
Vous arrivez enfin dans la dernière ligne droite, rendez-vous au chapitre **412**.

354

Vous tournez votre guidon d'un mouvement rapide sur la gauche, entraînant votre roue avant vers le fossé. Votre vélo bute sur une

motte de terre et vous passez par-dessus votre cadre chutant sur une bonne épaisseur d'herbe. Vous êtes surpris par la sensation molletonnée qu'apporte cette verdure.
Vous vous relevez doucement, ne ressentant aucune douleur particulière, seulement un peu choqué par l'accident. Vous relevez votre vélo et l'inspectez quelques secondes. Tout semble fonctionner normalement.
Vous revenez sur la route et remontez sur votre vélo. Vos premiers coups de pédale sont timides mais les sensations sont plutôt bonnes.
– Vous allez bien ? vous demande une douce voix.
Vous vous retournez et retombez sur ce visage plein de douceur qui a provoqué votre chute.
– Oui, tout va bien, merci.
Vous ne savez pas quoi ajouter. Vous vous retournez une dernière fois.
– Bon courage.
Vous réussissez à reprendre votre rythme et distancez progressivement cette belle inconnue.
Encore perturbé par votre chute et par cette femme, les kilomètres s'enchaînent rapidement. Vous rêvez de pouvoir la retrouver plus tard, en course à pied ou à l'arrivée.
Sans vous en rendre réellement compte, vous approchez du parc à vélo.
Rendez-vous au chapitre **373**.

355

Vous maintenez cette allure rapide.
Kilomètre après kilomètre, vous vous dites « jusque-là tout va bien ».
Vous êtes même surpris de pouvoir tenir aussi longtemps. Vous rêvez même un instant réussir à garder cette vitesse jusqu'à la fin, réalisant un chrono supersonique.
Mais la réalité vous rattrape rapidement. Au dixième kilomètre, vos muscles se crispent brusquement, des crampes se forment et vous ne parvenez plus à courir. Vous marchez quelques secondes le temps de faire passer cette contraction musculaire avant de reprendre la course.
Mais vous êtes stoppé de nouveau, impossible de continuer à courir.
Vous alternez marche et course lente pour faire passer vos douleurs musculaires. Tous les concurrents que vous aviez doublés vous passent à présent. Vous perdez beaucoup de temps.

Alors que vous approchez de la mi-course, vos jambes semblent plus souples. Vous réussissez à maintenir une allure de course lente.
Vous arrivez au semi-marathon, rendez-vous au chapitre **209**.

356

Vous parcourez les quelques centaines de mètres qui vous séparent du précédent ravitaillement. Finalement, vous n'avez pas perdu beaucoup de temps.
Vous vous rapprochez du jet d'eau avec impatience, rendez-vous au chapitre **363**.

357

Même si le crawl est plus rapide que la brasse, vous savez que vous pouvez doubler des nageurs si vous accélérez votre rythme. Vous forcez sur vos mouvements de jambes et de bras. Vous vous rendez vite compte que ça paie ; vous remontez progressivement des nageurs en perdition et même des crawleurs.
Le problème est que vous sentez bien que ce n’est pas une nage économique et que vous êtes en train de concéder beaucoup d’effort pour parvenir à ce résultat.
Vous arrivez à la bouée indiquant le demi-tour. Il ne vous reste plus qu’une longue ligne droite avant la fin de la natation. Vous accélérez pour revenir sur un groupe de nageurs devant vous. Mais vous êtes bloqué net : vos mollets se tétanisent brusquement ! Vous vous arrêtez et vous vous redressez. Par chance, vos muscles se détendent. Vous tentez de repartir en brasse, mais vos jumeaux vous rappellent à l’ordre immédiatement.
Vous ne pouvez plus être en brasse, ni être en crawl à cause des lunettes. Vous vous mettez alors à nager mi-brasse, mi-crawl : les bras font des mouvements de brasse quand les jambes font de très légers battements pour ne pas trop les solliciter.
Le retour est très long et tous les nageurs que vous aviez doublés vous passent à présent devant.
Vous arrivez enfin sur la berge, épuisé par cette natation compliquée.
Rendez-vous au chapitre **100** pour la suite de votre course.

358

Vous mettez votre premier coup de pédale pour vous lancer dans les 180km de route qui s'ouvrent devant vous. Vous êtes heureux d'avoir terminé la partie natation mais vous savez que le chemin est encore long avant la ligne d'arrivée.
Vous n'êtes pas le dernier à partir, mais il ne reste plus beaucoup de concurrents encore dans l'eau.
Quelle va être votre stratégie pour ce début de parcours cycliste ?
Si vous choisissez de partir vite pour remonter des concurrents, rendez-vous au chapitre **249**.
Si vous préférez gérer votre effort en débutant tranquillement la partie cyclisme, rendez-vous au chapitre **350**.

359

Vous attrapez son gobelet et lui esquissez un sourire mais vous ne vous arrêtez pas. La course est plus importante que l'amour à ce moment-là pour vous. Cela fait des mois que vous la préparez, ce n'est pas une femme qui va tout foutre en l'air !
Mais vous avez du mal à effacer son visage de votre esprit, son regard, ce coup de foudre réciproque. Vous espérez la retrouver à l'arrivée, mais vous êtes réaliste, avec le nombre de participants et de spectateurs, c'est peu probable. Vous ne connaissez rien d'elle, même pas son prénom.
Vous regrettez de ne pas vous être arrêté, vous ne parvenez pas à vous concentrer sur les derniers kilomètres qui vous séparent de la ligne d'arrivée.
Si vous décidez de faire demi-tour pour finalement la retrouver, rendez-vous au chapitre **204**.
Si vous préférez continuer votre course et la chasser de vos pensées, rendez-vous au chapitre **319**.

360

Vous vous écartez du groupe de triathlètes et trouvez de la place pour nager à votre aise. Vous voyez les groupes vous distancer mais au moins seul, vous ne risquez pas de prendre des coups.
Vous nagez à votre rythme et continuez d'apercevoir sur le côté des nageurs vous doubler.

Vous arrivez sur la berge. Vous sortez de l'eau assez fatigué mais prêt à en découdre sur le vélo.
Vous entrez dans l'aire de transition, rendez-vous au chapitre **315**.

361

Vous repartez en courant avec la volonté de gagner du temps sur la barrière horaire. Mais au bout de seulement quelques minutes, votre ventre vous fait souffrir. Il n'y a aucun doute que cette douleur est due à la quantité de nourriture que vous venez d'ingurgiter.
Malgré vos efforts, vous ne parvenez plus à courir, vous êtes plié en deux. Vous vous arrêtez sur le bord du chemin et entrez dans le bois. Vous trouvez un endroit isolé et, après avoir baissé votre trifonction, vous vous soulagez contre un arbre. Vous regagnez le chemin, quelques instants plus tard, plus léger.
Si vous décidez de courir, rendez-vous au chapitre **270**.
Si vous préférez commencer par marcher, rendez-vous au chapitre **388**.

362

Plus les minutes passent, plus vous avez l'impression que votre trifonction vous serre. Vous tirez le col pour essayer de mieux respirer mais cela ne change rien. Vous avez chaud, très chaud. Votre allure diminue et vous commencez à avoir la tête qui tourne. Un spectateur voyant votre désarroi, vous propose sa bouteille d'eau.
Si vous décidez de refuser et de vous arrêter à l'ombre, rendez-vous au chapitre **144**.
Si vous préférez continuer jusqu'au prochain ravitaillement en refusant la bouteille du spectateur, rendez-vous au chapitre **451**.
Si vous choisissez d'accepter la bouteille du spectateur, rendez-vous au chapitre **304**.

363

Vous vous jetez directement sous le jet d'eau avant qu'un autre concurrent ne le monopolise. Vous gardez la tête sous l'eau qui ruisselle sur tout votre corps. Vous frissonnez de plaisir, vous avez la sensation que toute la chaleur accumulée s'évapore, emportant avec elle la fatigue de la course.

Vous restez quelques minutes sous ce déversement de plaisir malgré les autres concurrents qui veulent eux aussi accéder au bonheur.
Vous repartez enfin, prêt à affronter les derniers kilomètres de cet Ironman. Vous êtes trempé de la tête au pied et le bruit de vos chaussures mouillées ne vous dérange pas.
Mais au fil des kilomètres, vous commencez à sentir une gêne au niveau de vos pieds. Progressivement, cette sensation devient une douleur. Vous en êtes maintenant sûr, l'humidité vous a créé des ampoules. À chaque appui, le frottement de vos pieds contre les chaussettes trempées est de plus en plus insoutenable.
Si vous décidez d'enlever vos chaussettes, rendez-vous au chapitre **225**.
Si vous préférez garder vos chaussettes en essayant de les repositionner, rendez-vous au chapitre **79**.

364

Vous commencez à nager le crawl en fermant les yeux. Vous essayez de les rouvrir quand vous tournez la tête pour inspirer mais vous n'y arrivez pas. Vous êtes donc dans le noir en permanence.
Les premières minutes sont difficiles, vous prenez des coups dans tous les sens. Des concurrents vous coulent pour pouvoir passer, d'autres vous envoient leurs pieds dans la figure et certains même vous attrapent les chevilles pour mieux vous doubler.
Progressivement, vous sentez moins d'agitation autour de vous. Même avec les yeux fermés, vous vous sentez plus à l'aise et vous arrivez à poser votre nage.
Si vous décidez de vous redresser pour prendre le temps de vous repérer, rendez-vous au chapitre **467**.
Si vous choisissez de profiter de ce calme pour continuer de nager, rendez-vous au chapitre **38**.

365

Vous vous éloignez de « Monsieur, je suis égoïste et j'assume » pour accélérer et rejoindre un nouveau triathlète. Vous lui posez la même question et à l'inverse du dernier, celui-ci vous sourit et sort de sa poche une grande barre énergétique et vous la donne.
– Tiens, j'en ai déjà mangé une et je n'aime pas ça, vous dit-il.

Cela vous paraît surprenant de ne pas tester sa nourriture avant une telle course mais vous acceptez avec plaisir et la gardez dans votre main. Alors que vous continuez de discuter, une moto s'approche de vous et l'arbitre dessus vous tend un carton bleu. Vous ne comprenez pas.
– Vous n'avez pas le droit de vous ravitailler entre concurrents, vous explique l'arbitre.
– Hein ? Mais c'est quoi cette règle ? C'est stupide ! Vous défendez-vous.
– C'est une épreuve individuelle, vous devez la faire sans aide quelle qu'elle soit.
Sur ces mots, la moto accélère et vous vous retrouvez planté sur la route avec une pénalité à pied.
Tant bien que mal, vous essayez de vous reconcentrer sur votre course. Vous remerciez malgré tout votre bienfaiteur et savourez votre barre énergétique qui a un goût amer, un goût de carton bleu.
Quelques kilomètres plus loin, vous arrivez au 90e km, rendez-vous au chapitre **534**.

366

Vous vous retournez pour lui faire un signe de la main. Vous lâchez votre guidon sans voir le nid de poule devant vous. Votre roue avant heurte le trou et vous n'avez pas le temps de remettre vos mains sur le guidon que vous êtes déjà au sol. Vous restez allongé quelques secondes le temps d'analyser la situation : vous n'avez pas de douleur particulière, vous êtes juste un peu sonné. Vous sentez une main sous votre épaule qui vous aide à vous redresser. Vous vous retournez et plongez vos yeux dans le regard de la belle inconnue. Vous la remerciez timidement et vérifiez rapidement votre vélo qui semble bien fonctionner.
Si vous décidez de repartir immédiatement pour ne pas perdre plus temps, rendez-vous au chapitre **164**.
Si vous préférez prendre quelques instants pour demander le numéro de téléphone à cette femme, rendez-vous au chapitre **396**.

367

Malgré la douleur musculaire, la disparition de toute parcelle d'énergie dans votre corps et le risque que vous puissiez vous

évanouir d'une seconde à l'autre, vous êtes poussé par la clameur des spectateurs, attiré comme un aimant par la ligne d'arrivée.
Cette dernière ligne droite est du pur bonheur ! Vous ne ressentez plus aucune fatigue, vous êtes euphorique. Les larmes aux yeux, vous vous rapprochez de cette ligne qui symbolise la fin de votre Ironman, de ces mois de préparation, de ce projet que vous pensiez irréalisable, mais vous y êtes et malgré ces heures à douter, vous comprenez pourquoi vous êtes là. Pour ces quelques secondes éphémères, futiles qui vous marqueront à vie.
Vous passez la ligne, vous recevez la médaille tant convoitée de finisher et soudain toutes les douleurs musculaires reviennent brutalement. Vous vous asseyez, le dos contre une barrière.
Vous souriez.
Vous avez terminé 64e sur 2000, félicitations !

Prenez le temps de récupérer de votre course et relancez-vous dans une nouvelle lecture pour tenter de faire mieux !

368

Vous doublez les deux triathlètes qui vous ont mis le doute sur votre marche à suivre.
Juste avant le 90e km, vous apercevez un nouveau point intermédiaire, vous ralentissez et entendez votre puce biper sur le tapis. Vous vous arrêtez juste après et posez votre vélo. Vous ne voulez pas continuer à rouler pour rien et vous vous rapprochez d'un des responsables du chronométrage sous la tente, près d'un ordinateur.
– Excusez-moi, je me suis arrêté pour vous signaler qu'au point intermédiaire du 70e km, ma puce n'a pas bipé.
– Vous vous êtes arrêté là-bas pour le leur dire ? me demande-t-il
– Non, j'étais dans mon élan et après ça m'a fait cogiter, répondez-vous, hésitant.
– Ok, je le note, mais ne vous inquiétez pas, ça arrive souvent. On n'en tient pas compte si ça ne se reproduit pas dans une même course.
– Super ! Merci et bon courage.
Vous repartez avec un grand sourire ! Personne ne saura que vous n'avez pas réalisé une partie du parcours, juste vous et votre conscience et ce n'est pas ça qui va vous empêcher de dormir.

Vous remontez sur votre vélo et arrivez quelques centaines de mètres plus loin au 90e km, rendez-vous au chapitre **406**.

369

Malgré la douleur musculaire, la disparition de toute parcelle d'énergie dans votre corps et le risque que vous puissiez vous évanouir d'une seconde à l'autre, vous êtes poussé par la clameur des spectateurs, attiré comme un aimant par la ligne d'arrivée.
Cette dernière ligne droite est du pur bonheur ! Vous ne ressentez plus aucune fatigue, vous êtes euphorique. Les larmes aux yeux, vous vous rapprochez de cette ligne qui symbolise la fin de votre Ironman, de ces mois de préparation, de ce projet que vous pensiez irréalisable, mais vous y êtes et malgré ces heures à douter, vous comprenez pourquoi vous êtes là. Pour ces quelques secondes éphémères, futiles qui vous marqueront à vie.
Vous passez la ligne, vous recevez la médaille tant convoitée de finisher et soudain toutes les douleurs musculaires reviennent brutalement. Vous vous asseyez, le dos contre une barrière.
Vous souriez.
Vous avez terminé 762e sur 2000, félicitations !

Prenez le temps de récupérer de votre course et relancez-vous dans une nouvelle lecture pour tenter de faire mieux !

370

Vous freinez et faites demi-tour. Vous repassez le dos d'âne et vous vous arrêtez quelques mètres plus loin pour récupérer votre bidon qui a roulé jusqu'au bord du trottoir. Vous le remettez en place et repartez le plus rapidement possible mais vous avez tout de même perdu plus de deux minutes dans cette manœuvre. Vous savez que chaque seconde est importante pour ne pas vous faire éliminer.
Il ne reste que quelques minutes avant la prochaine barrière horaire.
Si vous décidez de garder le même rythme dans le but de vous préserver pour la suite de la course, rendez-vous au chapitre **466**.
Si vous préférez accélérer, quitte à griller quelques cartouches, rendez-vous au chapitre **470**.

371

Vous vous arrêtez sur le bord de la route. Cela vous agace de perdre du temps de cette manière mais vous constatez que le bruit venait effectivement de votre patin de frein qui touchait votre jante. Vous le décalez légèrement et soulevez l'avant de votre vélo pour tester que plus rien ne frotte.
Même si vous avez perdu quelques secondes dans cette petite manipulation, vous vous dites qu'au final, c'est du temps et de l'énergie de gagnés de ne pas avoir à lutter contre un freinage permanent.
Vous repartez et reprenez votre rythme.
Vous arrivez quelques kilomètres plus loin au 90e km, rendez-vous au chapitre **462**.

372

Vous commencez à enchaîner les foulées. Vous êtes satisfait de voir que vos jambes répondent plutôt bien à cette allure de course.
Kilomètre après kilomètre, vous doublez lentement les concurrents qui étaient passés devant vous lorsque vous marchiez. Vous semblez avoir trouvé votre zone de confort.
Vous arrivez au semi-marathon, rendez-vous au chapitre **272**.

373

Vous arrivez dans l'aire de transition. Vous posez pied à terre avant la ligne signalant l'entrée du parc à vélo.
Le même bénévole qu'à la sortie de l'eau vous crie votre classement :
– 1749e !
Vous savez qu'il faut rester lucide lors de cette transition pour ne pas perdre de temps ni faire d'erreur. Mais la fatigue est bien présente et parfois on ne parvient pas à tout contrôler.
Choisissez un des chapitres suivants pour savoir comment va se dérouler votre transition :
Rendez-vous au chapitre **29** *(mémorisez le numéro de chapitre actuel :* ***373*** *qui vous sera utile par la suite).*
Rendez-vous au chapitre **254** *(mémorisez le numéro de chapitre actuel :* ***373*** *qui vous sera utile par la suite).*
Rendez-vous au chapitre **48** *(mémorisez le numéro de chapitre actuel :* ***373*** *qui vous sera utile par la suite).*

Rendez-vous au chapitre **477** *(mémorisez le numéro de chapitre actuel :* ***373*** *qui vous sera utile par la suite).*

374

Vous repartez et mangez la barre énergétique de l'organisation. Vous ne l'aviez jamais goûtée mais elle n'est pas mauvaise. La saveur n'est pas désagréable et vous sentez qu'elle est dense, pleine d'énergie. Vous avalez quelques gorgées de la boisson isotonique mais la sensation est très différente : le goût ne vous plait pas du tout, vous le trouvez écœurant. Mais vous n'avez pas vraiment le choix, vous devez bien vous hydrater.
Plus les kilomètres avancent plus la boisson se réchauffe avec le soleil. Vous ne parvenez plus à la boire. Vous avez failli vomir la dernière gorgée que vous avez avalée.
Quelques minutes plus tard, une douleur au ventre se fait ressentir. Vous essayez de continuer de pédaler mais elle est de plus en plus violente, vous êtes obligé de ralentir pour continuer.
Si vous décidez de vous arrêter, rendez-vous au chapitre **196**.
Si vous préférez continuer en diminuant un peu votre allure, rendez-vous au chapitre **416**.

375

Vous prenez la route de gauche.
Vous continuez, seul, sans aucun repère ou balisage qui pourrait vous faire penser que vous êtes sur la bonne voie.
Au bout de quelques minutes, vous arrivez de nouveau à une intersection qui aboutit cette fois sur deux chemins. Sur celui de gauche, vous voyez des traces de pas au sol qui pourraient ressembler à des semelles de chaussures de course. Sur votre droite, au bout du chemin, vous semblez apercevoir un bénévole avec un gilet fluo.
Si vous décidez de prendre à gauche, rendez-vous au chapitre **475**.
Si vous préférez prendre à droite, rendez-vous au chapitre **30**.

376

Vous faites l'effort pour revenir rapidement sur le groupe qui vient de vous passer. L'effort est violent mais payant, au bout de quelques dizaines de secondes, vous êtes dans la roue du dernier membre du

groupe. Mais vous avez à peine le temps de souffler que le groupe se disperse brusquement.
Si vous décidez de rester dans la roue de votre concurrent direct pour profiter de son aspiration car vous avez consenti un effort brutal pour le rejoindre, rendez-vous au chapitre **320**.
Si vous préférez poursuivre votre effort pour doubler tous les membres du groupe quitte à vous exploser les jambes, rendez-vous au chapitre **509**.

377

Vous mettez votre main dans votre poche gauche mais il n'y a rien. Vous avez soudain un doute. Est-ce que vous avez bien pris votre coupe-vent ? Vous glissez votre main dans votre poche droite. Vous êtes soulagé, vous sentez le tissu hermétique du vêtement. Mais alors que vous alliez le sortir, vous roulez sur une imperfection de la route qui vous fait perdre légèrement l'équilibre. Par réflexe, vous lâchez votre coupe-vent pour pouvoir rapidement tenir votre guidon. Vous avez échappé au pire, vous n'êtes pas tombé. Vous vous retournez et voyez votre vêtement, emporté par le vent, s'envoler au-delà du parapet. Vous vous arrêtez pour tenter de le poursuivre mais il est déjà au-dessus du ravin. Vous ne pouvez que l'observer retomber lentement quelques mètres plus bas, hors de portée.
Vous remontez sur votre vélo, résigné et toujours frissonnant.
Quelques minutes plus tard, un spectateur, sans doute un cycliste, vous voyant trembler avec les lèvres violettes, vous propose un imperméable qu'il sort de sa poche. En discutant avec lui, il vous signale qu'il y a un ravitaillement 500m plus loin.
Si vous décidez de prendre son vêtement, rendez-vous au chapitre **318**.
Si vous choisissez de refuser et de vous arrêter au ravitaillement quitte à perdre du temps, rendez-vous au chapitre **156**.
Si vous préférez refuser et continuer sans vous arrêter au ravitaillement car vous avez encore de quoi boire et manger, rendez-vous au chapitre **520**.

378

Vous vous collez au bas-côté gauche pour éviter la voiture. Elle ralentit et se décale vers la droite, frôlant dangereusement le groupe

de triathlètes que vous tentiez de doubler. Vous ne voulez pas rouler complétement sur l'herbe par peur de tomber et vous ne vous êtes pas assez décalé.
En passant, le rétroviseur de la voiture heurte votre guidon que vous n'arrivez plus à contrôler. Vous ne pouvez plus rien faire. Votre roue avant se met en travers de la route et vous passez par-dessus votre vélo. Vous chutez dans l'herbe, votre tête heurtant le sol. Vous êtes sonné, allongé au sol.
Au bout de quelques secondes, vous vous redressez, vous touchez votre casque qui semble être fendu mais vous n'avez pas de douleur au crâne. En vous relevant, une douleur aveuglante vous empêche de vous appuyer sur votre jambe gauche. La souffrance vous donne la nausée et vous vous rallongez en attendant les secours.
Une fois pris en charge par une équipe médicale, vous êtes transporté à l'hôpital le plus proche.
Les radios montrent une fracture du tibia.
Votre triathlon s'arrête là.

379

Vous êtes excédé ! Vous n'en pouvez plus de tous ces bourrins qui vous coulent volontairement !
Vous vous redressez, furieux. Vous vous tournez et coulez un par un les triathlètes qui s'approchent trop près de vous. Au bout d'une dizaine de nageurs de coulés, vous repartez en vous déplaçant en brasse en accentuant les mouvements de jambes pour réussir à toucher les côtes de vos concurrents. Evidemment, vous continuez de couler tout opposant à portée de mains.
Au bout de quelques instants, un triathlète se relève, apparemment lui aussi énervé.
– Ça t'amuse de couler tout le monde ?! Tu n'as rien de mieux à faire, boulet ? vous crie-t-il.
– Je pensais que c'était ça le but de la natation en triathlon : couler les autres ! répondez-vous d'un ton ironique.
– Mais tu te prends pour qui ?
Si vous ne voulez pas plier devant ce triathlète malpoli, rendez-vous au chapitre **332**.
Si vous décidez de repartir en nageant, rendez-vous au chapitre **439**.

380

Vous continuez de rouler jusqu'à trouver un endroit adéquat. Vous n'appuyez quasiment plus sur vos pédales et les concurrents vous doublent en vous jetant un regard interrogatif.
Vous trouvez enfin un bosquet assez grand qui vous conviendrait. Vous vous arrêtez et vous vous enfoncez dans ce petit bois. Vous vérifiez que les arbres vous cachent suffisamment pour vous dévêtir. Vous vous soulagez longuement contre un tronc d'arbre. Vous avez perdu de nombreuses minutes mais vous vous sentez beaucoup mieux. Vous vous rhabillez et remontez sur le vélo. Votre douleur au ventre s'est estompée.
Vous continuez de vous hydrater régulièrement avec votre bidon d'eau et quelques kilomètres plus tard, cette gêne à l'estomac est maintenant un vieux souvenir.
Peu de temps avant le 90e km, vous récupérez un bidon de boisson énergétique à un ravitaillement. Sa saveur vous plait et la fraicheur du liquide vous fait du bien. Vous reprenez votre rythme habituel pour récupérer le temps perdu.
Vous arrivez à la mi-course, rendez-vous au chapitre **161**.

381

Vous vous arrêtez et posez votre vélo sur le bord de la route. Vous remontez à pied les quelques dizaines de mètres qui vous séparent de votre bidon. Vous ragez de perdre du temps inutilement. Heureusement, en ramassant votre boisson, vous remarquez que le bouchon ne s'est pas ouvert et que le contenu est encore bien présent. Vous revenez à votre vélo et remontez dessus.
Alors que vous effectuez vos premiers coups de pédale, un groupe de triathlètes vous double roue dans roue.
Si vous décidez de vous mélanger à ce groupe, rendez-vous au chapitre **5**.
Si vous préférez les laisser partir pour prendre votre rythme, rendez-vous au chapitre **88**.

382

Vous vous écartez du groupe et continuez à nager seul. L'orientation devient plus difficile. Vous vous rendez compte que vous avez

tendance à nager vers la droite. Vous êtes obligé de lever la tête très régulièrement pour ne pas faire de distance supplémentaire.
Vous vous sentez fébrile et vous n'arrivez pas à accélérer pour doubler le groupe. Vous restez à leur hauteur une dizaine de mètres à côté d'eux.
Devant vous, vous apercevez la berge se dessiner. Vous avez hâte d'en terminer avec cette partie du triathlon. Vos sensations n'ont pas été aussi bonnes que prévues. Vous êtes déçu de ce début de course.
Vous arrivez sur la plage de départ. Vous vous redressez. Maintenant vous devez vous projeter sur la suite de votre course et vous concentrer sur votre transition.
Rendez-vous au chapitre **200**.

383

Malgré la douleur musculaire, la disparition de toute parcelle d'énergie dans votre corps et le risque que vous puissiez vous évanouir d'une seconde à l'autre, vous êtes poussé par la clameur des spectateurs, attiré comme un aimant par la ligne d'arrivée.
Cette dernière ligne droite est du pur bonheur ! Vous ne ressentez plus aucune fatigue, vous êtes euphorique. Les larmes aux yeux, vous vous rapprochez de cette ligne qui symbolise la fin de votre Ironman, de ces mois de préparation, de ce projet que vous pensiez irréalisable, mais vous y êtes et malgré ces heures à douter, vous comprenez pourquoi vous êtes là. Pour ces quelques secondes éphémères, futiles qui vous marqueront à vie.
Vous passez la ligne, vous recevez la médaille tant convoitée de finisher et soudain toutes les douleurs musculaires reviennent brutalement. Vous vous asseyez, le dos contre une barrière.
Vous souriez.
Vous avez terminé 186e sur 2000, félicitations !

Prenez le temps de récupérer de votre course et relancez-vous dans une nouvelle lecture pour tenter de faire mieux !

384

Vous vous laissez aller, relâchant vos intestins tout en continuant de courir. L'espace d'une seconde, vous vous sentez bien, allégé. Mais la seconde suivante, votre lucidité vous rattrape. Ce que vous venez de

faire est écœurant et vous manquez de vomir en sentant l'odeur se répandre sur vous. Vos selles sortent de votre trifonction et tombent au sol. L'une d'elles chutent devant vos pieds, vous marchez dedans et glissez, perdant l'équilibre. Vous ne parvenez pas à vous redresser et tombez. Vous heurtez le bitume avec votre tête avant de vous évanouir.
Vous vous réveillez dans une ambulance. Quand vous comprenez où vous êtes et ce que vous avez fait, vous avez honte et ne souhaitez qu'une chose, rentrer chez vous.
Votre triathlon s'arrête là.

385

Ecœuré par cette attitude, vous vous écartez et laissez partir le groupe devant vous. Les triathlètes continuent en file indienne, à l'abri du vent. Alors que l'écart est suffisant, vous reprenez votre rythme habituel et voyez une moto vous dépasser. Vous jubilez intérieurement. L'arbitre s'arrête à hauteur du petit groupe pour sortir un carton bleu qu'il pointe à ces tricheurs. Vous vous dites qu'il y a finalement une morale et vous vous reconcentrez sur votre course.
Mais avec tout ça, vous avez raté le ravitaillement proposé par l'organisation. Vous comptiez dessus pour prendre de quoi vous alimenter. Vous fouillez dans vos poches mais vous n'avez plus rien à manger.
Si vous décidez de demander à un concurrent de vous donner une barre énergétique, rendez-vous au chapitre **301**.
Si vous préférez seulement boire, rendez-vous au chapitre **493**.

386

Vous vous tournez une dernière fois vers elle.
– Je me sens bien, je vais essayer d'accélérer, suis moi, lui dites-vous espérant qu'elle parte avec vous.
– Non, je sens déjà que je vais trop vite, je vais finir à mon rythme.
Vous accélérez, chaque foulée vous sépare un peu plus d'elle mais vous devez penser avant tout à votre course. Vous espérez secrètement pouvoir la retrouver à la fin de la course.
Vous retrouvez votre rythme habituel et doublez quelques concurrents qui vous avaient dépassés précédemment.
Vous arrivez au semi-marathon, rendez-vous au chapitre **272**.

387

Vous hésitez mais finalement vous portez le bidon à votre bouche, vous avalez timidement deux gorgées.

Il vous faut quelques secondes pour évaluer la qualité et le goût de la boisson. Découvrez votre réaction en choisissant un des chapitres suivants.

Rendez-vous au chapitre **51**.

Rendez-vous au chapitre **473**.

Rendez-vous au chapitre **149**.

388

Vous revenez sur le chemin et reprenez le fil de la course mais en marchant. Vous essayez de contracter votre ventre, de vous sentir relâché et au bout de quelques minutes, vous commencez à trottiner doucement.

Les kilomètres s'enchaînent tranquillement, à une vitesse plutôt lente mais dans laquelle vous vous sentez à l'aise. Mais à seulement quelques kilomètres de l'arrivée, vous avez pris un peu de retard pour terminer dans les temps.

Si vous décidez de livrer vos dernières forces, rendez-vous au chapitre **262**.

Si vous préférez prendre le temps de calculer exactement votre retard et le rythme à avoir pour terminer à temps, rendez-vous au chapitre **491**.

Si vous choisissez de garder le même rythme en vous disant qu'il sera suffisant pour passer la ligne d'arrivée, rendez-vous au chapitre **119**.

389

Vous passez le ravitaillement de la mi-course. Maintenant vous êtes fixé sur la prochaine étape de votre course : la deuxième transition de votre Ironman.

La suite de votre partie cycliste se passe sans embûche. Mais ce n'est pas le cas pour tout le monde. En effet, sur le bord de la route, vous apercevez devant vous un concurrent à l'arrêt, son vélo à ses pieds. Il vous fait signe et vous interpelle :

– Je viens de crever, tu aurais de quoi réparer s'il te plaît ?

Vous le regardez vous supplier et vous savez que si personne ne lui vient en aide, il devra arrêter là sa course. Dans votre matériel de réparation, vous avez de quoi réparer deux pneus.
Si vous choisissez de vous arrêter et de l'aider à réparer, rendez-vous au chapitre **548**.
Si vous préférez ne pas répondre à sa demande et continuer sans vous arrêter, rendez-vous au chapitre **68**.

390

La boisson sucrée vous fait du bien et vous redonne de l'énergie. Vous repartez quelques secondes plus tard, essayant de courir malgré la fatigue et la douleur musculaire.
Après quelques minutes, vous avez l'impression que le précédent ravitaillement a déjà été entièrement utilisé par votre métabolisme et vous avez une terrible envie de manger quelque chose, d'apporter de l'énergie à votre corps.
En cherchant dans vos poches de trifonction, vous trouvez un gel que vous aviez oublié. L'idée de le manger ne vous attire pas, mais cela vous apporterait peut-être suffisamment de sucre pour tenir jusqu'au ravitaillement suivant.
Si vous décidez d'avaler le gel énergétique, rendez-vous au chapitre **25**.
Si vous préférez le laisser dans votre poche et attendre le prochain ravitaillement, rendez-vous au chapitre **515**.

391

Vous acceptez avec une pointe d'agacement de voir ces triathlètes en drafting vous passer devant, mais vous voulez terminer votre course en respectant les règles pour pouvoir vous regarder dans le miroir demain, au réveil.
Vous profitez de ces premiers kilomètres pour bien vous alimenter et vous hydrater. Vous vous sentez bien, vous avez l'impression de maitriser votre allure. Vous êtes serein.
Au 45e km, vous apercevez au loin votre famille et vos amis qui sont venus vous encourager, quel bonheur ! Vous vous sentez léger et des larmes vous montent aux yeux.
Si vous voulez vous servir de cette émotion et de l'adrénaline qui vous donnent des ailes pour accélérer, rendez-vous au chapitre **271**.

Si vous décidez de vous arrêter pour prendre le temps d'embrasser vos supporters, rendez-vous au chapitre **208**.
Si vous préférez ne pas vous laisser influencer par vos émotions et rester concentré sur la course, rendez-vous au chapitre **95**.

392

Vous partez enfin sur le marathon, la dernière épreuve de votre triathlon. Vous vous sentez pousser des ailes, encouragé par votre entourage et le public.
Si vous décidez de profiter de l'adrénaline que vous apportent les applaudissements pour partir sur une allure rapide, rendez-vous au chapitre **525**.
Si vous préférez partir sur une allure lente quitte à frustrer vos supporters, rendez-vous au chapitre **177**.
Si vous choisissez de commencer par marcher pour bien gérer votre allure, rendez-vous au chapitre **419**.

393

Vous prenez le temps de discuter mais vous sentez qu'il y a déjà un lien fort entre vous, comme si vous vous connaissiez déjà. Au bout de quelques minutes, vous décidez d'échanger vos numéros, elle vous note le sien sur un papier que vous glissez dans la poche de votre trifonction. Vous lui donnez le vôtre qu'elle note sur son portable.
Vous repartez, heureux, l'esprit léger. Vous laissez vagabonder vos pensées, vous éloignant des priorités de la course. Vous passez plusieurs ravitaillements, sans même les voir. C'est le visage de cette femme qui monopolise votre attention.
Mais la réalité vous rattrape, vous commencez à avoir très soif et vous sentez les crampes commencer à monter.
Si vous décidez de ralentir, rendez-vous au chapitre **109**.
Si vous préférez au contraire accélérer pour arriver rapidement au ravitaillement suivant, rendez-vous au chapitre **261**.
Si vous choisissez de marcher, rendez-vous au chapitre **442**.

394

Les premiers kilomètres se passent très bien, vous avez rapidement trouvé votre rythme et vous vous sentez à l'aise. Vous vous surprenez même à profiter du paysage devant vous.

Mais progressivement, le ciel s'assombrit et vous commencez à sentir des gouttes d'eau vous rafraichir le visage. Ce qui était agréable les premiers instants devient gênant une fois que l'eau a pénétré votre tenue. Avec la pluie, la température a baissé et vous commencez à frissonner, les mains crispées sur votre guidon. Vous cherchez dans votre poche arrière votre coupe-vent.
Si vous décidez de regarder d'abord dans la poche gauche, rendez-vous au chapitre **377**.
Si vous préférez chercher dans votre poche droite, rendez-vous au chapitre **188**.

395

Vous nagez très vite, comme si vous preniez le départ d'un 50m nage libre avec Florent Manaudou à vos côtés. Au bout de 30m, vous jetez un œil derrière vous : vous ne rêvez pas, vous êtes premier !
Au bout d'une minute, vous commencez à sentir l'acide lactique s'emparer progressivement de vos bras mais l'excitation de votre première position vous projette naturellement à continuer. L'idée que vous avez des centaines de triathlètes dans vos pieds vous grise.
Si vous décidez de maintenir votre effort en vous servant de l'adrénaline libérée par votre pole position, rendez-vous au chapitre **528**.
Si vous préférez ralentir quitte à vous faire doubler par des dizaines de triathlètes, rendez-vous au chapitre **104**.

396

Vous discutez rapidement avec elle et lui faites comprendre que vous aimeriez la revoir après la course. Elle ne semble pas insensible à votre charme mais vous n'avez rien pour écrire son numéro.
– Donne-moi le tien. Je t'appelle ce soir et de toute façon, je serai à l'arrivée. Tu penses finir à quelle heure ? vous demande-t-elle.
– Tu sais, c'est difficile à dire…
– C'est pas grave, je vais bien te voir arriver au bout d'un moment.
Elle note votre numéro dans son téléphone et vous embrasse sur la joue pour vous encourager.
Vous reprenez votre vélo avec du baume au cœur. Vous avez hâte d'en terminer pour la retrouver.

Vous n'avez perdu finalement que très peu de temps et vous ne regrettez pas du tout votre arrêt, rendez-vous au chapitre **164**.

397

Vous entrez dans le parc à vélo, vous courez jusqu'à votre emplacement. Le public continue de vous encourager.
Arrivé près de votre vélo, vous enlevez votre combinaison, elle glisse sur vos jambes et s'enlève directement. C'est la première fois que vous la quittez aussi rapidement. Vous vous dites que c'est votre jour.
Vous mettez votre casque et partez avec votre vélo.
Vous vous sentez bien, vous allez faire la course de votre vie. Vous approchez de la sortie du parc à vélo. Au moment où vous passez la ligne vous autorisant à monter sur votre machine, un arbitre se poste devant vous.
« Mais d'où il vient, lui ? » vous demandez-vous.
Il sort de sa poche un carton rouge qu'il tend, visible aux yeux de tous.
Votre lucidité prend le pas sur votre enthousiasme. Vous faites le surpris mais il est difficile de nier une pareille triche. Le public ne comprend pas. Les triathlètes partent maintenant à vélo. Vous êtes emmené dans la tente des arbitres.
Votre triathlon s'arrête là, vous repartez la tête baissée.
Honte à vous !

398

Vous partez prudemment en imprimant une allure que vous maitrisez, qui ne puise pas dans vos ressources. Pour cela, vous vous calez sur ce que vous annonce votre capteur de puissance installé sur votre vélo. Les centaines de kilomètres réalisés à l'entraînement vous ont permis d'estimer quelle puissance vous pouvez développer pour être encore en forme sur le marathon.
Au fil des kilomètres, vous acceptez de vous faire doubler par des concurrents en espérant les revoir plus tard dans la course.
Alors que vous êtes satisfait de votre gestion de début de course, votre compteur, qui relaie les informations de votre capteur de puissance, s'éteint. Vous aviez pensé à tout, sauf à recharger la batterie de votre appareil !

Vous êtes perdu, vous n'avez plus aucun repère, ni de vitesse, ni de temps, ni de puissance. Vous vous sentez nu sur votre vélo. Vous ne savez plus si vous devez pédaler plus fort ou relâcher.
Un concurrent profite de votre perte de lucidité pour vous doubler.
Si vous décidez de prendre sa roue, rendez-vous au chapitre **420**.
Si vous préférez vous mettre à son rythme une dizaine de mètres derrière lui, rendez-vous au chapitre **93**.
Si vous choisissez de le laisser partir et de vous fier à vos sensations, rendez-vous au chapitre **248**.

399

Les kilomètres s'enchaînent. Vous avez l'impression que le bruit de frottement du patin sur votre roue s'est atténué ou alors vous vous y êtes peut-être habitué.
La fatigue commence à se faire sentir et vous avez de plus en plus de difficulté à maintenir un rythme normal. Les concurrents vous doublent un par un. Quand vous voyez leur morphologie, votre ego ne comprend pas. Qu'est-ce que vous avez pu rater pour vous faire doubler par ces gens-là ? Vous devriez être devant !
Au fil des kilomètres, votre épuisement prend le pas sur votre moral. Vous n'avancez plus et vous ne savez pas pourquoi. Vous repensez à toutes ces heures d'entraînement sur le vélo, vous aviez pourtant l'impression d'être bien, d'avoir fait le travail. Mais apparemment, non !
Vous arrivez au ravitaillement du 150e km, les commissaires de course vous interdisent alors de repartir, vous êtes hors délai.
En descendant de votre vélo, vous vous rendez compte que votre patin de frein est complétement collé à votre roue, vous comprenez alors pourquoi vous ressentiez une fatigue inhabituelle.
Mais c'est trop tard, la course est terminée pour vous.

400

Vous changez de braquet pour écraser vos pédales. Vous ne pensez plus aux dizaines de kilomètres qu'il vous reste à parcourir ni au marathon qui risque de vous faire souffrir. Votre objectif maintenant est de gagner un maximum de temps sur les barrières horaires. Vous relancez pour maintenir une allure d'un triathlon M (40km de vélo).

Vous êtes rapidement récompensé par vos efforts. Au fil des kilomètres, les concurrents doublés se comptent par dizaines. Mais cette réussite a un prix : vos cuisses commencent à vous brûler. Vous calculez rapidement votre marge sur les barrières horaires, vous avez gagné une poignée de minutes, si vous n'avez pas fait d'erreur.
Si vous décidez de maintenir cette allure pour vous mettre complétement à l'abri, rendez-vous au chapitre **191**.
Si vous préférez ralentir pour vous caler à l'allure des concurrents avec lesquels vous roulez, rendez-vous au chapitre **233**.

401

Malgré la douleur musculaire, la disparition de toute parcelle d'énergie dans votre corps et le risque que vous puissiez vous évanouir d'une seconde à l'autre, vous êtes poussé par la clameur des spectateurs, attiré comme un aimant par la ligne d'arrivée.
Cette dernière ligne droite est du pur bonheur ! Vous ne ressentez plus aucune fatigue, vous êtes euphorique. Les larmes aux yeux, vous vous rapprochez de cette ligne qui symbolise la fin de votre Ironman, de ces mois de préparation, de ce projet que vous pensiez irréalisable, mais vous y êtes et malgré ces heures à douter, vous comprenez pourquoi vous êtes là. Pour ces quelques secondes éphémères, futiles qui vous marqueront à vie.
Vous passez la ligne, vous recevez la médaille tant convoitée de finisher et soudain toutes les douleurs musculaires reviennent brutalement. Vous vous asseyez, le dos contre une barrière.
Vous songez à la femme du ravitaillement que vous espérez retrouver. Vous souriez.
Vous avez terminé 1358e sur 2000, félicitations !

Prenez le temps de récupérer de votre course et relancez-vous dans une nouvelle lecture pour tenter de faire mieux !

402

Vous maintenez votre effort. Vous êtes concentré pour garder une vitesse élevée. Malgré tout, cela commence à être difficile ; vos jambes vous semblent plus lourdes.
Alors que jusque-là vous ne faisiez que doubler, un groupe de triathlètes passe devant vous, les uns derrière les autres profitant ainsi

de l'aspiration des autres concurrents. Ce comportement vous énerve car vous savez que c'est interdit et que cela n'est pas l'esprit du triathlon !
Si vous décidez d'accélérer encore un peu pour ne pas vous faire doubler par cette bande de tricheurs, rendez-vous au chapitre **330**.
Si vous choisissez de sauter dans la roue d'un des concurrents car vous vous dites que si tout le monde le fait, pourquoi vous seriez le seul à ne pas en profiter, rendez-vous au chapitre **174**.
Si vous préférez les laisser passer et garder vos distances sans profiter de l'aspiration, rendez-vous au chapitre **101**.

403

Progressivement, vous prenez un rythme de croisière avec lequel vous vous sentez bien. Vous avez l'impression de pouvoir courir longtemps à cette vitesse. Vous prenez le temps de profiter du paysage, de la course et discutez avec les concurrents qui vous entourent.
Kilomètre après kilomètre, vous continuez de doubler quelques coureurs en détresse.
Vous arrivez au semi-marathon, vous arrivez au chapitre **490**.

404

Vous insérez l'embout de la bombe sur votre valve mais au moment d'appuyer, tout le produit qui aurait dû être injecté dans votre chambre à air ressort de votre valve. Il y en a partout, sauf là où il faudrait. Vous tentez de bien replacer l'embout mais rien n'y fait. Tout le contenu coule sur le sol.
Vous n'êtes pas avancé. Heureusement, vous avez une chambre à air de secours. Vous n'avez plus le choix, vous devez la changer.
Rendez-vous au chapitre **410**.

405

Avec le vent, vous avez du mal à garder votre œil sain ouvert. La douleur de la piqure vous empêche de bien vous concentrer sur votre vélo et votre pédalage. Beaucoup de concurrents vous doublent mais le problème n'est pas là. Vous regrettez votre décision mais le poste

de secours est maintenant trop loin derrière vous pour faire demi-tour, vous espérez en rencontrer un autre plus loin.
Mais vous n'y arriverez jamais, une nouvelle goutte de sueur vous tombe dans votre œil encore indemne, vous obligeant à le fermer par réflexe pendant deux secondes. Mais ce sont deux secondes de trop et vous ne voyez pas le nid de poule devant vous. Vous perdez le contrôle de votre vélo et vous tombez lourdement sur le côté. Le choc est violent et au bruit qu'a fait votre bras vous comprenez qu'il est cassé. Et comme si cela ne suffisait pas, en jetant un œil (le seul que vous pouvez encore ouvrir) à votre vélo, vous voyez que le cadre est cassé.
Vous êtes pris en main par une équipe de secours quelques minutes plus tard.
Votre triathlon s'arrête là.

406

Les kilomètres s'enchaînent et vous vous sentez toujours aussi bien. Au 120e km, après avoir récupéré de quoi manger au ravitaillement, vous vous délectez d'une barre énergétique. Lentement vous la dégustez. Une fois terminée, il vous reste le papier vide gluant dans la main. Vous ne savez pas quoi en faire.
Si vous décidez de jeter le papier, rendez-vous au chapitre **314**.
Si vous préférez le mettre dans votre poche quitte à avoir la main toute collante à chaque fois que vous voudrez prendre une nouvelle barre, rendez-vous au chapitre **492**.

407

Vous refusez poliment même si l'envie est grande d'accepter. Mais vous vous dites qu'il serait difficile de repartir si vous acceptez ce verre.
Vous vous remettez à courir, les jambes lourdes, le poids des kilomètres se faisant sentir. Vous ralentissez inexorablement, vous rêvez d'une boisson fraîche, de pouvoir plonger votre visage dans une grande bassine d'eau.
Il faudra attendre plusieurs kilomètres avant d'atteindre le ravitaillement suivant. Vous vous y arrêtez quelques minutes pour faire le plein d'hydratation et pour faire retomber votre température corporelle.

Vous repartez, remonté à bloc. Vous retrouvez votre allure de début de marathon, celle que vous maitrisez confortablement.
Vous arrivez au semi-marathon, rendez-vous au chapitre **490**.

408

Vous faites demi-tour et parcourez les quelques centaines de mètres qui vous séparent de vos déchets gisant au sol. Vous posez votre vélo et récupérez les papiers qui commencent à s'envoler, emportés par le vent.
Vous repartez, frustré d'avoir perdu quelques minutes.
À un croisement, la même moto arbitre qui vous avait interpellé sort d'un chemin.
– Vous êtes allé récupérer vos déchets ? Vous demande-t-il.
Sans répondre, vous sortez les papiers vides de votre poche pour les lui montrer.
Il hoche la tête en signe d'approbation avant de repartir devant vous.
Après plusieurs dizaines de kilomètres, vous arrivez enfin au parc à vélo, rendez-vous au chapitre **52**.

409

Vous n'avez que quelques mètres à faire pour trouver votre place dans la file d'attente des toilettes. Une douzaine de personnes est devant vous à attendre leur tour. Chaque passage vous semble interminable et vous jetez un œil à votre montre chaque fois que vous avancez. Vous n'êtes pas le seul. Certains abandonnent même la file par peur de manquer de temps pour se préparer. Il ne reste plus que dix minutes avant le départ alors qu'il y a encore cinq personnes devant vous.
Si vous décidez de rester dans la file d'attente, rendez-vous au chapitre **180**.
Si vous préférez quitter la file d'attente pour avoir le temps de finir de vous préparer, rendez-vous au chapitre **447**.

410

Tout en sortant la chambre à air et vos démonte-pneus, vous essayez de vous rappeler la manipulation à effectuer pour parvenir à extirper

la chambre à air usagée du pneu. Cela fait un moment que vous n'avez plus fait cette réparation.
Vous perdez plusieurs minutes à faire le changement. Avec le stress de vouloir aller vite, vos gestes manquent d'assurance et de précision et vous devez vous y reprendre à plusieurs fois avant de parvenir à placer la nouvelle chambre à air. Vous la gonflez avec votre mini pompe. Vous ne pouvez qu'observer, impuissant, les concurrents vous doubler.
Vous repartez enfin, mais le retard pris est impossible à combler malgré les kilomètres restants.
Après de longues dizaines de minutes, vous arrivez enfin au parc à vélo, rendez- vous au chapitre **373**.

411

Jamais vingt kilomètres vous ont paru aussi long. Vous vivez un vrai calvaire. Vous avez le sentiment de ne plus avoir assez de force pour appuyer sur les pédales. Vous avez la tête qui tourne avec la sensation que vous êtes spectateur de votre corps, vous n'avez plus d'emprise sur lui. Vous êtes entré dans une nébuleuse qui ne semble plus s'arrêter. Vous n'osez même plus regarder votre compteur, vous espérez juste pouvoir arriver jusqu'au ravitaillement.
Après une période qui vous a semblé durer des heures, vous percevez au loin, enfin, des tables et des bénévoles. Vous vous arrêtez, posez votre vélo au sol et vous prenez avec délectation un bidon d'eau. Vous vous asseyez pour pouvoir en profiter davantage.
Après quelques minutes, vous vous sentez revigoré. Vous faites le stock de bidons et enfourchez votre monture prêt à en finir avec la partie vélo, mais la réalité vous rattrape et vous assomme : vous êtes hors délai, l'arbitre ne vous autorise pas à repartir.
Votre triathlon s'arrête là.

412

Malgré la douleur musculaire, la disparition de toute parcelle d'énergie dans votre corps et le risque que vous puissiez vous évanouir d'une seconde à l'autre, vous êtes poussé par la clameur des spectateurs, attiré comme un aimant par la ligne d'arrivée.
Cette dernière ligne droite est du pur bonheur ! Vous ne ressentez plus aucune fatigue, vous êtes euphorique. Les larmes aux yeux, vous

vous rapprochez de cette ligne qui symbolise la fin de votre Ironman, de ces mois de préparation, de ce projet que vous pensiez irréalisable, mais vous y êtes et malgré ces heures à douter, vous comprenez pourquoi vous êtes là. Pour ces quelques secondes éphémères, futiles qui vous marqueront à vie.
Vous passez la ligne, vous recevez la médaille tant convoitée de finisher et soudain toutes les douleurs musculaires reviennent brutalement. Vous vous asseyez, le dos contre une barrière.
Vous souriez.
Vous avez terminé 1607e sur 2000, félicitations !

Prenez le temps de récupérer de votre course et relancez-vous dans une nouvelle lecture pour tenter de faire mieux !

413

Vous réduisez votre rythme jusqu'à atteindre le ravitaillement suivant. Pendant cette période, vous n'avez doublé aucun autre concurrent et certains coureurs vous ont rattrapé.
Vous arrivez à la table où vous est proposée une multitude d'aliments et de boissons énergétiques. Vous videz le contenu du bidon que vous avez dans les mains et le remplissez avec la boisson énergétique de l'organisation en vidant plusieurs verres en plastique. Vous connaissez cette boisson et savez que vous l'appréciez, vous ne prenez donc aucun risque à la boire.
Vous repartez et essayez de reprendre votre rythme initial, ce que vous parvenez à faire quelques minutes plus tard.
Vous arrivez au semi-marathon, rendez-vous au chapitre **490**.

414

Malgré la douleur musculaire, la disparition de toute parcelle d'énergie dans votre corps et le risque que vous puissiez vous évanouir d'une seconde à l'autre, vous êtes poussé par la clameur des spectateurs, attiré comme un aimant par la ligne d'arrivée.
Cette dernière ligne droite est du pur bonheur ! Vous ne ressentez plus aucune fatigue, vous êtes euphorique. Les larmes aux yeux, vous vous rapprochez de cette ligne qui symbolise la fin de votre Ironman, de ces mois de préparation, de ce projet que vous pensiez irréalisable, mais vous y êtes et malgré ces heures à douter, vous comprenez

pourquoi vous êtes là. Pour ces quelques secondes éphémères, futiles qui vous marqueront à vie.
Vous passez la ligne en compagnie de votre ami, vous recevez la médaille tant convoitée de finisher et soudain toutes les douleurs musculaires reviennent brutalement. Vous vous asseyez, le dos contre une barrière.
Vous souriez.
Vous avez terminé 502e sur 2000, félicitations !

Prenez le temps de récupérer de votre course et relancez-vous dans une nouvelle lecture pour tenter de faire mieux !

415

A peine sorti du parc à vélo, vous rencontrez un arbitre qui, jetant un œil à sa fiche, vous indique que vous devez réaliser un tour de pénalité à pied. Déjà que vous devez courir un marathon, on vous rajoute quelques centaines de mètres supplémentaires.
Vous partez sur la boucle, vos jambes sont raides et vous avez des difficultés à courir normalement. Vos muscles répondent mal aux sollicitations que vous leur envoyez. Vous espérez que cela va passer dans les premiers kilomètres.
Le tour vous paraît interminable alors que vous voyez un grand nombre de concurrents en profiter pour passer devant vous et partir directement vers le marathon.
Après quelques minutes à vous traîner, vous terminez enfin la boucle de pénalité et commencez réellement votre marathon, rendez-vous au chapitre **166**.

416

La douleur vous tord en deux sur votre vélo. Vous continuez néanmoins de pédaler bon gré mal gré. Votre coup de pédale n'est pas efficace mais vous parvenez encore à avancer. Votre estomac hurle une nouvelle fois et vous ne pouvez retenir votre bol alimentaire qui jaillit de votre bouche. Malgré cela, la douleur n'a pas diminué.
Si vous décidez de vous arrêter, rendez-vous au chapitre **196**.
Si vous préférez continuer de rouler, rendez-vous au chapitre **23**.

417

À peine avez-vous commencé à discuter que vous décrochez votre porte dossard pour le mettre à la poubelle. C'est décidé, vous ne prendrez pas le risque de perdre le grand amour.
Qu'est-ce qu'une course face à un coup de foudre ? Vous aurez l'occasion de refaire un Ironman alors que vous n'aurez peut-être pas une deuxième chance de rencontrer une femme comme elle !
Après seulement quelques minutes, vous partez tous les deux. Vous, abandonnant votre course, elle, son poste au ravitaillement.
Maintenant, une nouvelle aventure s'ouvre à vous. Votre triathlon s'arrête là.

418

Vous continuez de nager comme vous savez le faire. Plus personne autour de vous ne vous dérange. Vous sentez uniquement votre corps glisser sur l'eau sans aucun bruit alentour pour perturber cette osmose.
Plus aucun bruit ? Cela peut paraître bizarre quand on sait qu'il y a des centaines de triathlètes dans l'eau, non ?
Si vous décidez de relever la tête pour voir où sont les autres concurrents, rendez-vous au chapitre **461**.
Si vous préférez rester seul dans votre bulle, rendez-vous au chapitre **58**.

419

Vous savez ce qu'est un marathon et vous redoutez cette distance. Vous commencez donc par marcher pour réaliser une transition douce après les 180km de vélo. Au bout de quelques minutes de marche, vous avez l'impression que vos jambes ne sont pas trop lourdes.
Si vous décidez de commencer à courir, rendez-vous au chapitre **372**.
Si vous préférez continuer encore de marcher, rendez-vous au chapitre **56**.

420

Vous sautez dans la roue du concurrent pour prendre son aspiration. Vous sentez immédiatement la différence, vous forcez moins à

chaque tour de pédales et vous avez la sensation d'aller plus vite, le bonheur !
Mais ce moment de bien-être ne va durer que quelques kilomètres. A une intersection, un arbitre sur sa moto monte à votre hauteur et vous tend clairement un carton bleu synonyme de tour de pénalité à pied. Vous savez que vous n'avez rien à dire, que vous êtes en tort. Vous ne pouvez qu'accepter ce carton et vous laisser décrocher de cette roue si agréable.
Vous vous retrouvez seul. Vous ne pouvez maintenant vous fier qu'à vos sensations.
Si vous décidez de ralentir, rendez-vous au chapitre **37**.
Si vous préférez accélérer, rendez-vous au chapitre **212**.

421

Vous repartez avec deux bananes et vos bidons remplis d'eau. En mettant l'une des bananes dans votre poche, vous vous rendez compte qu'il vous reste encore une barre énergétique. Vous la dévorez avant de vous attaquer à votre fruit. Vous buvez quelques gorgées d'eau pour faire passer le tout. Vous vous retrouvez avec, dans votre main, le papier vide de votre barre et la peau de banane.
Si vous décidez de jeter le tout sur la route, rendez-vous au chapitre **69**.
Si vous préférez mettre le tout dans votre poche, rendez-vous au chapitre **54**.

422

Vous faites demi-tour, vous vous demandez ce que le bénévole a voulu vous dire, sans doute une chose importante à ne surtout pas rater.
Vous arrivez à sa hauteur.
– Vous m'avez appelé tout à l'heure ? lui demandez-vous.
– Pardon ?
– Il y a quelques instants, vous m'avez appelé ?
Le bénévole semble ne pas comprendre, vous insistez.
– Tout à l'heure, je vous ai entendu crier, il y avait quelque chose d'important ?
– Quand est ce que j'ai crié ?
– J'sais pas ! Y'a deux, trois minutes !

Il commence à vous énerver. Il réfléchit, se replongeant dans des souvenirs semblant très lointain. Vous ne supportez plus d'attendre.
– Est-ce que vous avez dit quelque chose il y quelques minutes, c'est simple quand même !
– Eh oh, descendez d'un ton ! Effectivement, j'ai appelé un cycliste qui était sans doute derrière vous pour lui dire qu'il allait perdre son coupe-vent qui était dans sa poche.
– Ok, donc rien à voir avec moi.
– Non.
– …
Vous remontez sur votre vélo sans un regard vers le bénévole.
Votre demi-tour et ce moment d'incompréhension vous ont fait perdre beaucoup de temps.
Vous êtes sur les nerfs, furieux d'avoir perdu bêtement du temps. En repartant, un groupe de triathlètes vous passe devant.
Si vous décidez de vous cacher dans le groupe le temps de digérer cette colère, rendez-vous au chapitre **376**.
Si vous préférez laisser partir le groupe et reprendre progressivement la course, rendez-vous au chapitre **26**.

423

Alors que vous êtes sur le point de franchir la sortie du parc à vélo, un arbitre vous arrête.
Vous baissez la tête, vous savez que vous ne pourrez pas repartir. Sans surprise, l'arbitre vous indique que vous êtes hors délai et refuse que vous poursuiviez votre course.
Votre triathlon s'arrête là.

424

Vous faites tomber une dent et vous sentez la puissance de vos jambes écraser les pédales. Vous avez toujours le réflexe de jeter un coup d'œil sur votre compteur qui reste éteint. Vous êtes frustré car vous avez vraiment l'impression d'envoyer des watts ! Ou peut-être que ce n'est qu'une impression et qu'en réalité vous vous trainez lamentablement. Mais les faits ne trompent pas : vous doublez coureurs après coureurs, l'effort que vous êtes en train de produire paye. Vous songez que vous êtes sans doute à un rythme plus élevé que prévu mais au moins vous vous faites plaisir. L'absence de

compteur vous permet de ne plus avoir de données pour vous brider. Mais au fil des kilomètres, vos vieilles habitudes reviennent et vous aimeriez bien connaître au moins votre chrono depuis le début du parcours vélo. Vous appuyez sur le bouton power de votre compteur et, miracle, il se rallume. Vous ne comprenez pas pourquoi mais vous vous en fichez, votre gadget fonctionne de nouveau et c'est le principal !
Quelques minutes plus tard, vous arrivez au 90ᵉ km, rendez-vous au chapitre **406**.

425

Vous sautez dans ses pieds. Vous restez quelques minutes dans sa foulée pour vous habituer à cette nouvelle allure puis vous vous placez à côté de lui comme pour montrer que vous êtes de force égale. Cela vous demande un effort important mais vous ne voulez pas baisser les bras.
Vous dépassez un grand nombre de concurrents, les spectateurs vous acclament. D'ailleurs, vous trouvez surprenant de recevoir autant d'encouragements. Vous courez vite, certes, mais au vue du nombre de supporter, vous avez l'impression d'être premier. C'est alors que vous comprenez. Vous regardez votre compagnon de course pour valider votre hypothèse. Effectivement, il s'agit d'un des favoris de la course qui a un tour d'avance sur vous.
Malgré ce rythme effréné, vous êtes stimulé par ce champion et les applaudissements.
Si vous décidez de tenir à ses côtés pour continuer de profiter des spectateurs, rendez-vous au chapitre **460**.
Si vous préférez ralentir pour revenir à votre rythme de départ, rendez-vous au chapitre **472**.

426

Vous vous arrêtez sur le bord de la route, descendez du vélo. Vous vous étirez méticuleusement vos mollets, les massez. Les triathlètes que vous avez récemment doublés passent devant vous avec un petit regard moqueur qui vous énerve, mais vous continuez à malaxer vos muscles pour les décontracter.

Au bout de quelques instants, vous avez l'impression que ça va mieux et remontez sur votre vélo. A ce moment, un groupe vous double, vous trouvez ça scandaleux de rouler en peloton.
Si vous décidez de les rattraper pour leur rappeler le règlement, rendez-vous au chapitre **162**.
Si vous choisissez de vous mettre dans leurs roues, car si tout le monde triche, cela devient la norme, alors pourquoi pas vous, rendez-vous au chapitre **252**.
Si vous préférez ronger votre frein et les laisser partir, rendez-vous au chapitre **70**.

427

Vous terminez de vous ravitailler avant lui pour pouvoir partir plus tôt. Votre orgueil a pris le dessus et vous avez à cœur de lui montrer que vous êtes en forme.
Vous accélérez votre rythme dans le but de creuser l'écart rapidement. Régulièrement, vous vous retournez pour observer la distance entre vous. Progressivement, elle augmente et cela vous conforte dans votre stratégie.
Mais au fil des kilomètres, vous vous retrouvez seul à courir. Vous ne voyez plus votre compagnon de club derrière vous et les douleurs musculaires n'ont jamais été aussi importantes. Vous commencez à souffrir psychologiquement mais il ne reste plus beaucoup de kilomètres avant la ligne d'arrivée.
Si vous décidez de continuer seul jusqu'à la fin, rendez-vous au chapitre **213**.
Si vous préférez ralentir et attendre votre ami, rendez-vous au chapitre **17**.

428

Vous refusez les manchettes, faites un dernier signe à vos supporters et remontez sur le vélo.
La descente est technique et le vent froid vous donne des frissons mais vous vous dites que malgré tout vous n'avez pas besoin de manchettes pour quelques dizaines de secondes de descente. Les encouragements de vos amis vous ont donné du baume au cœur et vous vous sentez pousser des ailes.

Une fois la descente terminée, vous continuez sur un bon rythme, boosté par ces embrassades. Les kilomètres s'enchaînent avec la même euphorie, vous remontez beaucoup de concurrents.
Vous arrivez au 90ᵉ km, rendez-vous au chapitre **406**.

429

Vous faites un signe aux bénévoles pour leur faire comprendre que vous avez encore un tour à parcourir. Le public est déçu, vous entendez quelques ricanements mais la plupart des spectateurs vous encouragent toujours autant.
Vous entrez dans l'eau pour la seconde fois en apercevant au loin un groupe de nageurs.
Si vous êtes déterminé à accélérer pour rattraper des triathlètes, rendez-vous au chapitre **289**.
Si vous décidez de garder votre stratégie d'économie en gardant ce même rythme, rendez-vous au chapitre **458**.
Si vous préférez ralentir pour pouvoir tout donner en vélo, rendez-vous au chapitre **250**.

430

Vous ne voulez prendre aucun risque pour la suite de votre compétition. Vous remettez une dent et faites tourner un peu plus vos jambes. Vous acceptez de laisser passer régulièrement des concurrents en vous disant que vous les rattraperez plus tard, sur le marathon quand ils auront grillé toutes leurs cartouches. Vous en profitez pour bien vous hydrater.
Vous arrivez au 90ᵉ km, rendez-vous au chapitre **161**.

431

Après quelques instants de réflexion, vous laissez aussi vos chaussures avec votre vélo au bénévole. Vous vous dites que vous serez plus efficace en chaussettes qu'avec les cales de vélo sous les pieds.
Vous commencez à courir et cela vous fait du bien de vous délasser les jambes.
Des concurrents vous doublent, surpris de vous voir courir, mais vous ne désespérez pas.

Cela fait maintenant cinq kilomètres que vous avancez en chaussettes, vos pieds n'ont pas l'habitude de ne pas être protégés et vous sentez des brûlures apparaître sous vos talons.
C'est en voyant le panneau 80km que votre utopie s'arrête. La réalité vient vous frapper en pleine tête : il vous reste 100km. Vous retrouvez votre lucidité comme si vous sortiez d'un rêve, votre cerveau embrumé par cette envie de terminer.
Vous savez qu'il sera impossible pour vous de finir la course. Vous vous asseyez sur le bord de la route et attendez la voiture balai.
Votre triathlon est terminé.

432

Pour ne pas accentuer une éventuelle déshydratation, vous prenez un rythme dans lequel vous ne forcez pas en attendant le prochain ravitaillement. De nombreux concurrents vous doublent mais pour vous rassurer, vous vous dites que vous les reverrez plus tard dans la course.
Vous arrivez enfin au ravitaillement et attrapez tout en roulant un bidon de l'organisation, vous testez immédiatement son goût. Une saveur légère de fruit rouge empli votre bouche, vous réalisez que vous en aviez encore plus besoin que ce que vous n'imaginiez. Vous avalez de bonnes gorgées de cette potion avant de la reposer sur votre porte bidon et vous remettre en chasse des autres triathlètes.
Vous arrivez au 60e km et votre compteur vous indique que vous avez du retard sur votre objectif.
Si vous décidez d'accélérer pour rattraper votre retard, rendez-vous au chapitre **507**.
Si vous préférez garder votre rythme habituel, rendez-vous au chapitre **9**.
Si vous choisissez de ralentir car vous n'avez fait qu'un tiers du parcours vélo, rendez-vous au chapitre **430**.

433

Malgré vos bonnes sensations sur cette fin de course, vous marchez régulièrement, surtout pour vous ravitailler convenablement. Les kilomètres s'enchaînent et finalement, vous courez plus longtemps que vous ne marchez, porté par cette ligne d'arrivée qui se rapproche de minute en minute. Cette stratégie vous permet de doubler un bon

nombre de participants qui, eux, ne semblent pas dans le même état physique que vous. Beaucoup ont décidé de marcher et vous vous dites que la plupart n'arriveront pas au bout.
Vous arrivez enfin dans la dernière ligne droite, rendez-vous au chapitre **527**.

434

Malgré la douleur musculaire, la disparition de toute parcelle d'énergie dans votre corps et le risque que vous puissiez vous évanouir d'une seconde à l'autre, vous êtes poussé par la clameur des spectateurs, attiré comme un aimant par la ligne d'arrivée.
Cette dernière ligne droite est du pur bonheur ! Vous ne ressentez plus aucune fatigue, vous êtes euphorique. Les larmes aux yeux, vous vous rapprochez de cette ligne qui symbolise la fin de votre Ironman, de ces mois de préparation, de ce projet que vous pensiez irréalisable, mais vous y êtes et malgré ces heures à douter, vous comprenez pourquoi vous êtes là. Pour ces quelques secondes éphémères, futiles qui vous marqueront à vie.
Vous passez la ligne en compagnon de votre ami, vous recevez la médaille tant convoitée de finisher et soudain toutes les douleurs musculaires reviennent brutalement. Vous vous asseyez, le dos contre une barrière.
Vous souriez.
Vous avez terminé 94e sur 2000, félicitations !

Prenez le temps de récupérer de votre course et relancez-vous dans une nouvelle lecture pour tenter de faire mieux !

435

Vous alternez la marche et la course en vous fixant une règle que vous appliquez sur les premiers kilomètres : un tiers de marche pour deux tiers de course. Avec cette stratégie, vous vous sentez bien et vous parvenez à doubler quelques concurrents.
Vous arrivez à un ravitaillement, vos sensations sont bonnes et votre tactique fonctionne.
Si vous choisissez de vous arrêter au ravitaillement, rendez-vous au chapitre **308**.

Si vous préférez continuer sans prendre le ravitaillement, rendez-vous au chapitre **546**.

436

Vous vous retournez pour être sûr qu'aucun arbitre ne vous voit. Vous baissez de nouveau votre fermeture jusqu'à son maximum. Vous sentez l'air sur votre peau et respirez de nouveau.
Vous parvenez à doubler quelques concurrents qui semblent, eux aussi, souffrir de la chaleur. Maintenant, vous l'acceptez plus facilement et vos sensations sont bien meilleures.
Mais c'est sans compter sur la vigilance de l'arbitre qui vous avait repéré. Sortant de nulle part, il surgit devant vous et vous stoppe net en vous tendant un carton jaune.
– Je vous ai demandé de refermer votre trifonction.
Vous ne comprenez pas comment il peut être là alors que vous l'avez vu il y a quelques dizaines de minutes auparavant.
– Il fait tellement chaud, j'étouffe dans cette tenue, dites-vous en essayant de vous défendre.
– Je vous le dis une dernière fois : remontez votre fermeture.
Si vous décidez de l'écouter et de fermer votre tenue, rendez-vous au chapitre **362**.
Si vous préférez ignorer son injonction, rendez-vous au chapitre **545**.

437

Vous ralentissez progressivement. Au bout de quelques minutes, votre rythme n'est plus du tout le même. Votre foulée est rasante, vos appuis plus lourds et surtout vous ne doublez plus aucun concurrent. Vous acceptez même de voir des coureurs vous dépasser.
A ce rythme, vous récupérez, vos muscles se relâchent et vous retrouvez ainsi une aisance de course que vous n'aviez pas depuis le début du marathon. Vous avez le sentiment de pouvoir continuer des heures.
Plusieurs kilomètres plus tard, vous arrivez au semi-marathon, rendez-vous au chapitre **12**.

438

Vous sautez dans le coffre de la voiture. L'effet est immédiat : vous ne ressentez plus le frottement de l'air, vous n'avez quasiment plus

besoin d'appuyer sur les pédales et en regardant votre compteur, vous n'en revenez pas : vous dépassez les 40km/h. Vous doublez tous les concurrents qui vous avaient passé il y a quelques kilomètres. Vous découvrez même de nouveaux visages. A chaque passage devant un triathlète, vous avez à peine le temps de le regarder qu'il est déjà loin derrière. Vous entendez néanmoins des insultes lancées par ces coureurs jaloux de votre place.
Les kilomètres s'enchaînent ainsi, sans encombre, vous vous laissez guider aveuglément par le conducteur devant vous.
Peu de temps avant le 90e km, la voiture tourne à droite alors que le parcours vous dit de continuer tout droit. Vous quittez avec tristesse votre lièvre et le vent vous ramène à la dure réalité d'un triathlète, mais vous êtes heureux, même si un peu honteux, d'avoir doublé un grand nombre de concurrents. Rendez-vous au chapitre **31**.

439

Vous faites fi de votre opposant et vous repartez nager.
Dans les premiers mètres, vous sentez encore l'adrénaline circuler dans votre corps et vous avez besoin d'extérioriser votre agacement. Alors, vous nagez vite, jusqu'à sentir vos épaules vous brûler. Vous êtes à bout de souffle au bout de quelques secondes, mais ça va mieux. Vous êtes libéré de cette rage qui vous embrumait l'esprit.
Vous reprenez votre allure normale. Vous ne savez pas où est le nageur avec qui vous avez eu cette dispute et vous vous en fichez.
Vous revenez sur un groupe de triathlètes.
Si vous décidez de nager dans leurs pieds, rendez-vous au chapitre **502**.
Si vous préférez vous écartez sur le côté et nager seul pour ne plus avoir de problème, rendez-vous au chapitre **537**.

440

Vous revenez à votre allure prévue en remettant une dent. Vous moulinez un peu plus et vous sentez que vous êtes en forme. Vous êtes confiant pour la suite de votre course.
Au bout de plusieurs kilomètres, la chaleur est de plus en plus accablante, une goutte de sueur tombe dans votre œil gauche. La sensation est désagréable, vous obligeant à enlever vos lunettes. En vous frottant l'œil, d'une main, vos lunettes vous échappent et

tombent au sol. Vous êtes alors dans une belle descente et roulez à vive allure. Le temps de réfléchir à la décision à prendre, vos lunettes sont déjà quelques centaines de mètres plus hauts.
Si vous décidez de continuer à rouler sans lunettes, rendez-vous au chapitre **297**.
Si vous préférez vous arrêter et faire demi-tour pour monter chercher vos lunettes, rendez-vous au chapitre **41**.

441

Avec un peu de regret, vous laissez partir la voiture. Vous restez seul face au vent, votre mollet refusant que vous accélériez. Vos adversaires continuent à en profiter pour vous doubler, sans un regard, sans un geste.
Quelques kilomètres avant la mi-course, vous sentez vos mollets mieux répondre à vos stimuli et en profitez pour remettre le braquet habituel.
Vous arrivez au 90e km, rendez-vous au chapitre **462**.

442

Vous marchez jusqu'au ravitaillement suivant. Malgré les jambes lourdes et ces crampes naissantes, vous êtes déterminé à finir cette course.
Vous prenez le temps de vous hydrater, de discuter avec les bénévoles. Vous repensez à la femme qui vous a fait tourner la tête et cela vous redonne de l'énergie.
Vous repartez en trottinant. Ce n'est pas la même allure qu'il y a quelques kilomètres mais vous avez le mérite de courir. Vous ne pensez plus qu'à cette ligne d'arrivée, le graal est à portée de main maintenant.
Vous arrivez enfin dans la dernière ligne droite, rendez-vous au chapitre **309**.

443

Vous continuez avec le même braquet, la même cadence et donc à la même vitesse. Vous êtes désespéré de voir tous ces triathlètes vous passer devant mais vous vous dites que c'est le prix à payer pour que votre mollet récupère… même si vous avez la sensation que votre

grand-mère irait plus vite sur son vieux vélo. Vous en profitez pour vous hydrater et vous alimenter.
Au fil des kilomètres, vous sentez que la contracture musculaire disparaît progressivement.
Vous arrivez au 90e km, en ayant perdu des places mais vous avez complétement récupéré vos mollets, rendez-vous au chapitre **462**.

444

Vous continuez de courir, vous persévérez malgré les signaux d'alerte que vous envoie votre cerveau. Quelques minutes plus tard, en plus de la tête qui tourne, des tâches noires viennent altérer votre vision, vous titubez mais restez debout, luttant contre votre corps qui vous supplie de vous arrêter. Vous parvenez à faire encore deux ou trois foulées avant de tomber, inconscient.
Vous vous réveillez sous une tente avec les secours autour de vous.
Votre triathlon s'arrête là.

445

Vous faites quelques pas sur le côté et parvenez à récupérer le premier sac de la rangée. Personne ne vous a vu. Vous montez rapidement sur votre vélo avec le sac dans la main droite.
Une fois la zone de ravitaillement en dehors de votre champ de vision, vous ouvrez le sac et récupérez toutes les barres et sandwiches qui étaient à l'intérieur. Vous jetez le sac dans la zone de propreté et commencez à manger les produits d'un autre concurrent. Une fois terminé, vous reprenez vous allure habituelle.
Mais quelques kilomètres plus loin, vous êtes plié en deux sur votre vélo à cause de douleurs à l'estomac. Vous essayez de continuer à pédaler mais vous n'êtes plus efficace, vous devez vous arrêter.
Vous posez votre vélo et vomissez dans l'herbe, sur le bord de la route. Vous passez ensuite derrière un bosquet pour vous soulager. Vous insultez intérieurement le concurrent qui avait prévu ce type de nourriture dans son sac !
Vous ne vous sentez toujours pas suffisamment bien pour pouvoir remonter sur votre vélo et vous n'avez pas d'autres choix que de vous allonger dans l'herbe.
Au bout de 30 minutes, les secours, alertés par un arbitre, arrivent près de vous.

Ils vous font avaler de l'eau et vous donnent des comprimés. Au bout de quelques minutes, vous sentez la douleur diminuer.
Vous remontez doucement sur le vélo. Vous avez encore mal, mais vous vous sentez capable de pédaler.
Si vous décidez de repartir rapidement pour rattraper le temps perdu, rendez-vous au chapitre **268**.
Si vous préférez pédaler tranquillement quitte à perdre davantage de temps, rendez-vous au chapitre **339**.

446

Vous arrivez dans l'aire de transition. Vous posez pied à terre avant la ligne signalant l'entrée du parc à vélo.
Le même bénévole qu'à la sortie de l'eau vous crie votre classement :
– 1928e !
Vous savez qu'il faut rester lucide lors de cette transition pour ne pas perdre de temps ni faire d'erreur. Mais la fatigue est bien présente et parfois on ne parvient pas à tout contrôler.
Choisissez un des chapitres suivants pour savoir comment va se dérouler votre transition :
Rendez-vous au chapitre **29** *(mémorisez le numéro de chapitre actuel :* ***446*** *qui vous sera utile par la suite).*
Rendez-vous au chapitre **254** *(mémorisez le numéro de chapitre actuel :* ***446*** *qui vous sera utile par la suite).*
Rendez-vous au chapitre **48** *(mémorisez le numéro de chapitre actuel :* ***446*** *qui vous sera utile par la suite).*
Rendez-vous au chapitre **477** *(mémorisez le numéro de chapitre actuel :* ***446*** *qui vous sera utile par la suite).*

447

Même si vous ne vous sentez pas libéré, au moins vous avez le temps de finir de préparer vos affaires et de vérifier qu'il ne vous manque rien. Vous terminez d'enfiler votre combinaison de natation, vous prenez vos lunettes ainsi que le bonnet avant de sortir du parc à vélo avec tous les autres concurrents pour vous diriger vers la ligne de départ.
Des frissons vous traversent le corps le temps de parcourir les quelques mètres qui vous séparent de la plage.

Ça y est, vous y êtes. Vous ressentez la solennité du moment. Vous communiez avec les autres, sans un mot.
– Une minute avant le départ ! crie le speaker.
Plus personne ne respire, pétrifié par l'excitation.
Le coup de feu retentit, la foule de guerriers s'élance dans l'eau. La bataille contre soi-même a commencé.
Si vous vous êtes placé dans les premières lignes du peloton, rendez-vous au chapitre **503**.
Si vous vous êtes placé au milieu des concurrents, rendez-vous au chapitre **127**.

448

Après quelques mots d'encouragements pour la fin de course, vous accélérez votre allure. Vos muscles souffrent mais il ne reste plus beaucoup de kilomètres, c'est le moment où jamais de livrer vos dernières bribes d'énergie dans la course.
Chaque appui devient une douleur. Tout votre corps hurle, des pieds jusqu'aux épaules. Vos articulations grincent et sont tiraillées sans cesse. Mais vous ne pensez qu'à une seule chose, la ligne d'arrivée. Votre allure élevée vous permet de continuer votre remontée au classement.
Vous arrivez dans la dernière ligne droite, rendez-vous au chapitre **367**.

449

A peine sorti du parc à vélo, vous rencontrez un arbitre qui, jetant un œil à sa fiche, vous indique que vous devez réaliser un tour de pénalité à pied. Déjà que vous devez courir un marathon, on vous rajoute quelques centaines de mètres supplémentaires.
Vous partez sur la boucle, vos jambes sont raides et vous avez des difficultés à courir normalement. Vos muscles répondent mal aux sollicitations que vous leur envoyez. Vous espérez que cela va passer dans les premiers kilomètres.
Le tour vous paraît interminable alors que vous voyez un grand nombre de concurrents en profiter pour passer devant vous et partir directement vers le marathon.

Après quelques minutes à vous traîner, vous terminez enfin la boucle de pénalité et commencez réellement votre marathon, rendez-vous au chapitre **173**.

450

Stimulé par votre classement, vous partez sur un rythme assez élevé. Vous vous sentez bien et vous comptez conserver et même améliorer votre place.
Au fil des kilomètres, vous parvenez à dépasser quelques concurrents et vous êtes fier de constater que personne n'a réussi à vous doubler.
Alors que vous vous dites que vous êtes un coureur exceptionnel, vous entendez un triathlète revenir à votre hauteur. Il ne marque même pas un temps d'arrêt à vos côtés et continue sa remontée fantastique.
Votre ego en prend un coup.
Si vous décidez de prendre sa foulée, rendez-vous au chapitre **425**.
Si vous préférez garder votre rythme, rendez-vous au chapitre **335**.

451

Vous continuez de courir ou plutôt de vous traîner sur l'asphalte qui vous renvoie la chaleur du soleil. Des mirages se dessinent au loin, vous pensez apercevoir la ligne d'arrivée mais c'est le fruit de votre imagination. Vous sentez votre cœur battre dans votre crâne, la sueur tombant dans vos yeux vous brûle.
Vous vous mettez à marcher, la tête enfoncée dans les épaules, le regard vers le sol, vide. Vous perdez toute sensation de votre corps et sans vous en rendre vraiment compte, vos jambes se dérobent, ne supportant plus votre poids. Vous tombez.
Quelques secondes plus tard, des secouristes arrivent à vos côtés, ils vous allongent à l'ombre et vous donne de quoi vous hydrater. Ils vous mouillent la nuque et le visage pour faire redescendre votre température corporelle.
Au bout de plusieurs minutes à leur côté, vous avez leur feu vert pour repartir à condition de rester à l'ombre et de marcher. Vous emportez avec vous une bouteille d'eau pour terminer la course.
Vous vous sentez rafraichit et vous parvenez à marcher sans difficulté.

Vous arrivez enfin dans la dernière ligne droite, rendez-vous au chapitre **258**.

452

Vous entrez dans sa maison. A l'intérieur, vous appréciez que la température soit plus basse qu'à l'extérieure. L'homme se dirige jusqu'à sa cuisine, vous restez quelques secondes dans l'entrée mais il insiste pour que vous vous asseyez dans son salon.
Une fois confortablement installé, il réapparaît avec un grand verre de sirop. Vous l'avalez goulument, c'est sans doute la meilleure boisson que vous ayez bue de votre vie. Voyant votre béatitude, il vous ramène un second verre que vous buvez plus lentement, appréciant chaque gorgée.
Vous vous sentez bien, relaxé dans ce canapé si confortable. Vous avez l'impression d'être hors du temps et vous voulez profiter de ce moment.
Sans réellement vous en rendre compte, vous vous assoupissez.
Vous vous réveillez, allongé sur le canapé avec un plaid sur vous. Vous regardez l'heure : il est 8h du matin. Vous avez passé une bonne partie de l'après-midi et toute la nuit à dormir.
Votre triathlon s'arrête là.

453

Vous continuez encore quelques kilomètres à votre rythme remontant encore des dizaines de concurrents. Votre ascension semble sans fin.
Mais la réalité se rappelle à vous tel un boomerang en plein visage. Subitement, sans prévenir, votre corps vous crie « STOP ». Vous n'avez plus d'énergie, vos jambes ne répondent plus, votre esprit ne veut plus. Vous vous arrêtez sans l'avoir décidé, comme si votre corps ne vous appartenait plus.
Vous marchez sur le bord de la route, vous errez dans un brouillard de plus en plus dense sans savoir où cela va vous mener.
Après un long arrêt à un ravitaillement et plusieurs kilomètres de marche, le chemin devient plus clair et vous retrouvez le contrôle de votre corps, de vos muscles. Vous parvenez à courir mais à une allure très lente, loin de votre vitesse initiale.
Tous les triathlètes que vous aviez précédemment doublés sont repassés devant vous.

Vous arrivez enfin au semi-marathon, vous commencez à vous sentir mieux, rendez-vous au chapitre **209**.

454

Vous commencez à nager au milieu des autres triathlètes. Vous gardez les yeux ouverts dans l'eau et en dehors de l'eau pour pouvoir vous orienter plus facilement. Au bout de quelques minutes, vous êtes moins oppressé par vos concurrents et vous avez trouvé un espace dans lequel vous pouvez nager normalement même si la densité de triathlètes reste importante.
Mais vous commencez à avoir une sensation bizarre au niveau des yeux. Vous continuez de nager mais cette gêne se transforme progressivement en brûlure, rien d'insoutenable mais votre attention est accaparée par cette douleur.
Si vous choisissez de nager en crawl polo pour sortir la tête de l'eau, rendez-vous au chapitre **468**.
Si vous préférez continuer à nager les yeux ouverts comme vous le faites depuis le début, rendez-vous au chapitre **251**.
Si vous décidez de nager les yeux fermés, rendez-vous au chapitre **364**.

455

Vous commencez à vous écarter. Vous coupez la trajectoire des autres nageurs en vous déplaçant en crawl-polo, voir même en brasse pour vous créer votre espace vital quitte à gêner les autres. Mais ça, ce n'est pas votre problème !
Evidemment, vous continuez de prendre des coups mais vous savez que c'est bientôt fini.
Vous arrivez enfin sur le côté droit du parcours, alors que la prochaine bouée est à prendre à gauche. Mais vous vous en fichez, vous avez ce que vous vouliez : vous êtes seul, tranquille sur le côté.
Rendez-vous au chapitre **537**.

456

Malgré la douleur musculaire, la disparition de toute parcelle d'énergie dans votre corps et le risque que vous puissiez vous évanouir d'une seconde à l'autre, vous êtes poussé par la clameur des spectateurs, attiré comme un aimant par la ligne d'arrivée.

Cette dernière ligne droite est du pur bonheur ! Vous ne ressentez plus aucune fatigue, vous êtes euphorique. Les larmes aux yeux, vous vous rapprochez de cette ligne qui symbolise la fin de votre Ironman, de ces mois de préparation, de ce projet que vous pensiez irréalisable, mais vous y êtes et malgré ces heures à douter, vous comprenez pourquoi vous êtes là. Pour ces quelques secondes éphémères, futiles qui vous marqueront à vie.
Vous passez la ligne, vous recevez la médaille tant convoitée de finisher et soudain toutes les douleurs musculaires reviennent brutalement. Vous vous asseyez, le dos contre une barrière.
Vous souriez.
Vous avez terminé 1283e sur 2000, félicitations !

Prenez le temps de récupérer de votre course et relancez-vous dans une nouvelle lecture pour tenter de faire mieux !

457

Vous jouez avec le feu en continuant au même rythme. Vous savez que vous n'avez pas le droit à l'erreur et qu'un problème, comme une crevaison, serait fatal.
Tous les cinq kilomètres, vous calculez votre marge qui reste constante. Vous stressez de plus en plus et vous avez maintenant peur de faire une erreur. Si, avec la fatigue, vous n'étiez plus vraiment lucide pour calculer votre allure ? Si vous vous trompiez ? Ces questions vous font gamberger alors qu'une voiture vous double lentement. Vous vous dites que c'est peut-être l'occasion de gagner quelques minutes facilement sur les barrières horaires.
Si vous décidez de vous caler dans le coffre de la voiture juste quelques kilomètres pour être sûr de ne pas vous faire éliminer, rendez-vous au chapitre **485**.
Si vous préférez laisser partir la voiture et continuer au même rythme, rendez-vous au chapitre **141**.

458

Les coups de bras s'enchaînent tranquillement. Vous ne ressentez pas encore de fatigue, juste une légère monotonie à nager seul. Vous doublez quelques concurrents isolés qui semblent perdus, à ne plus savoir s'ils doivent se déplacer en crawl ou en brasse, s'ils doivent

continuer ou abandonner. Mais pour vous, c’est différent, vous n’êtes pas à la peine, vous êtes certain de pouvoir vous rattraper dans la suite de la compétition.
Vous arrivez à la bouée la plus éloignée de la plage, vous faites demi-tour. Il ne vous reste plus que cette grande ligne droite avant de pouvoir vous relever. Plus vous vous rapprochez de l’aire de transition, plus vous sentez l’excitation monter en vous, un peu comme si la course allait réellement commencer ; que cette natation n’était qu’un prélude.
Plus qu’une centaine de mètres.
Vous arrivez enfin sur la plage. Vous vous relevez doucement pour ne pas tomber. Comme toujours, il vous faut quelques secondes avant de retrouver vos habitudes de terrien.
Rendez-vous au chapitre **345** pour entrer dans le parc à vélo.

459

Vous vous surprenez à être capable de courir aussi longtemps. Vos jambes sont moins lourdes qu’au début du marathon et vous comptez bien en profiter. Alors que votre stratégie était de marcher un tiers du temps pour deux tiers de course, maintenant vous ne marchez que pour boire un verre d’eau.
Vous remontez un grand nombre de coureurs à l’agonie. Vous les encouragez en passant à côté d’eux et vous vous dites que vous avez de la chance de ne pas être dans leur état.
Vous arrivez au semi-marathon, rendez-vous au chapitre **272**.

460

Vous avez la sensation d'être un champion, de boire l'énergie que vous envoie le public.
Vous parvenez à tenir quelques kilomètres à hauteur du triathlète professionnel qui vous sert de lièvre, mais ça ne dure qu'un temps. Il vous faut de plus en plus d'énergie pour garder son allure et malgré tous vos efforts, vous faiblissez, ne parvenant plus à le suivre. Vos jambes sont très lourdes, votre foulée devient rasante. En plus du physique qui commence à vous lâcher, vous vous retrouvez seul, sans spectateur pour vous ovationner. Votre mental ne vous suit plus et vous vous mettez à marcher, essayant de trouver un second souffle.

De nombreux concurrents en profitent pour vous dépasser tout au long des quelques kilomètres qu'il vous faut pour retrouver des forces.
Vous parvenez à recourir, mais doucement.
Vous arrivez au semi-marathon, rendez-vous au chapitre **490**.

461

Vous relevez la tête quelques secondes. Vous n’aimez pas cette sensation de perdre du temps mais vous vous rendez compte que cela était utile puisque vous ne voyez personne devant, seulement la rive droite d’une île qui ne ressemble ni à une bouée, ni à la zone d’arrivée.
De toute évidence, vous étiez en train de dériver. Vous regardez sur la gauche et apercevez au loin tous les concurrents qui continuent, eux, de nager vers la prochaine bouée sans se soucier de votre éloignement.
Vous revenez vous remettre dans le rang mais vous êtes lucide : vous avez perdu du temps mais vous redoublez d’efforts pour dépasser un maximum de nageurs.
Vous arrivez sur la berge assez fatigué. Vous sortez de l’eau et entrez dans l’aire de transition.
Rendez-vous au chapitre **8** pour la suite de votre triathlon.

462

Vous dépassez le ravitaillement de mi-course et poursuivez votre chemin. Vous regardez votre compteur, vous avez maintenant une bonne marge d'avance sur les barrières horaires mais elle est encore insuffisante pour vous mettre à l'abri d'un éventuel pépin technique telle qu'une crevaison.
La chaleur se fait de plus en plus sentir. Mais alors que vous prenez votre bidon, il vous glisse des mains et chute sur la route. Vous n'avez pas d'autres bidons et le prochain ravitaillement est environ à quinze kilomètres. Vous avez soif mais vous vous dites que vous pourrez récupérer à boire au prochain stand.
Si vous préférez vous arrêter pour récupérer votre bidon quitte à perdre du temps, rendez-vous au chapitre **187**.
Si vous préférez continuer de rouler et prendre un nouveau bidon au prochain ravitaillement, rendez-vous au chapitre **89**.

463

A peine sorti du parc à vélo, vous rencontrez un arbitre qui, jetant un œil à sa fiche, vous indique que vous devez réaliser un tour de pénalité à pied. Déjà que vous devez courir un marathon, on vous rajoute quelques centaines de mètres supplémentaires.
Vous partez sur la boucle, vos jambes sont raides et vous avez des difficultés à courir normalement. Vos muscles répondent mal aux sollicitations que vous leur envoyez. Vous espérez que cela va passer dans les premiers kilomètres.
Le tour vous paraît interminable alors que vous voyez un grand nombre de concurrents en profiter pour passer devant vous et partir directement vers le marathon.
Après quelques minutes à vous traîner, vous terminez enfin la boucle de pénalité et commencez réellement votre marathon, rendez-vous au chapitre **178**.

464

Vous accélérez brusquement. Vos cuisses vous brûlent rapidement mais vous n'osez pas vous retourner pour voir où en est votre assaillant. Vous avez l'impression de participer à un 400m. En quelques secondes, vous doublez une dizaine de concurrents, mais vous ne parvenez plus à tenir votre rythme, vos muscles sont trop asphyxiés par l'acide lactique se déversant dans votre corps. Vous ne parvenez plus à avancer. Vous vous arrêtez à bout de souffle et vous vous retournez pour constater que votre effort a payé. L'homme n'a pas réussi à vous suivre et a fait demi-tour. Vous êtes fier de votre accélération même si vous en payez maintenant les conséquences.
Vous n'arrivez plus à courir et vous vous contentez de marcher. Plusieurs minutes plus tard, vous apercevez enfin le ravitaillement suivant. L'effet négatif de l'acide lactique se dissipe progressivement. Vous vous arrêtez pour vous hydrater et repartez en trottinant doucement.
Après plusieurs kilomètres, vos jambes sont plus légères. Vous arrivez au semi-marathon, rendez-vous au chapitre **490**.

465

Vous restez à droite de la route et tentez de zigzaguer entre les cyclistes.

A coup de « à gauche », « à droite », vous parvenez à vous faufiler entre eux sans oublier de leur faire remarquer que l'abri est interdit. Mais le temps de transpercer ce groupe, vous vous dites que vous êtes aussi en position de drafting si un arbitre venait à votre hauteur. Vous dépassez d'autant plus rapidement ces tricheurs pour ne pas vous faire prendre à tort.
C'est bon, vous soufflez, le groupe est maintenant derrière vous et aucune sanction n'est tombée contre vous. Quelques secondes plus tard, vous entendez une moto arriver. Vous vous retournez et observez un arbitre sanctionner tout le groupe. Vous jubilez intérieurement.
Vous continuez votre progression et arrivez au 90e km, rendez-vous au chapitre **155**.

466

Vous vous sentez à l'aise dans ce rythme que vous maitrisez maintenant parfaitement.
Mais arrivé au pointage suivant, le couperet tombe : un arbitre vous arrête et vous demande de lui donner votre dossard. Vous êtes désemparé mais vous n'avez pas le choix. Frustré de ne pas avoir eu le temps de donner le meilleur de vous-même, vous montez dans la voiture balai qui vous ramène au départ.
Votre triathlon s'arrête là.

467

Vous vous arrêtez de nager et vous vous redressez pour analyser la situation. Au moment où vous relevez la tête, vous avez du mal à comprendre. Devant vous, vous ne voyez quasiment aucun nageur alors que vous vous attendiez à apercevoir des centaines de têtes. Vous observez seulement quelques triathlètes isolés qui luttent pour avancer…et ils vont dans le sens opposé du vôtre. Vous vous retournez et comprenez alors que vous étiez en train de nager dans le mauvais sens. Depuis quand ? Difficile à dire mais le peloton des nageurs a deux cents à trois cents mètres d'avance sur vous.
Vous ne perdez pas plus de temps et repartez en nageant à l'assaut du premier groupe que vous voyez devant vous. Cette fois, vous ne vous ferez pas avoir : vous alternez le crawl les yeux fermés avec des

moments où vous vous redressez pour voir la direction à prendre. Vous perdez du temps mais au moins vous ne faites pas demi-tour ! Vous remontez progressivement quelques petits groupes de nageurs mais arrivé à la fin du parcours natation, vous vous rendez compte que vous n'avez pu rattraper le gros du peloton.
Qu'importe, la première discipline est bientôt terminée et vous vous dites que, vu les conditions, vous avez fait le plus dur.
Rendez-vous au chapitre **200** pour la suite de votre course.

468

Vous vous mettez à nager en utilisant le crawl polo. Vous avez l'habitude d'utiliser cette technique pour mieux vous orienter et pour trouver votre chemin parmi cette horde de barbares.
Le peloton s'est étiré et vous avez plus de place pour nager. Alors qu'habituellement, vous auriez adopté le crawl classique, là vous ne pouvez pas. Vous commencez à ressentir de la fatigue et des difficultés à garder cette technique. Cela fait moins de 400m que vous êtes en crawl polo et vous êtes déjà à la peine. Pour éviter de vous retrouver complétement cuit au bout de dix minutes, vous décidez de passer en brasse. Mais comme vous n'avez pas de lunettes, ce n'est pas une brasse officielle que vous pratiquez mais bien la brasse de grand-mère, celle où on garde la tête au-dessus de l'eau pour ne pas se mouiller les cheveux…
Tous les triathlètes que vous aviez doublés reviennent sur vous. A chaque concurrent qui vous passe, vous nagez en crawl polo pour suivre son sillon mais ça ne dure jamais longtemps et vous vous épuisez rapidement.
A la moitié du premier tour, vous vous êtes résolu à nager en brasse. Le retour jusqu'à la berge est long. Vous vous retournez régulièrement pour accepter cette triste réalité : vous êtes dans les derniers !
Arrivé sur le bord pour la sortie à l'australienne, vous repartez pour votre deuxième tour.
Si vous décidez d'accélérer en brasse, rendez-vous au chapitre **357**.
Si vous préférez garder ce rythme, rendez-vous au chapitre **260**.
Si vous choisissez de ralentir pour être en forme pour la suite de votre course, rendez-vous au chapitre **250**.

469

Même si vous hésitez, vous faites demi-tour. Sur le chemin de retour, la même question revient lancinante : et si vous faites une erreur, que vous étiez effectivement dans la bonne direction et que vous vous en éloignez ?
Au bout d'une dizaine de minutes, vous êtes revenu à la bifurcation. Vous vous y arrêtez quelques secondes pour regarder autour de vous s'il n'y a pas un balisage que vous n'auriez pas vu. Vous apercevez alors, au loin, un coureur parti sur la voie de gauche. Vous êtes rassuré et prenez cette direction.
Il faudra attendre encore de longues minutes avant d'être complétement rassuré et de retrouver sur votre chemin un panneau de la course. Vous pouvez enfin vous reconcentrez sur votre objectif et essayez de vous libérer de cette tension accumulée.
Quelques kilomètres plus tard, vous arrivez au semi-marathon, rendez-vous au chapitre **12**.

470

Vous enlevez une dent et appuyez plus fort sur vos pédales pour commencer à faire crier vos cuisses. Vous vous réjouissez de voir votre compteur afficher une vitesse bien plus élevée qu'il y a quelques minutes.
Vous reprenez progressivement des concurrents mais même si vous grappillez quelques minutes, finalement vous restez à portée d'une éventuelle élimination. Il va falloir encore rester concentré pour ne pas baisser de rythme.
Vous arrivez au 90e km, rendez-vous au chapitre **169**.

471

Vous récupérez les manchettes des mains de votre ami et les enfilez directement avant de remonter sur votre vélo. Vous faites un dernier signe à vos supporters et vous repartez.
Alors que vous n'avez parcouru qu'une centaine de mètres, un arbitre monte à votre hauteur et vous arrête. Il vous tend un carton bleu.
– Vous n'avez pas le droit à une aide extérieure, vous dit-il.
– Je n'ai pas le droit de m'arrêter pour embrasser mes amis ? Répondez-vous sans comprendre.

– Ce n'est pas ça dont il s'agit, quelqu'un vous a donné des manchettes, vous n'avez pas le droit.
– Ahh, c'est juste pour ça ?? Je lui redonne si vous voulez.
– L'erreur est faite, vous êtes sanctionné d'un carton bleu et je suis clément, ça aurait dû être une élimination, vous lance-t-il sèchement avant de remonter sur sa moto et de repartir.
Vous n'en revenez pas ! Vous avez pris un carton bleu juste pour avoir pris des manchettes. Résigné, vous repartez sur votre vélo mais vous ne digérez pas cette pénalité à pied qu'il faudra réaliser.
Les kilomètres s'enchaînent et vous oubliez petit à petit cette vexation pour vous concentrer sur votre course.
Vous arrivez au 90e km, rendez-vous au chapitre **389**.

472

Vous savez que, même s'il vous est possible de tenir à ses côtés encore quelques kilomètres, vous n'avez pas le même niveau. Vous préférez être humble et le laisser partir en continuant de vous nourrir des encouragements.
Vous reprenez votre rythme et vous vous retrouvez rapidement seul, le public se désintéressant de vous. Vous avez eu votre moment de gloire mais maintenant vous devez vous reconcentrer pour finir votre course. Vous parvenez néanmoins à conserver un bon rythme qui vous permet de stabiliser votre classement.
Vous arrivez au semi-marathon, rendez-vous au chapitre **85**.

473

Vous trouvez le goût surprenant, ni bon ni mauvais mais vous en reprenez quelques gorgées avant de remettre le bidon à votre ceinture.
Progressivement, vos sensations sont meilleures et vous vous sentez capables d'accélérer. Vous ne sentez plus de tension musculaire ni cette impression de jambes lourdes que vous aviez depuis le début de la course à pied. Vous doublez les autres concurrents à un rythme ahurissant, vous avez alors l'impression que vous ne participez pas à la même course. Les autres semblent marcher alors que vous effleurez le sol.
C'est sûr, plus rien ne peut vous arrêter.

Vous arrivez rapidement au semi-marathon, rendez-vous au chapitre **22**.

474

Vous persistez en gardant la même direction.
Au bout de quelques kilomètres, la route devient naturellement un chemin traversant les champs.
Plus tard, vous êtes de nouveau devant une bifurcation où vous décidez de prendre à gauche. Après plusieurs choix de route que vous faites au hasard, vous concluez que vous êtes totalement perdu.
Autour de vous, vous ne voyez aucune bifurcation, des champs à perte de vue et une forêt à votre gauche. Avec la fatigue, vous manquez de lucidité et décidez de partir dans la forêt.
Quelques heures plus tard, la nuit est tombée. Heureusement il fait encore doux à cette période de l'année. Vous vous allongez sur un tapis d'herbe et vous vous endormez.
Il faudra trois jours aux secours pour vous retrouver. Trois jours d'attente pendant lesquels vous vous êtes nourri de baies sauvages en buvant l'eau d'un ruisseau.
Finalement, malgré le stress de cette aventure, vous trouvez que vous avez vécu une belle expérience.

475

Vous tournez à gauche. Vous sentez que vous vous crispez. Et si vous vous étiez trompé de chemin dès la première intersection et que vous vous éloigniez petit à petit du bon parcours. Vous ne sauriez même plus revenir jusqu'à ce point de départ.
Tout en vous posant des centaines de questions sans réponse, vous continuez de courir. Quelques minutes plus tard, vous retrouvez une route puis apercevez un coureur avant de revenir sur lui. Vous souriez, euphorique en le dépassant. Vous étiez sur le bon chemin depuis le début, sans le savoir !
Vous arrivez au semi-marathon, rendez-vous au chapitre **85**.

476

Vous avez l'impression que c'est encore pire, que le gros du peloton ne vous est pas encore passé dessus. Alors que vous tentez de

respirer, un concurrent vous appuie sur la tête et vous buvez la tasse. Vous commencez à paniquer et relevez la tête pour prendre un grand bol d'air quand de nouveau, un homme en noir vous coule. Vous suffoquez. Vous sentez le stress et l'énervement monter en vous.
Si vous n'arrivez plus à vous maîtriser et que votre colère vous submerge, rendez-vous au chapitre **379**.
Si vous choisissez de continuer de nager là où vous êtes, rendez-vous au chapitre **333**.
Si vous préférez partir sur le côté quitte à nager plus de distance et à perdre du temps, rendez-vous au chapitre **455**.
Si vous décidez de vous redresser et de laisser passer tout le monde pour être enfin tranquille, rendez-vous au chapitre **303**.

477

Pour gagner du temps, vous avez laissé vos chaussures accrochées à vos pédales. Vous entrez dans le parc à vélo et courez à côté de votre vélo en le tenant par la selle mais vous avez des difficultés à garder la roue avant dans l'axe. Le sol n'est pas lisse et votre roue avant bute sur un caillou caché sous le tapis du parc à vélo. La roue devient incontrôlable et se braque sur le côté gauche, vous n'avez plus assez de réflexe pour vous arrêter à temps et vous heurtez votre vélo et chutez sur lui.
Après quelques secondes pendant lesquelles vous êtes sonné, vous vous relevez, aidé par un bénévole qui a vu la scène. Vous avez le coude droit en sang et le genou bien amoché.
– Vous ne pouvez pas repartir comme ça, vous dit-il.
Il vous conduit jusqu'au poste de secours.
Les soigneurs nettoient les différentes plaies avant de vous appliquer des pansements.
Après plusieurs dizaines de minutes, vous repartez en marchant jusqu'à votre emplacement. Vos blessures n'ont pas l'air de vous gêner pour marcher. Vous testez quelques mètres en trottinant : tous les voyants sont au vert, votre moral remonte même si vous avez perdu beaucoup de temps.
Vous posez votre casque et enfilez vos chaussures de course. Vous vous dirigez vers la sortie de l'aire de transition en trottinant.
Si vous venez du chapitre **501**, rendez-vous au chapitre **547**.
Si vous venez du chapitre **105**, rendez-vous au chapitre **64**.
Si vous venez du chapitre **45**, rendez-vous au chapitre **14**.

Si vous venez du chapitre **36**, rendez-vous au chapitre **78**.
Si vous venez du chapitre **87**, rendez-vous au chapitre **317**.
Si vous venez du chapitre **16**, rendez-vous au chapitre **108**.
Si vous venez du chapitre **482**, rendez-vous au chapitre **317**.
Si vous venez du chapitre **232**, rendez-vous au chapitre **108**.
Si vous venez du chapitre **52**, rendez-vous au chapitre **198**.
Si vous venez du chapitre **373**, rendez-vous au chapitre **506**.
Si vous venez du chapitre **446**, rendez-vous au chapitre **423**.
Si vous venez du chapitre **122**, rendez-vous au chapitre **423**.

478

Vous partez pour une nouvelle boucle, cette fois c'est sûr, il s'agit bien de la dernière boucle. Vous tentez d'accélérer mais vos jambes ne répondent plus. Alors que vous étiez encore bien il y a quelques kilomètres, cette dernière boucle devient un calvaire. Vous avez l'impression d'être sorti de votre course, vous vous sentez frustré de ne pas savoir si ce tour n'est pas un tour en trop.
Après les cinq kilomètres que compte la boucle, vous parvenez difficilement à la dernière ligne droite. Vous jambes soudain deviennent plus légères, vos muscles se décontractent et vous réussissez à accélérer sans aucun problème.
Rendez-vous au chapitre **369**.

479

Malgré la douleur musculaire, la disparition de toute parcelle d'énergie dans votre corps et le risque que vous puissiez vous évanouir d'une seconde à l'autre, vous êtes poussé par la clameur des spectateurs, attiré comme un aimant par la ligne d'arrivée.
Cette dernière ligne droite est du pur bonheur ! Vous ne ressentez plus aucune fatigue, vous êtes euphorique. Les larmes aux yeux, vous vous rapprochez de cette ligne qui symbolise la fin de votre Ironman, de ces mois de préparation, de ce projet que vous pensiez irréalisable, mais vous y êtes et malgré ces heures à douter, vous comprenez pourquoi vous êtes là. Pour ces quelques secondes éphémères, futiles qui vous marqueront à vie.
Vous passez la ligne, vous recevez la médaille tant convoitée de finisher et soudain toutes les douleurs musculaires reviennent brutalement. Vous vous asseyez, le dos contre une barrière.

Vous souriez.
Vous avez terminé 1892ᵉ sur 2000, félicitations !

Prenez le temps de récupérer de votre course et relancez-vous dans une nouvelle lecture pour tenter de faire mieux !

480

Vous accélérez. Foulée après foulée, vos muscles hurlent de douleur mais vous ne faiblissez pas. Après quelques kilomètres, vous ne vous sentez pas bien, vous manquez d'énergie, vous rêvez de pouvoir vous allonger et de dormir mais il est encore trop tôt. Trop tôt pour tout abandonner, malgré la souffrance, vous martelez à vos jambes de continuer. Ce n'est plus votre corps qui décide, c'est votre tête qui ordonne et vous comptez bien aller jusqu'au bout sans ralentir. Votre allure vous permet de doubler quelques concurrents qui n'ont plus votre rage.
Au bout de longues minutes, vous arrivez enfin dans la dernière ligne droite, rendez-vous au chapitre **163**.

481

Les deux kilomètres qui vous séparent du ravitaillement vous semblent une éternité et vous n'arrivez plus à combattre contre la chaleur. Vous vous mettez à marcher, cherchant du regard de quoi vous rafraîchir tel un oasis dans le désert. Mais devant vous, il n'y a que cette route qui vous paraît interminable.
Quelques dizaines de minutes plus tard, vous arrivez enfin au ravitaillement.
Si vous décidez d'utiliser le jet d'eau proposé par l'organisation, rendez-vous au chapitre **353**.
Si vous préférez vous renverser un gobelet sur la tête, rendez-vous au chapitre **24**.

482

Vous arrivez dans l'aire de transition. Vous posez pied à terre avant la ligne signalant l'entrée du parc à vélo.
Le même bénévole qu'à la sortie de l'eau vous crie votre classement :
– 1395ᵉ !

Vous savez qu'il faut rester lucide lors de cette transition pour ne pas perdre de temps ni faire d'erreur. Mais la fatigue est bien présente et parfois on ne parvient pas à tout contrôler.
Choisissez un des chapitres suivants pour savoir comment va se dérouler votre transition :
Rendez-vous au chapitre **29** *(mémorisez le numéro de chapitre actuel :* ***482*** *qui vous sera utile par la suite).*
Rendez-vous au chapitre **254** *(mémorisez le numéro de chapitre actuel :* ***482*** *qui vous sera utile par la suite).*
Rendez-vous au chapitre **48** *(mémorisez le numéro de chapitre actuel :* ***482*** *qui vous sera utile par la suite).*
Rendez-vous au chapitre **477** *(mémorisez le numéro de chapitre actuel :* ***482*** *qui vous sera utile par la suite).*

483

Vous vous mettez à marcher et rapidement vous sentez que vos muscles se détendent. Vous décidez alors d'alterner marche et course sur le plat ; d'uniquement marcher dans les côtes et de trottiner dans les descentes douces. Cette stratégie vous permet de doubler quelques concurrents. Malgré la difficulté et les douleurs musculaires de plus en plus présentes, votre moral est bon en voyant les autres concurrents en perdition.
Vous arrivez au semi-marathon, rendez-vous au chapitre **209**.

484

Vous ordonnez à vos jambes de continuer de courir mais cela devient une véritable souffrance. D'ailleurs, vous ne savez pas si vous pouvez appeler ça « courir » tant vous êtes lent. Vous progressez en boitant car votre mollet est toujours raide mais vous ne vous arrêtez pas. Vous doublez tout juste quelques triathlètes qui ont préféré la marche.
Vous arrivez au 14e km, en plus d'avoir les jambes qui vous font souffrir, vous commencez à avoir la tête qui tourne.
Si vous décidez de continuer de courir au moins jusqu'au semi-marathon pour passer la barrière horaire, rendez-vous au chapitre **444**.
Si vous préférez vous assoir le temps de reprendre vos esprits, rendez-vous au chapitre **123**.

Si vous choisissez de marcher pour faire passer ce petit malaise, rendez-vous au chapitre **530**.

485

Vous sautez dans le coffre de la voiture pour prendre son aspiration. Alors que votre pédalage vous demandait un effort, soudain tout devient facile. Vous êtes la plupart du temps en roue libre et vous dépassez allégrement les 40km/h. Le seul risque serait que la voiture freine brusquement et que vous n'ayez pas le temps de réagir. Mais vous n'y pensez pas et restez concentré sur votre trajectoire. En quelques minutes, vous dépassez des dizaines de concurrents qui vous regardent d'un air circonspect.
Alors que vous vous dites que vous allez pouvoir rapidement vous mettre à l'abri des barrières horaires, vous n'entendez pas la moto-arbitre arriver à votre hauteur. L'homme en gris et blanc vous tend un carton bleu synonyme de tour de pénalité en course à pied. Vous savez que vous n'avez rien à dire et laissez partir la voiture. Le retour à la réalité est violent, vous vous rappelez de l'effet du vent sur votre vitesse et vous avez l'impression de rester collé à la route.
Les kilomètres s'enchaînent et tous les triathlètes que vous aviez pu doubler avec la voiture vous repassent devant.
Finalement, vous approchez du parc à vélo, rendez-vous au chapitre **122**.

486

Vous vous jetez dans sa foulée, fixant ses chaussures pour calquer votre rythme sur le sien. Vous vous accrochez à lui pendant quelques minutes, cette sensation de vitesse, de pouvoir déposer les autres concurrents qui ne semblent plus participer à la même course que vous, est euphorisante. Vous avez même envie de doubler votre lièvre et vous envoler mais votre corps vous rappelle soudainement à la réalité, vos muscles se crispent brusquement, votre énergie vous quitte, vous laissant dans un corps qui semble mort, sans force. Vous vous arrêtez, immobile, laissant partir la locomotive que vous suiviez. Vous êtes plié, les mains sur les genoux, essayant de reprendre vos esprits, votre souffle, de retrouver vos jambes que vous avez perdus quelques secondes plus tôt.

Vous ne comprenez pas, tout allait si bien, qu'est ce qui a pu se passer pour que tout s'écroule ?
Vous avez la tête qui tourne, vous obligeant à vous assoir sur le bord de la route. Vous restez ainsi plusieurs minutes tentant de vous reconnecter avec votre cerveau qui ne veut plus vous écouter.
Un concurrent, en passant près de vous, vous laisse son éponge encore imbibée d'eau. Vous vous la passez sur votre tête, faisant dégouliner quelques gouttes le long de votre nuque. Cette fraicheur semble vous sortir de votre stupeur et vous parvenez à vous relever.
Il n'est pas question pour l'instant de courir, vous marchez donc sans autre solution pendant plusieurs kilomètres. Vous voyez impuissant des dizaines de concurrents vous doubler.
Alors que vous approchez de la mi-course et après vous être restauré à un ravitaillement, vous sentez vos forces revenir, pas celles du début de course, c'est évident, mais suffisamment pour pouvoir trottiner.
C'est ainsi que vous arrivez au semi-marathon, rendez-vous au chapitre **128**.

487

Peu de temps après, vous voyez apparaître un coureur au bout de la route. Vous attendez quelques secondes qu'il arrive à votre hauteur.
– Je suis perdu là, tu sais par où il faut aller ? Demandez-vous sans vraiment y croire.
– Oui, je connais, j'habite dans le coin, c'est à gauche. Vous répond-il essoufflé.
Vous le suivez. Il court un peu moins vite que vous mais préférez rester à ses côtés jusqu'au prochain ravitaillement. Quelques minutes plus tard, vous arrivez sur une nouvelle bifurcation et vous le remerciez de connaître aussi bien le parcours.
– Maintenant, il n'y a plus de piège, tu peux y aller. Vous dit-il avec un clin d'œil.
Vous le remerciez avec une tape dans le dos et reprenez votre allure habituelle, le laissant derrière vous.
Plusieurs kilomètres plus tard, vous arrivez au semi-marathon, rendez-vous au chapitre **85**.

488

Vous vous reconcentrez sur votre course et ne perdez pas ce coup de pédale si efficace depuis le début de la course.

Au bout de quelques kilomètres, le nombre de concurrents dépassés vous fait totalement oublier la perte de votre bidon. Vous vous sentez bien, vous avez le sentiment que rien ne peut vous arriver.

Mais l'épée de Damoclés au-dessus de votre tête frappe un grand coup. A la sortie d'un virage ; vous avez une sensation bizarre à l'arrière de votre vélo, comme si vous rouliez sur des cailloux. Vous vous retournez, la situation est claire : vous avez crevé. Evidemment, vous n'avez plus rien pour réparer.

Un peu plus loin, vous voyez un cycliste qui vient de s'arrêter sans doute pour se libérer d'une envie pressante.

Si vous décidez de lui demander s'il a du matériel pour réparer, rendez-vous au chapitre **160**.

Si vous préférez continuer à pied à côté de votre vélo en espérant un miracle, rendez-vous au chapitre **142**.

Si vous choisissez de prendre le vélo du concurrent alors qu'il a le dos tourné, rendez-vous au chapitre **158**.

489

Vous marchez quelques minutes pour prendre le temps de digérer un peu tout ce que vous venez de manger puis vous sentant en meilleure forme, vous commencez à trottiner.

Les kilomètres s'enchaînent tranquillement, à une vitesse plutôt lente mais dans laquelle vous vous sentez à l'aise. Mais à seulement quelques kilomètres de l'arrivée, vous avez pris un peu de retard pour terminer dans les temps.

Si vous décidez de livrer vos dernières forces, rendez-vous au chapitre **262**.

Si vous préférez prendre le temps de calculer exactement votre retard et le rythme à avoir pour terminer à temps, rendez-vous au chapitre **491**.

Si vous choisissez de garder le même rythme en vous disant qu'il sera suffisant pour passer la ligne d'arrivée, rendez-vous au chapitre **119**.

490

Vous arrivez au ravitaillement à mi-course, une bénévole vous tend un gobelet. Votre regard s'arrête sur la beauté du visage de cette

femme. Soudain, vous ne pensez plus à finir cet Ironman, vous ne pensez plus à la course, vous êtes hypnotisé par la pureté de sa peau, de ses yeux, de sa bouche.
Elle se tourne vers vous et vous sourit. Elle, aussi, paraît troublée. Vous en êtes sûr, le coup de foudre est réciproque.
Si vous décidez de vous arrêter quelques minutes pour discuter, rendez-vous au chapitre **393**.
Si vous préférez continuer de courir en espérant la revoir plus tard, rendez-vous au chapitre **359**.
Si vous choisissez d'abandonner la course pour rester avec elle car l'amour est plus fort que tout, rendez-vous chapitre **417**.

491

Tout en courant, vous vous lancez dans des calculs d'allures. Avec le temps qu'il vous reste avant la barrière horaire et la distance à parcourir, vous essayez d'en déduire la vitesse à tenir dans les derniers kilomètres. Mais avec l'effort et la fatigue, les chiffres s'emmêlent et la moindre addition devient impossible. Au bout de quelques minutes, vous abandonnez vos calculs en vous donnant un choix plus simple.
Si vous décidez d'accélérer, rendez-vous au chapitre **262**.
Si vous préférez garder ce rythme, rendez-vous au chapitre **119**.

492

Même si cela ne vous plait guère de mettre ce papier gluant dans votre poche, vous le faites tout de même. Quelques secondes plus tard, une moto-arbitre vous double.
Vous enchaînez les kilomètres sans encombre, maitrisant bien votre allure, vous parvenez à doubler quelques concurrents, vous permettant de ne pas tomber dans un faux rythme.
A vingt kilomètres de la fin du parcours vélo, vos bidons sont vides. La chaleur est accablante et vous savez qu'un état de déshydratation serait très pénalisant pour la suite de la course.
En traversant un village, vous apercevez un spectateur qui tend une bouteille d'eau.
Si vous décidez de la prendre, rendez-vous au chapitre **322**.

Si vous préférez chercher une fontaine ou le cimetière dans le village pour remplir vos bidons quitte à perdre du temps, rendez-vous au chapitre **538**.
Si vous choisissez de ne pas vous arrêter et de finir avec vos bidons vides, rendez-vous au chapitre **32**.

493

Vous vous dites qu'en buvant cela vous coupera un peu la faim. Vous prenez un de vos bidons et vous êtes agréablement surpris en goûtant son contenu, vous aviez oublié que vous aviez de la boisson isotonique à l'intérieur. Cela va vous permettre de tenir jusqu'au prochain ravitaillement.
Tout en doublant progressivement des concurrents, vous vous hydratez régulièrement pour compenser le manque d'apport en alimentation solide.
Vous arrivez au 90e km, rendez-vous au chapitre **161**.

494

Vous vérifiez rapidement votre équipement pour la natation. Votre combinaison, vous l'avez bien sur le dos. Mais, soudain votre sang se glace, dans le tumulte du départ, vous avez oublié quelque chose.
Si vous vous êtes rendu compte qu'il vous manque votre bonnet, rendez-vous au chapitre **210**.
S'il vous manque vos lunettes de natation, rendez-vous au chapitre **228**.

495

Vous dépassez le spectateur vous tendant cette eau alléchante mais vous ne la saisissez pas. Il ne vous reste plus que vingt kilomètres et vous vous dites que le plus difficile est passé. Mais au fil des kilomètres, vos muscles sont de plus en plus durs et vous sentez les crampes monter au niveau des mollets. Pour ne pas empirer les choses, vous décidez de changer de braquet et de rouler plus lentement pour ne pas trop solliciter vos jumeaux.
Vous acceptez, la mort dans l'âme, de voir tous les concurrents que vous aviez doublés vous passer maintenant. De nouvelles têtes même se permettent d'aller plus vite que vous. Vous tentez de relancer mais

vos jambes se contractent dangereusement, vous n'avez pas le choix et devez finir tranquillement.
Quelques kilomètres avant la transition, vous arrivez sur un ravitaillement. Vous remplissez vos bidons et buvez abondamment. Vous finissez à une intensité modérée la partie vélo mais vous sentez que cela va mieux.
Vous arrivez au parc à vélo, rendez-vous au chapitre **16**.

496

Vous vous sentez comme sur un nuage, la fatigue ne vous atteint pas et vous ne ressentez aucune fatigue musculaire.
En quelques kilomètres, vous remontez tous ceux qui vous avaient doublé pendant votre crevaison et vous doublez des visages que vous n'aviez pas encore vus. Cela vous motive encore plus, votre moral n'a jamais été aussi bon.
Quelques minutes plus tard, vous arrivez au 90e km, rendez-vous au chapitre **155**.

497

Vous commencez à nager, mais lentement. Vous ne forcez pas. Mais vous vous étiez placé dans les premières lignes et les autres triathlètes ne comptent pas rester dans vos pieds.
Vous avez alors le sentiment que chaque concurrent prend un malin plaisir à vous pousser, à vous appuyer sur la tête, le dos, à vous tirer les jambes.
Entre deux coups reçus, vous parvenez à relever la tête et apercevez sur le côté un endroit libre où vous pourriez nager tranquillement. Mais vous allez perdre du temps à essayer d'y parvenir et vous nagerez plus de distance en étant sur le côté.
Si vous décidez de tout de même vous isoler sur le côté, rendez-vous au chapitre **455**.
Si vous choisissez de rester au milieu, là où vous êtes, rendez-vous au chapitre **476**.

498

En entrant dans le parc à vélo, vous entendez un bénévole qui vous annonce votre classement :

– 983e.
Vous vous rappelez que vous étiez 2000 au départ. Vous êtes pour l'instant dans la première partie du classement, ce n'est déjà pas si mal !
Vous arrivez au milieu de tous ces vélos, rangés les uns à côté des autres. Un doute s'installe dans votre esprit. Où est votre emplacement ? Vous n'êtes plus vraiment sûr.
Si vous décidez de chercher parmi les premières rangées, rendez-vous au chapitre **341**, *(mémorisez le numéro de chapitre actuel :* ***498*** *qui vous sera utile par la suite).*
Si vous préférez commencer à chercher votre vélo dans les rangées du milieu, rendez-vous au chapitre **205**, *(mémorisez le numéro de chapitre actuel :* ***498*** *qui vous sera utile par la suite).*
Si vous choisissez de partir dans les dernières rangées pour trouver votre emplacement, rendez-vous au chapitre **323**, *(mémorisez le numéro de chapitre actuel :* ***498*** *qui vous sera utile par la suite).*

499

Vous partez prudemment. Vous gérez votre niveau d'effort dans le but de vous sentir à l'aise et avoir l'impression de pouvoir rouler des journées entières à ce rythme. Vous vous sentez bien, vous prenez le temps de vous hydrater, de regarder le paysage, de saluer les badauds.
Mais en arrivant à la première barrière horaire, vous vous rendez compte que vous êtes sur le fil du rasoir, que vous vivez dangereusement. En regardant la vitesse moyenne indiquée par votre compteur, vous passez sur un dos d'âne que vous n'aviez pas anticipé. Vous êtes littéralement secoué et entendez un bruit étrange à l'arrière de votre vélo. Vous vous retournez : vous avez perdu votre bidon rempli. Vous prenez votre autre bidon pour constater que celui-ci est vide. Vous n'avez plus rien pour vous hydrater.
Si vous décidez de faire demi-tour pour aller chercher votre bidon plein, rendez-vous au chapitre **370**.
Si vous préférez continuer sans vous arrêter pour ne pas perdre de temps inutilement, rendez-vous au chapitre **519**.

500

Vous vous arrêtez sous la tente des secouristes et vous leur expliquez votre problème. Un ostéopathe vous prend en main et vous allonge sur un lit. Après quelques minutes de manipulation de votre rotule, il vous explique que vous devriez être capable de recourir. Les secouristes vous nettoient votre plaie Vous mettez le pied au sol, dubitatif. En vous appuyant sur votre jambe, vous ne ressentez aucune sensation de blocage du genou. Vous remerciez l'ostéopathe et repartez en foulées timides.

Effectivement, il avait raison, vous n'avez plus de douleur. Vous courez normalement avec seulement une petite appréhension que cela revienne.

Les kilomètres s'enchaînent sans encombre.

Vous arrivez au semi-marathon, rendez-vous au chapitre **272**.

501

Vous arrivez dans l'aire de transition. Vous posez pied à terre avant la ligne signalant l'entrée du parc à vélo.

Le même bénévole qu'à la sortie de l'eau vous crie votre classement :

– 112e !

Vous savez qu'il faut rester lucide lors de cette transition pour ne pas perdre de temps ni faire d'erreur. Mais la fatigue est bien présente et parfois on ne parvient pas à tout contrôler.

Choisissez un des chapitres suivants pour savoir comment va se dérouler votre transition :

Rendez-vous au chapitre **29** *(mémorisez le numéro de chapitre actuel :* ***501*** *qui vous sera utile par la suite).*

Rendez-vous au chapitre **254** *(mémorisez le numéro de chapitre actuel :* ***501*** *qui vous sera utile par la suite).*

Rendez-vous au chapitre **48** *(mémorisez le numéro de chapitre actuel :* ***501*** *qui vous sera utile par la suite).*

Rendez-vous au chapitre **477** *(mémorisez le numéro de chapitre actuel :* ***501*** *qui vous sera utile par la suite).*

502

Vous vous calez dans les pieds d'un nageur pour faire moins d'efforts car vous savez que comme en vélo, l'effet d'aspiration existe aussi en natation. Mais nager dans un groupe n'est pas une chose innée.

Si vous savez comment vous positionner au mieux sans être gêné par les coups, rendez-vous au chapitre **165**.

Si vous êtes hésitant dans le déplacement à effectuer dans un groupe de nageurs, rendez-vous au chapitre **281**.

503

Vous courez vers l'eau. Vous sentez la pression de centaines de concurrents derrière vous. Vous savez que vous n'avez pas le droit à l'erreur dans ces premiers mètres sous peine d'être piétiné.
Quand vous entrez dans l'eau, vous êtes d'abord tétanisé par sa température, mais vous n'avez plus le choix et plongez pour commencer à nager.
Si vous décidez de nager vite dès le départ pour rapidement vous extirper du peloton, rendez-vous au chapitre **395**.
Si vous choisissez de nager à votre rythme sans vous soucier des autres triathlètes, rendez-vous au chapitre **110**.
Si vous préférez partir lentement car vous savez que la course va être longue, rendez-vous au chapitre **497**.

504

Vous avalez régulièrement une gorgée d'eau. Progressivement, vous sentez votre estomac se décontracter, la douleur disparaît en même temps. Mais le manque d'apport énergétique vous oblige à ralentir. Vous laissez des concurrents vous passer devant sans réagir.
A force de boire de l'eau par peur de vous déshydrater, c'est votre vessie qui vous appelle d'urgence.
Vous vous arrêtez sur le bord de la route pour vous soulager. De toute façon, au point où vous en êtes, vous pouvez bien perdre encore quelques poignées de secondes.
Vous remontez sur votre vélo et repartez à votre allure modérée.
Peu de temps avant le 90e km, vous récupérez un bidon de boisson énergétique à un ravitaillement. Sa saveur vous plait et la fraicheur du liquide vous fait du bien. Vous reprenez votre rythme habituel pour récupérer le temps perdu.
Vous arrivez à la mi-course, rendez-vous au chapitre **161**.

505

A peine sorti du parc à vélo, vous rencontrez un arbitre qui, jetant un œil à sa fiche, vous indique que vous devez réaliser un tour de

pénalité à pied. Déjà que vous devez courir un marathon, on vous rajoute quelques centaines de mètres supplémentaires.
Vous partez sur la boucle, vos jambes sont raides et vous avez des difficultés à courir normalement. Vos muscles répondent mal aux sollicitations que vous leur envoyez. Vous espérez que cela va passer dans les premiers kilomètres.
Le tour vous paraît interminable alors que vous voyez un grand nombre de concurrents en profiter pour passer devant vous et partir directement vers le marathon.
Après quelques minutes à vous traîner, vous terminez enfin la boucle de pénalité et commencez réellement votre marathon, rendez-vous au chapitre **92**.

506

Vous quittez le parc à vélo en trottinant. Dès les premiers mètres, vous rencontrez un arbitre qui, jetant un œil à sa fiche, vous indique que vous devez réaliser un tour de pénalité à pied. Vous avez le moral plus bas que terre. Vous savez que vous êtes à la limite des barrières horaires et que ce tour peut vous être fatal.
Vous voulez accélérer mais vos jambes ne répondent pas, encore endolories par les 180km de vélo.
Vous réalisez tant bien que mal cette boucle supplémentaire. Une fois terminée, vous parcourez cinq kilomètres avant de vous faire arrêter par la première barrière horaire du marathon. Vous êtes hors délai de deux minutes, les arbitres refusent de vous laisser continuer.
Votre triathlon s'arrête là.

507

Vous vous étiez fixé un objectif et vous ne voulez pas échouer ! Vous enlevez une dent et vous vous obligez à appuyer plus fort sur les pédales. Cela paie, au fil des kilomètres vous rattrapez un grand nombre de concurrents et vous vous rapprochez progressivement de votre estimation de la mi-course.
Vous arrivez au 90e km, rendez-vous au chapitre **155**.

508

Vous prenez le temps de manger les barres énergétiques que vous venez de ramasser. Elles sont denses et difficiles à mâcher mais vous

sentez que l'énergie absorbée vous fait du bien. Vous mettez quelques dizaines de secondes à tout avaler, bouchée après bouchée.
Vous avalez quelques gorgées d'eau pour faire passer le tout et jetez par terre tous vos emballages vides. Malheureusement, il est interdit de jeter des déchets en dehors de la zone autorisée que vous avez dépassée de quelques dizaines de mètres. Un arbitre arrive à votre hauteur et vous tend un carton.
– Je vous promets que je visais la zone mais que je l'ai ratée ! Lui dites-vous en tentant de vous défendre.
– Si vous ne voulez pas que je vous disqualifie, vous devez ramasser vos déchets.
Vous réfléchissez quelques secondes. Vos papiers sont maintenant loin derrière et cela vous ferait perdre pas mal de temps.
Si vous décidez de faire semblant d'aller les chercher le temps que l'arbitre parte, rendez-vous au chapitre **40**.
Si vous préférez aller véritablement chercher vos papiers, rendez-vous au chapitre **408**.

509

Vous entendez vos muscles hurler face à l'intensité de l'effort que vous leur imposez. Vous sentez l'acide lactique monter dans vos cuisses et vous savez que vous ne pourrez pas soutenir ce rythme longtemps. Mais ça vous fait du bien, cette puissance libérée vous soulage de votre colère et de la tension accumulée. Vous doublez les membres du groupe et faites rapidement le trou avec eux.
Vous vous retournez pour observer les dégâts, ils sont maintenant loin derrière et vous pouvez reprendre votre rythme habituel. Vous en profitez pour vous hydrater et vous alimenter. Au bout de quelques minutes, vos jambes semblent avoir bien récupérées.
Vous arrivez au 90e km, rendez-vous au chapitre **31**.

510

Vous sentez que vous avez besoin d'extérioriser votre colère pour ce que vous trouvez être une injustice. Vous accélérez, appuyant encore davantage sur les pédales jusqu'à faire hurler vos cuisses. Ce n'est pas grave, vous en avez besoin. Vous avez envie de cette souffrance pour vous libérer de cette rage. Cette nouvelle allure vous permet de doubler davantage de concurrents.

Au fil des minutes, vous sentez votre colère s'estomper. Elle a laissé place à la fatigue musculaire qui est devenue prépondérante. Vous êtes plus léger, libéré de ce poids, cette rancœur que vous avez pu expulser. Vous relâchez votre effort, revenant à un rythme plus modéré, acceptant de voir les concurrents que vous aviez doublés il y a quelques secondes, vous passer à leur tour.
Au bout de quelques kilomètres, vous avez le sentiment d'avoir récupéré. Vous arrivez au 90e km, rendez-vous au chapitre **524**.

511

Malgré la douleur musculaire, la disparition de toute parcelle d'énergie dans votre corps et le risque que vous puissiez vous évanouir d'une seconde à l'autre, vous êtes poussé par la clameur des spectateurs, attiré comme un aimant par la ligne d'arrivée.
Cette dernière ligne droite est du pur bonheur ! Vous ne ressentez plus aucune fatigue, vous êtes euphorique. Les larmes aux yeux, vous vous rapprochez de cette ligne qui symbolise la fin de votre Ironman, de ces mois de préparation, de ce projet que vous pensiez irréalisable, mais vous y êtes et malgré ces heures à douter, vous comprenez pourquoi vous êtes là. Pour ces quelques secondes éphémères, futiles qui vous marqueront à vie.
Vous passez la ligne, vous recevez la médaille tant convoitée de finisher et soudain toutes les douleurs musculaires reviennent brutalement. Vous vous asseyez, le dos contre une barrière.
Vous souriez.
Vous avez terminé 157e sur 2000, félicitations !

Prenez le temps de récupérer de votre course et relancez-vous dans une nouvelle lecture pour tenter de faire mieux !

512

Vous quittez votre emplacement en sprintant comme si votre vie en dépendait. Vous êtes galvanisé par le public qui vous encourage. Tout en courant, vous tentez d'enfiler votre bonnet de natation.
Alors que vous arrivez sur la plage, vous sentez votre pied gauche retenu par quelque chose. Sans comprendre comment, vous chutez lourdement et vous vous retrouvez au sol. Vous regardez derrière

vous, vous comprenez que votre pied s'est pris dans un câble qui traversait l'aire de départ.
Vous tentez de vous relever en prenant appui sur votre bras droit, mais une douleur aveuglante vous cloue au sol. Vous hurlez.
Les premiers secours arrivent. Après quelques manipulations, ils diagnostiquent une fracture de la clavicule.
Vous êtes emmené aux urgences.
Pour vous, l'aventure du triathlon est terminée avant même d'avoir commencée.

513

Vous vous écartez du spectateur avec sa bouteille pour ne pas être tenté. Vous imaginez l'eau ruisseler dans votre gorge et cela vous fait encore plus mal. Votre objectif maintenant n'est plus de terminer mais de rejoindre le prochain ravitaillement pour pouvoir vous hydrater. Vous passez alors dans un petit village très mignon, vous vous changez les idées en regardant les maisons pittoresques. Votre regard se pose sur une fontaine en fonctionnement. Vous avez l'impression d'avoir trouvé un oasis au milieu du désert. Mais l'eau n'est peut-être pas potable. Vous regardez votre compteur, le prochain ravitaillement est dans vingt kilomètres.
Si vous décidez de vous arrêter pour rejoindre la ruelle avec la fontaine, rendez-vous au chapitre **197**.
Si vous préférez continuer votre route pour rallier le plus vite possible le ravitaillement suivant, rendez-vous au chapitre **411**.

514

Vous continuez avec lui, gardant toujours le même rituel chaque kilomètre. Vous discutez de moins en moins en dehors de ses annonces du chrono, vous le sentez irrité et vous ne voulez pas en rajouter.
Inexorablement, vous ralentissez, kilomètre après kilomètre. Vous doublez de moins en moins de concurrents mais vous vous faites dépasser de plus en plus souvent.
Vous être proche de la mi-course, il vous dit qu'il va s'arrêter pour s'étirer car ses jambes sont lourdes. Vous continuez seul quelques minutes avant d'arriver au semi-marathon, rendez-vous au chapitre **209**.

515

Vous remettez le gel dans votre poche, vous êtes écœuré rien qu'à l'idée de le manger. Malheureusement, vous n'avez plus assez d'énergie pour continuer de courir. Vous commencez à marcher en espérant vous sentir mieux d'ici quelques minutes.

Mais vous arrivez au ravitaillement suivant sans n'avoir fait aucune foulée. Vous prenez le temps de boire et de manger un peu tout ce que vous trouvez sur la table. En repartant, vous continuez de marcher en espérant que l'effet des aliments soit rapide dans votre corps.

Vous êtes à dix kilomètres de l'arrivée et vous avez du retard sur la barrière horaire. Vos sensations sont toujours aussi mauvaises.

Si vous décidez de vous mettre à courir, rendez-vous au chapitre **114**.

Si vous préférez essayer d'alterner marche et course, rendez-vous au chapitre **288**.

516

Même si vous semblez un peu mieux que lui, vous vous dites que vous n'êtes pas à quelques places près et vous avez peur d'une éventuelle défaillance dans les derniers kilomètres.

Vous continuez ensemble, l'encourageant plus qu'il ne vous encourage. Lui, est plus concentré sur sa souffrance, il semble rechercher de l'énergie pour réussir à terminer.

Vous avez mal aux jambes aussi mais vous parvenez à contrôler cette douleur et de voir votre compagnon de course dans la difficulté vous donne de l'énergie pour ne pas montrer vos faiblesses.

Au bout de quelques kilomètres, vous arrivez dans la dernière ligne droite, rendez-vous au chapitre **434**.

517

Vous maintenez votre niveau d'intensité mais quelques minutes seulement après cette décision, vous sentez des crampes monter dans un des deux mollets. Vous essayez au maximum de relâcher cette jambe en compensant avec l'autre jambe. Vous avez l'impression de ne pédaler qu'avec un seul membre. Mais vous ne pourrez pas faire cela éternellement.

Si vous décidez de vous arrêter pour vous étirer, rendez-vous au chapitre **426**.

Si vous choisissez de continuer malgré tout, rendez-vous au chapitre **143**.
Si vous préférez mettre un plus petit braquet pour faire tourner les jambes, rendez-vous au chapitre **80**.

518

Vous regardez votre chaîne sauter et se plaquer contre votre cadre. Vous faites un tour de manivelle comme si ça allait lui permettre de revenir sur le plateau, mais non. Vous vous résignez à vous arrêter. Vous descendez du vélo et replacez la chaîne en quelques secondes. Vous repartez avec un braquet vous convenant mieux. Même si c'est toujours frustrant de devoir s'arrêter, finalement vous avez perdu très peu de temps.
Quelques kilomètres plus tard, vous arrivez au point de passage suivant. Vous regardez sur votre fiche scotchée à votre cadre : vous avez repris du temps sur la barrière horaire et vous êtes maintenant un peu à l'abri de l'élimination.
Si vous décidez de garder cette allure soutenue pour continuer à prendre de l'avance et à doubler des concurrents, rendez-vous au chapitre **402**.
Si vous préférez ralentir pour garder vos forces pour la suite de l'épreuve quitte à ne pas augmenter votre avance sur la voiture balai, rendez-vous au chapitre **2**.

519

Vous jetez un dernier coup d'œil à votre bidon échoué sur le bitume. Mais vous ne voulez plus perdre une seconde.
Les kilomètres suivants se passent bien, vous réussissez à gagner quelques secondes sur le chrono des barrières horaires. Mais ce que vous vouliez éviter est en train de se produire : vous avez soif. D'abord, une sensation de lèvres sèches, puis de bouche pâteuse. Enfin, c'est tout votre corps qui a besoin de s'hydrater, vous avez chaud, vous avez besoin de vous refroidir. Vous prenez votre seul bidon pour lui extirper les dernières gouttes d'eau que vous faites tomber sur votre langue, mais ça ne suffit pas, c'est évident.
Votre rythme de pédalage ralentit comme pour rationner vos forces qui s'échappent. Alors que vous commencez à être en perdition,

devant une maison, vous voyez un homme vous tendant une bouteille d'eau.
Si vous décidez de vous emparer de cette bouteille, rendez-vous au chapitre **544**.
Si vous préférez continuer en espérant trouver un autre moyen de vous hydrater, rendez-vous au chapitre **513**.

520

Vous refusez son aide et continuez sans protection supplémentaire, la pluie vous fouettant le visage.
Après avoir vérifié dans vos poches que vous aviez suffisamment à manger et dans vos bidons qu'il vous restait assez d'eau, vous passez le ravitaillement sans vous arrêter. Vous espérez ainsi gagner un peu de temps et cela vous permet de doubler quelques concurrents à l'arrêt devant les barres énergétiques.
Mais le vent froid continue de lacérer votre corps. Vous êtes complétement crispé sur votre vélo, les muscles tétanisés. Les kilomètres s'enchaînent lentement…très lentement et vous ne pouvez qu'observer, impuissant, les concurrents, vêtus chaudement, vous doubler un par un.
Vous semblez ne plus avoir de force pour appuyer sur les pédales.
Après de longs kilomètres de calvaire, vous voyez enfin le bout du tunnel : la pluie s'arrête, le soleil apparaît de nouveau et la température augmente. Vous vous réchauffez lentement mais sûrement.
Vous arrivez au 90e km en ayant retrouvé votre chaleur corporelle habituelle, rendez-vous au chapitre **169**.

521

Vous l'avez travaillé à l'entrainement avec d'autres triathlètes, vous avez lu des articles sur le sujet. Vous êtes un spécialiste du drafting en natation. Vous parvenez à vous placer à la bonne distance des pieds du nageur devant vous, tout en vous plaçant à hauteur du bassin du nageur à côté de vous.
Tout est parfait, vous attaquez le deuxième tour de la natation bien au chaud dans ce groupe.

Vous sentez que cela vous permet de récupérer. Vous êtes déjà concentré sur la suite du triathlon et vous vous projetez sur la partie cyclisme.
Emporté dans vos pensées, vous vous laissez emmené par ce groupe jusqu'à la fin du parcours. Quand vous relevez la tête, vous vous rendez compte que vous êtes tombé dans un faux rythme avec votre groupe. Beaucoup de nageurs vous ont doublé dans ce deuxième tour.
Vous sortez de l'eau et entrez dans le parc à vélo.
Rendez-vous au chapitre **498** pour la suite de votre course.

522

Vous faites rapidement le calcul et vous vous dites que vous allez faire un très bon temps vélo avec ces vingt kilomètres en moins ! Vous continuez sur le parcours comme si de rien n'était et quelques minutes après, vous avez déjà oublié cette péripétie.
Mais cinq kilomètres plus loin, vous entendez deux triathlètes discuter sur leur vélo :
– C'est étonnant qu'il y ait eu un tapis pour biper nos puces au 70e km, demande l'un d'eux.
– Sans doute pour éviter la triche ou pour donner des temps intermédiaires sur internet, répond l'autre.
Votre sang se glace. Si votre puce n'a pas bipé au 70e km et que vous passez au prochain, vous serez sans doute disqualifié. A moins que vous essayiez de justifier qu'il y a eu un souci à ce check point mais pas aux autres.
Si vous décidez de continuer en prenant le risque d'être disqualifié, rendez-vous au chapitre **368**.
Si vous préférez faire demi-tour, quitte à faire dix kilomètres en sens inverse pour retrouver le rond-point où vous vous étiez trompé de chemin, rendez-vous au chapitre **44**.

523

Vous ne pensez plus du tout à votre course, à vos objectifs. Vous êtes complètement ensorcelé par la beauté de cette femme.
Vous prenez plaisir à discuter avec elle encore plusieurs kilomètres, ignorant les concurrents qui continuent de vous doubler.
Alors que vous approchez de la mi-course, vous entendez un spectateur crier dans le public. La coureuse se rapproche du bord de

la route où vous voyez un homme lui tendre les bras. Il enlace celle qui était à vos côtés il y a un instant et l'embrasse. Vous avez l'impression de recevoir un coup de poignard dans le cœur, rêvant d'être à la place de cet homme. Vous continuez seul, dépité.
Vous ne parvenez pas à repousser les larmes qui vous montent aux yeux.
Progressivement, vous essayez de vous reconcentrer sur votre course.
Vous arrivez au semi-marathon, rendez-vous au chapitre **209**.

524

Vous continuez de rouler à votre rythme jusqu'au ravitaillement suivant où vous faites le plein de boisson et d'aliments. Vous avez à peine le temps d'avaler la barre énergétique que vous venez de récupérer qu'une côte se dresse devant vous à la sortie d'un virage.
Votre braquet devient trop difficile à emmener et dans une certaine panique, vous changez de plateau brusquement. La chaîne vient alors se plaquer contre le cadre de votre vélo. Ce n'est pas la première fois que cela vous arrive.
Si vous décidez de la remettre tout en restant sur votre vélo, rendez-vous au chapitre **99**.
Si vous préférez perdre du temps et vous arrêter pour la remettre en place, rendez-vous au chapitre **307**.

525

Vous vous servez de l'énergie que vous donne le public pour maintenir une allure rapide. Vous vous sentez bien, porté par les applaudissements. Vous doublez rapidement un grand nombre de concurrents.
Mais au bout de quelques kilomètres, le public se fait plus rare et vous commencez à sentir la fatigue de votre départ rapide.
Si vous décidez de conserver cette allure pour gagner un maximum de temps et de places, rendez-vous au chapitre **355**.
Si vous préférez ralentir, rendez-vous au chapitre **403**.

526

La rencontre est inévitable. Non pas celle avec cette femme, mais plutôt avec ce gros chien bavant devant vous. Même si vous êtes parvenu à freiner, le choc est brutal. Le vélo heurte le corps du chien et vous passez par-dessus lui. Vous chutez sur le goudron et alors que cela pourrait suffire, le molosse en profite pour vous gnaquer le mollet. Vous parvenez à lui mettre un coup de pied le faisant fuir. Vous restez quelques secondes au sol, essayant de reprendre vos esprits.

Vous sentez alors quelqu'un vous aider à vous relever. Vous levez la tête et voyez ce doux visage aperçu quelques secondes plus tôt.

– Ça va ? vous demande-t-elle.

– Je crois, oui, répondez-vous hésitant.

Vous faites quelques pas en ressentant tout de même une douleur au niveau des côtes. Vous redressez votre vélo et prenez le temps de le vérifier quelques secondes. Tout semble correct.

Vous remontez dessus et commencez à pédaler timidement. Une fois partie, vous vous rendez compte que vous n'avez même pas pris le temps de remercier la belle inconnue avant de partir.

Au bout de quelques minutes, la douleur aux côtes n'est pas vraiment un problème mais la plaie au mollet due aux crocs du chien vous dérange davantage. Le sang coule toujours un peu et vous ressentez une douleur à chaque contraction du muscle.

Quelques kilomètres plus tard, vous apercevez un poste de secours sur le bord de la route.

Si vous décidez de vous y arrêter pour faire soigner votre plaie, rendez-vous **324**.

Si vous préférez continuer de rouler car vous avez l'impression que cela va mieux, rendez-vous au chapitre **550**.

527

Malgré la douleur musculaire, la disparition de toute parcelle d'énergie dans votre corps et le risque que vous puissiez vous évanouir d'une seconde à l'autre, vous êtes poussé par la clameur des spectateurs, attiré comme un aimant par la ligne d'arrivée.

Cette dernière ligne droite est du pur bonheur ! Vous ne ressentez plus aucune fatigue, vous êtes euphorique. Les larmes aux yeux, vous vous rapprochez de cette ligne qui symbolise la fin de votre Ironman, de ces mois de préparation, de ce projet que vous pensiez irréalisable, mais vous y êtes et malgré ces heures à douter, vous comprenez pourquoi vous êtes là. Pour ces quelques secondes éphémères, futiles qui vous marqueront à vie.

Vous passez la ligne, vous recevez la médaille tant convoitée de finisher et soudain toutes les douleurs musculaires reviennent brutalement. Vous vous asseyez, le dos contre une barrière.
Vous souriez.
Vous avez terminé 1832e sur 2000, félicitations !

Prenez le temps de récupérer de votre course et relancez-vous dans une nouvelle lecture pour tenter de faire mieux !

528

Vous n'abandonnerez pas votre première place aussi facilement ! Il va falloir venir la chercher !
Le temps d'un instant, vous rêvez à une course parfaite : partir en vélo en premier, faire un parcours cycliste parfait et battre votre record personnel sur le marathon (record de votre marathon sec évidemment !) pour franchir la ligne d'arrivée en première position.
Mais la réalité vous rattrape rapidement et vous n'avez nagé que cinq minutes quand vous vous rendez compte que vos bras pèsent une tonne et qu'il vous est maintenant très pénible de réaliser un mouvement de bras complet. Malgré cela, vous vous dites qu'il reste encore un espoir et vous savez que vous n'avez pas utilisé encore toutes vos ressources.
Si pour vous, cette partie natation est devenue un remake de « Marche ou crève » et que vous décidez de maintenir votre effort au maximum, rendez-vous au chapitre **195**.
Si vous préférez ralentir pour récupérer une utilisation normale de vos bras, rendez-vous au chapitre **104**.

529

Vous vous arrêtez. Vous êtes planté là, au milieu de nulle part à attendre un concurrent que vous ne voyez toujours pas. Au bout d'une minute qui vous a paru durer une heure, vous hésitez à repartir et à faire un choix entre ces deux chemins.
Si vous décidez de prendre la route de gauche, rendez-vous au chapitre **375**.
Si vous préférez prendre à droite, rendez-vous au chapitre **310**.
Si vous choisissez d'attendre encore un peu le prochain concurrent, rendez-vous au chapitre **487**.

530

Vous stoppez votre foulée heurtée et passez à la marche. Vous vous sentez rapidement mieux, vous regardez autour de vous, c'est la première fois que vous profitez de la course depuis le début du marathon. Vous arrivez à un ravitaillement où vous avalez quelques tranches de pain d'épice et des morceaux de pomme. Vous marchez de nouveau encore quelques minutes.
Les sensations reviennent progressivement et vous pouvez vous remettre à courir. Votre foulée est bien plus efficace et vous doublez un bon nombre de concurrents. C'est peut-être ça qu'on appelle le second souffle.
Vous arrivez au semi-marathon, rendez-vous au chapitre **209**.

531

Malgré la douleur musculaire, la disparition de toute parcelle d'énergie dans votre corps et le risque que vous puissiez vous évanouir d'une seconde à l'autre, vous êtes poussé par la clameur des spectateurs, attiré comme un aimant par la ligne d'arrivée.
Cette dernière ligne droite est du pur bonheur ! Vous ne ressentez plus aucune fatigue, vous êtes euphorique. Les larmes aux yeux, vous vous rapprochez de cette ligne qui symbolise la fin de votre Ironman, de ces mois de préparation, de ce projet que vous pensiez irréalisable, mais vous y êtes et malgré ces heures à douter, vous comprenez pourquoi vous êtes là. Pour ces quelques secondes éphémères, futiles qui vous marqueront à vie.
Vous passez la ligne, vous recevez la médaille tant convoitée de finisher et soudain toutes les douleurs musculaires reviennent brutalement. Vous vous asseyez, le dos contre une barrière.
Vous souriez.
Vous avez terminé 1712e sur 2000, félicitations !

Prenez le temps de récupérer de votre course et relancez-vous dans une nouvelle lecture pour tenter de faire mieux !

532

Vous en avez marre de vous faire doubler. Vous aussi vous voulez vous mêler à la bagarre devant. Vous sautez dans les pieds du premier triathlète qui vous double. Au bout de quelques mètres, vous

parvenez à rejoindre un groupe qui nage à un bon rythme. Vous sentez que vous êtes à la limite de la rupture mais vous tenez bon. Vous restez concentré à chaque mouvement de bras pour ne pas craquer.
Vous terminez le premier tour assez bien placé mais vos bras et vos épaules vous brûlent.
Si vous décidez de rester dans le groupe, rendez-vous au chapitre **75**.
Si vous préférez ralentir, rendez-vous au chapitre **206**.

533

Vous lâchez la roue et les outils que vous avez en main pour sauter derrière le buisson et faire semblant d'uriner. La moto passe devant vous, ralentit, l'arbitre vous regarde puis tape sur l'épaule du conducteur pour repartir.
Une fois la moto en dehors de votre champ de vision, vous terminez de remplacer la chambre à air et de la gonfler.
Le triathlète vous remercie chaleureusement et vous repartez à votre rythme. Vous avez perdu du temps et des places mais ce n'est pas important à vos yeux. Vous espérez que s'il vous arrivait la même chose, un autre concurrent vous aiderait.
Les kilomètres défilent et malgré la sensation de jambes lourdes qui se fait ressentir, vous ralliez le parc à vélo sans avoir baissé de rythme.
Rendez-vous au chapitre **232**.

534

Après le ravitaillement du 90e km, la route se transforme progressivement. Alors que jusqu'à présent elle était assez lisse, elle devient maintenant granuleuse avec parfois quelques trous. Vous essayez tant bien que mal d'éviter ces pièges mais vous ne pouvez pas slalomer continuellement entre les nids de poule.
Plusieurs kilomètres plus loin, la qualité du bitume ne s'est toujours pas améliorée et vous êtes même obligé de rouler quelques mètres sur le bas-côté pour éviter un trou béant au milieu de la chaussée. Mais ce que vous redoutiez se produit : vous sentez des vibrations plus importantes venant de votre roue arrière se répercutant sur votre cadre. Vous vous retournez et vous constatez que vous êtes à plat.
Vous vous arrêtez et posez votre vélo pour valider votre crevaison arrière.

Vous ouvrez votre sacoche de réparation à l'arrière de votre selle. A l'intérieur, vous aviez prévu deux éléments de réparation : le premier est une bombe anti-crevaison que vous pouvez injecter dans votre pneu pour le réparer. Le second est une nouvelle chambre à air, ce qui nécessitera le changement de l'ancienne.
Si vous décidez d'utiliser la bombe anti-crevaison, rendez-vous au chapitre **284**.
Si vous préférez changer la chambre à air, rendez-vous au chapitre **410**.

535

Vous partez pour votre avant dernière boucle. Même si vous avez encore de l'énergie, vous voulez la conserver pour votre dernier tour et finir en beauté. Vous doublez malgré tout quelques concurrents en peine. Vous restez attentif à vos sensations et vous ne laissez passer aucun ravitaillement pour éviter un éventuel malaise.
Vous terminez votre avant-dernier tour en passant juste à côté de la ligne d'arrivée. Vous êtes soudain fébrile, essayant de vous remémorer le nombre de fois où vous êtes passé là. Le doute s'installe, si vous passez la ligne d'arrivée maintenant et que vous n'avez pas parcouru le bon nombre de tour, vous serez disqualifié. Mais faire un tour supplémentaire alors que vous avez déjà couru la distance du marathon serait dommage.
Si vous décidez de passer la ligne d'arrivée en croisant les doigts, rendez-vous au chapitre **150**.
Si vous préférez faire un dernier tour, rendez-vous au chapitre **478**.

536

Vous passez devant le poste de secours sans vous arrêter. Mais la situation s'aggrave rapidement, votre cerne piqué gonfle et vous ne voyez bientôt plus que d'un œil. La situation vous stresse et vous ne savez plus comment réagir face à cette situation. Vous tentez de retrouver votre calme et votre lucidité.
Si vous décidez de faire demi-tour pour aller au poste de secours, rendez-vous au chapitre **135**.
Si vous préférez continuer de rouler en ne voyant que d'un œil, rendez-vous au chapitre **405**.

537

Vous vous éloignez des autres nageurs pour pouvoir être tranquille sur le côté.
Vous êtes enfin seul, à l'aise dans vos mouvements. Vous retrouvez votre technique habituelle, vous vous sentez bien.
Cela fait maintenant deux, trois minutes que vous nagez sans lever la tête, mais vous ne voulez pas rompre cette harmonie qui vient de s'installer entre votre corps et l'eau.
Si vous décidez de continuer de nager sans relever la tête, rendez-vous au chapitre **71**.
Si vous préférez casser votre horizontalité pour regarder devant vous, rendez-vous au chapitre **221**.

538

Vous refusez la bouteille en faisant un geste au spectateur.
Vous vous dites que malgré la chaleur, il ne vous reste plus énormément de kilomètres et que cela devrait passer assez vite.
Mais la soif vous rattrape rapidement et progressivement vous ralentissez sans même vous en rendre compte. Seuls les concurrents qui vous doublent vous rappellent que vous n'êtes pas à votre allure habituelle.
Après quelques kilomètres qui vous paraissent interminables, vous arrivez enfin à un nouveau ravitaillement, le dernier avant le parc à vélo. Vous vous y arrêtez et buvez tout ce que votre estomac peut accueillir sans le rejeter. Vous repartez avec deux bidons remplis, bien plus qu'il ne faudrait pour le peu de kilomètres qu'il vous reste à parcourir.
Sur le vélo, vous sentez votre ventre alourdi par la boisson et vous vous dites qu'il ne va pas falloir abuser de liquide dans les prochains kilomètres pour ne pas être en difficulté dès les premiers kilomètres du marathon.
Petit à petit, vous vous sentez mieux et reprenez des forces. Vous vous arrêtez avant le parc à vélo pour soulager votre vessie.
Vous arrivez au parc à vélo, rendez-vous au chapitre **45**.

539

Après vous être désaltéré au ravitaillement, vous ouvrez complétement la fermeture éclair de votre trifonction laissant

apparaître votre cage thoracique et une partie de votre ventre. Vous sentez le peu d'air s'engouffrer dans cet espace et rafraichir votre peau. Vous vous sentez moins compressé, vous respirez mieux.
Mais, quelques minutes après, un arbitre vient à votre rencontre et vous demande de refermer votre tenue en vous tendant un carton jaune. Vous vous exécutez et vous vous sentez de nouveau compressé par votre tenue.
Une fois l'arbitre parti, vous hésitez.
Si vous décidez d'ouvrir de nouveau votre trifonction pour mieux respirer, rendez-vous au chapitre **436**.
Si vous préférez garder votre tenue fermée, rendez-vous au chapitre **362**.

540

Vous avez fait le choix de rester dans les pieds pour récupérer car vous savez que comme en vélo, l'effet d'aspiration existe aussi en natation. Vous espérez à ce moment pouvoir réellement souffler car en plus d'être dans les pieds des nageurs, ils vont moins vite que votre rythme habituel.
Mais nager dans un groupe n'est pas une chose innée.
Si vous savez comment vous positionner au mieux sans être gêné par les coups, rendez-vous au chapitre **106**.
Si vous êtes hésitant dans le déplacement à effectuer dans un groupe de nageurs, rendez-vous au chapitre **153**.

541

Vous passez à la marche et vos jambes vous en remercient. Vos muscles se décontractent et vous vous relâchez.
Vous vous dites que vous reprendrez la course dès que vous sentirez votre tension au mollet disparaître.
Cela fait maintenant plusieurs minutes que vous n'avez plus aucune douleur et pourtant vous ne parvenez pas à recourir. Vous êtes bien à marcher tranquillement, vous profitez de l'ambiance, du parcours et vous n'avez plus envie de vous faire mal.
Vous regardez votre montre, vous avez pris un peu de retard sur la barrière horaire mais rien d'insurmontable.
Si vous décidez de vous forcer à courir malgré les douleurs musculaires qui vont sans doute revenir, rendez-vous au chapitre **257**.

Si vous préférez continuer de marcher encore quelques instants pour repartir encore mieux, rendez-vous au chapitre **192**.

542

Le temps que vous arriviez à sa hauteur, il a quasiment terminé son verre. Malgré tout, vous vous arrêtez près de lui.

– Excusez-moi, je peux finir votre verre, je meurs de soif, lui dites-vous essoufflé.

– Bien sûr, vous répond-il, surpris.

Il vous tend son verre et vous avalez les dernières gorgées restantes. Vous sentez la boisson fraîche se diffuser dans votre corps asséché. Cela vous fait un bien fou mais ces quelques gouttes ne sont pas suffisantes pour étancher votre soif.

Le spectateur semble lire votre désarroi.

– Venez ! Rentrez deux secondes, je vous refais un verre !

Il se lève, se retourne et ouvre la porte de sa maison.

Si vous décidez d'accepter sa proposition pour repartir en pleine forme, rendez-vous au chapitre **452**.

Si vous préférez refuser poliment et repartir, rendez-vous au chapitre **407**.

543

Vous vous dites que la première fois vous n'aviez pas eu de chance. Vous revenez à la hauteur des pieds du nageur et vous vous replacez à la même position.

Cette fois, vous restez vigilant au moindre changement de battements de la part du nageur.

Au bout de quelques minutes, vous avez le sentiment de ne faire qu'un avec votre poisson pilote. Quand vous sentez qu'il ralentit, vous diminuez votre nombre de mouvements de bras. Quand il augmente ses battements, vous vous décalez légèrement pour éviter les coups.

Mais brutalement, au moment de respirer du côté gauche, vous recevez un coup violent sur le visage. Vous êtes sonné et comprenez qu'il s'agit du nageur à côté de vous qui a pris trop de place avec ses bras. Vos lunettes sont tombées sur votre bouche. Votre œil vous fait souffrir. Soudain, un voile vous brouille la vision. Vous vous redressez, paniqué.

Vous apercevez un canoë à côté de vous, vous l'appelez à l'aide. Le bateau de secours arrive à votre hauteur quelques secondes plus tard. Vous êtes hissé à bord. Votre arcade sourcilière est complétement ouverte. Les secours vous ramènent sur la berge pour vous faire soigner.
Votre triathlon s'arrête là.

544

Vous attrapez la bouteille d'une main en remerciant cette âme charitable, sans avoir à vous arrêter. Vous portez la bouteille à votre bouche, mais le spectateur a oublié d'enlever le bouchon. Ne risquant pas la chute, vous préférez vous arrêter sur le bord de la route pour pouvoir boire.
Vous sentez l'eau se déverser dans votre gorge sèche, vous revivez. Vous prenez le temps de remplir votre bidon vide. Au moment de repartir, un arbitre, surgit de nulle part, s'arrête à côté de vous.
– Vous savez que vous n'avez pas le droit à une aide extérieure ? vous demande-t-il.
– Oui… je sais, mais j'ai perdu mon bidon il y a quelque kilomètres, en lui montrant votre porte-bidon vide, et je commençais à être réellement déshydraté.
– Cela mérite un carton rouge synonyme d'élimination.
– Non, non, le but n'était pas de tricher, seulement de ne pas me sentir mal. Si vous voulez, je m'arrête quelques minutes pour écoper d'une pénalité.
– Exceptionnellement, je vais être magnanime, vous aurez une pénalité à faire en course à pied. L'arbitre vous tend alors un carton bleu.
Vous le remerciez et repartez. Vous vous reconcentrez sur votre course car elle est loin d'être terminée.
Vous arrivez au 90e km, rendez-vous au chapitre **116**.

545

– Non, je ne refermerai pas ma tenue. J'ai chaud et j'ai besoin d'air.
Votre ton est net, tranchant, ne laissant pas la discussion ouverte.
– Si vous le prenez sur ce ton monsieur, je n'ai pas d'autre choix que d'appliquer le règlement.

Il sort alors de sa poche un carton rouge synonyme de disqualification.
Malgré votre désaccord, l'arbitre ne revient pas sur sa décision.
Votre triathlon s'arrête là.

546

Vous gérez parfaitement votre course en gardant votre stratégie en alternant la marche et la course. Vous avez même le sentiment de courir de plus en plus longtemps.
Mais sans prévenir, quelques minutes après être passé à côté du ravitaillement sans vous y arrêter, votre corps ne veut plus avancer. Vous essayez de persister mais ce n'est plus la peine, vous êtes contraint de marcher. Vous n'avez plus de force. Vous rêvez de manger quelque chose, vous imaginez un burger avec des frites, de la brioche avec de la pâte à tartiner et une bonne raclette. Tout ce qui est gras vous fait saliver.
Vous marchez péniblement, vous laissant rattraper par tous les coureurs que vous aviez pu doubler auparavant. Vous vous traînez jusqu'au ravitaillement suivant pour vous y arrêter de longues minutes où vous dévorez tout ce que vous pouvez.
Une fois repu, vous reprenez votre marche. Progressivement, vous retrouvez du tonus et de la vigueur. Vous vous remettez à alterner marche et course avec la même aisance qu'au début du marathon.
Vous arrivez au semi-marathon, rendez-vous au chapitre **128**.

547

Si vous êtes allé aux toilettes avant ou pendant le triathlon, rendez-vous au chapitre **178** pour le début du marathon.
Si vous n'êtes pas encore allé aux toilettes, au moment de quitter le parc à vélo, vous sentez vos intestins hurler brusquement. Vous vous mettez à marcher, plié en deux. Vous savez qu'il vous sera impossible de partir sur la course à pied dans cet état.
Vous faites demi-tour et vous vous dirigez jusqu'aux toilettes installées dans le parc à vélo. Il y a quelques personnes qui attendent devant, vous n'avez pas d'autres choix que de prendre votre mal en patience. Quelques minutes plus tard, vous vous retrouvez enfin assis pour vous libérer de ce poids. Une fois cette tâche réalisée, vous vous

sentez plus léger et vous pouvez quitter l'aire de transition pour attaquer votre marathon, rendez-vous au chapitre **392**.

548

Vous vous arrêtez et posez votre vélo à côté du sien. Vous sortez de votre poche une chambre à air et un démonte-pneu. Vous les lui donnez mais vous vous rendez vite compte qu'il n'a pas l'habitude de réparer. Vous prenez en main la situation et commencez à sortir la chambre à air crevée. Alors que vous êtes sur le point de mettre en place la nouvelle chambre à air, vous entendez une moto au loin venir vers vous.

Si vous décidez de continuer à aider le triathlète, rendez-vous au chapitre **83**.

Si vous préférez vous écarter, rendez-vous au chapitre **533**.

549

Vous arrivez en marchant sur la plage de départ. Evidemment, il n'y a plus aucun triathlète, tous sont déjà dans l'eau quelques mètres plus loin. Vous êtes vexé de cette mésaventure mais tout n'est pas encore perdu.

Si vous décidez de partir vite en natation pour rapidement rattraper un groupe de nageurs, rendez-vous au chapitre **82**.

Si vous préférez partir à votre rythme, rendez-vous au chapitre **73**.

550

Vous continuez de rouler malgré cette douleur au mollet. Vous essayez de faire abstraction de cette plaie et gardez votre rythme habituel mais il est difficile de repousser cette sensation de votre esprit.

Les kilomètres s'enchaînent et vous continuez d'observer votre plaie saigner. Votre mollet a d'ailleurs gonflé et le contour de votre blessure est méchamment rouge.

Vous avez de plus en plus de difficulté à appuyer sur la pédale avec cette jambe. De nombreux concurrents vous doublent et vous perdez beaucoup de temps.

Au bout de plusieurs dizaines de minutes, vous arrivez enfin au parc à vélo. Dès votre entrée, les secouristes vous interpellent et vous prennent en charge.
Pendant un temps qui vous paraît interminable, vous êtes soigné sous la tente des secours. Une fois votre plaie nettoyée et soignée, vous pouvez repartir mais les arbitres vous en empêchent : vous êtes hors délai.
Votre triathlon s'arrête là.

Les classements de vos lectures

NATATION	VELO	ARRIVEE

Du même auteur :

Manuel du parfait petit triathlète
Un triathlon…mais à quel prix ?
140 conseils pour ne pas finir un triathlon
100 conseils pour ne pas finir un marathon

www.ValtresTriathlon.com

Retrouvez l'actualité de l'auteur sur Facebook :
https://www.facebook.com/valtres.tri

Sur Twitter :
@valtres_tri

Printed in Poland
by Amazon Fulfillment
Poland Sp. z o.o., Wrocław

51133179R00153